新时代中国特色社会治理研究丛书

新时代枫桥经验与基层治理创新案例研究（四）

宋一正　邵　青　陈伟鸿　罗志文　编著

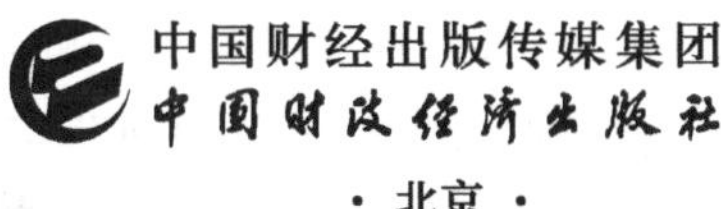

中国财经出版传媒集团
中国财政经济出版社
·北京·

图书在版编目（CIP）数据

新时代枫桥经验与基层治理创新案例研究. 四 / 宋一正等编著. -- 北京 : 中国财政经济出版社, 2024. 11. --（新时代中国特色社会治理研究丛书）. -- ISBN 978-7-5223-3130-0

Ⅰ. D63

中国国家版本馆CIP数据核字第2024ZF1208号

责任编辑：牛婧丽　　　　　　责任校对：胡永立

封面设计：孙俪铭

新时代枫桥经验与基层治理创新案例研究（四）

XINSHIDAI FENGQIAO JINGYAN YU JICENG ZHILI CHUANGXIN ANLI YANJIU（SI）

中国财政经济出版社 出版

URL：http：//www. cfeph. cn

E－mail：cfeph@ cfeph. cn

社址：北京市海淀区阜成路甲 28 号　邮政编码：100142

营销中心电话：010－88191522

天猫网店：中国财政经济出版社旗舰店

网址：https：//zgczjjcbs. tmall. com

北京厚诚则铭印刷科技有限公司印刷　各地新华书店经销

成品尺寸：170mm×240mm　16 开　16. 25 印张　266 000 字

2024 年 11 月第 1 版　2024 年 11 月北京第 1 次印刷

定价：66. 00 元

ISBN 978－7－5223－3130－0

（图书出现印装问题，本社负责调换，电话：010－88190548）

本社质量投诉电话：010－88190744

打击盗版举报热线：010－88191661　QQ：2242791300

前　言

在党的二十大要求完善社会治理体系、浙江省深入推进社会治理体系和治理能力现代化的背景下，提升基层治理效能的时代需求日益凸显。绍兴市作为新时代“枫桥经验”的发源地，在创新和发展新形势下人民内部矛盾处理机制、推动基层社会治理模式的转型升级上肩负着重要使命。要实现这一重要目标，推进与基层治理相关的案例收集、强化对基层治理模式创新举措的理论分析不可或缺。本书以基层民主、城市管理和地方发展三个视角为切入点，选取了近年绍兴市及周边地区具有典型性的基层治理案例进行深度剖析，旨在把握基层治理创新“最新鲜的脉搏”。

基层民主篇关注全过程人民民主建设和基层协商治理新模式。城市管理篇选取了绍兴“四化”警务站建设、城市垃圾治理和未来社区建设三个案例。地方发展篇聚焦海岛发展、乡村产业振兴、生态治理和文艺赋能乡村的重要问题。

本书所编写收录的案例是绍兴文理学院公共事业管理专业组织学生参与学科竞赛、指导学生深入基层社会调研的重要成果。本书也将作为部分专业课程的重要教学素材，在深化案例教学、提升教学质量上发挥重要作用。

目　录

基层民主篇

城市管理篇

地方发展篇

基层民主篇

案例 1

数字赋能促议事 高效协商享民主

——小河街道解锁基层社会治理高效密码

一、引言

基层协商民主是贯彻党在基层群众路线的“最后一公里”，作为全过程人民民主的重要篇章，基层协商民主是实现基层治理现代化的重要抓手。数字时代的来临赋予了基层协商民主崭新的内涵，数字技术在基层协商民主的嵌入也充分推动了基层协商民主的现代化转型，借助数字技术开展的基层协商民主在协商议题、协商主体、协商程序等领域呈现出巨大的价值意蕴。

一直以来，协商民主都是中国独有的、独特的民主形式，而基层协商民主更是全过程人民民主的重要体现。在杭州市拱墅区，受“枫桥经验”影响，社会各地都在不断探索和积极创新基层民主协商的方式。2019 年，以“枫桥经验”为参照发展而来的新实践新经验——红茶议事会机制，受到人们的推广并一步步更新升级，延续至今。

本文将通过案例叙述和案例分析与思考两个部分来阐述分析红茶议事会的发展历程。在案例叙述部分，我们将根据实地调研成果进行叙述，展现红茶议事会是如何从作为会议工具的 1.0 版本吸取经验，引进促动机制，在会议促动师的带领下，破解参会者能力不足、会议可操作性弱等难题，一步步向着 2.0 版本更新升级的过程。在 2.0 版本的协商过程中，红茶议事会做出了向数字化迈进的举措，新增民意数据库、“城市眼 · 云共治 · 小河网驿”等平台，弥补传统 1.0 版本议事模式的不足。在案例分析与思考部分，我们将从探讨基层协商民主的实践范式以及数字化的巧妙应用出发，由表及里、层层剖析红茶议事会能在众多基层治理模板中脱颖而出的原因。本案例对于探讨基层协商的实践范式、数字化的应用、扩展协商规模具有重要作用，在此基础之上，我们总结了红茶议事会可供借鉴推广的实践经验，以期为扩展社会的民主协商规模作出微薄的贡献。

二、案例叙述

（一）首创红茶，“育”协商民主之芽

近年来，小河街道积极探索红茶议事会民主协商智治新模式，坚持红色引领、以茶叙事、共商民生，在拱墅区“高水平打造运河明珠、高质量建设幸福家园”过程中努力实现“有事好商量，众人的事情由众人商量”。

1. 首次会议共谋社区发展

2019 年 1 月，小河街道开了一场红茶议事会，街坊邻居一起来议一议关于小区里、邻里间那些关键小事。在我们走访调研过程中，红茶议事会创始人沈墨老师回想道：那是在拱墅区和新南苑 5 幢一楼的会议室里，一场关于广兴新村“老旧小区改造提升”项目的议事会在积极开展着。考虑到会议的重要性，街道特意邀请了一位促动师参与会议方案的设计和全程主持。

参会代表们一人一支彩笔、一人一杯红茶，每一位参会者都在规定的时间里依次发言，“人行道太窄”“车子乱停”“大件垃圾乱扔”“水管破裂”等，大家在会议上就老旧小区更新改造这一事项指出了问题，在各自的小黑板上写下意见对策，再一起集中讨论，通过“团队共创”法，不到一小时，参会代表们就梳理出了相关思路。会后，代表们还走访小区住户，对 600 多户居民进行了问卷调查并询问意见，总结提炼出六大类共识措施，并将这些建议提交给有关部门，为后续开展工作提供了宝贵的依据。

2019 年 12 月，时任浙江省长的袁家军到小河街道实地视察老旧小区改造工作时指出，要用好红茶议事会，充分激活社区主体作用和群众主人翁精神。就是这样的议事制度，让这场老旧小区改造会议变得更加高效；正是从这一杯“红茶”开始，民众的大小操心事儿都慢慢得到解决；也是这样一杯“红茶”，让群众的心渐渐凝聚在一起。

红茶议事会不仅仅简单地指代一杯红茶，其中的“红”是指党建引

领，充分发挥基层党组织和党员在基层治理中的作用；“茶”指的是以茶叙事、暖心暖情；“议事会”指的是引入专业促动技术和科学议事规则，通过结构化流程，达成共识并转化落地的协商共治模式（见图1－1）。该工作机制对于实现基层共治共建共享、提高民众协商议事和协作能力具有显著优势。另外，协商是为了促进意见的聚合，让参会者变得更为理性、客观，这是协商的根本优势。红茶议事会遵循协商的原则，发挥协商的根本优势，探索基层治理体系、治理能力现代化的样本。

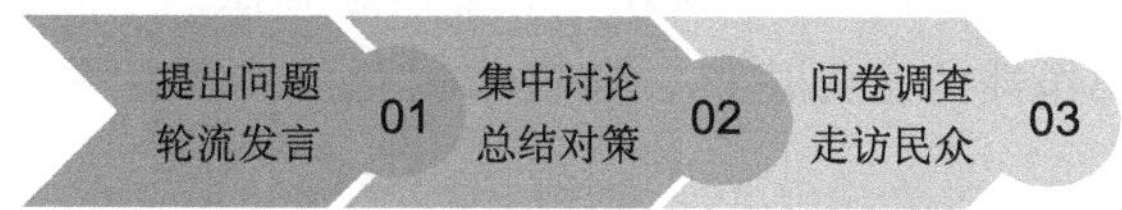

图1－1　红茶议事会1.0版本议事流程

第一次的红茶协商，开展得非常顺利，大家渐渐意识到，对于大事或是小事，都可以在“一杯红茶”的时间里畅所欲言、建言献策。紧接着，在总结第一次协商经验后，拱墅区决定将小河街道作为红茶议事会的试验点，并引入促动技术，聘请促动师，研究红茶议事会机制如何创新形式，更好地把握民众需求，以及如何引导社区群众喝着红茶，在轻松氛围中共同参与、共同商量大事小情，真正实现居民在一些基层事务上的高参与率和议事高效率。

2. 促动师推动更高效交流

协商民主参与的人有了，但小区事务众口难调，如何有条不紊地推进民主协商，给出最大“公约数”？在接下来的议事议题上，红茶议事会不同于一般会议，聘请第三方促动师作为会议主持，采用结构化会议流程，实现了议事的高效率。促动师来自第三方专业机构，也是社区协商对话中的第三方，在每一小组里面还有一个辅助的促动师，被称为“桌促”，这一部分人往往是由受过培训的社工来担当的。一方面，“桌促”可以通过各个环节了解居民的想法，另一方面，他们也起到一个引导的作用。另外，一部分老年人不会使用智能手机，“桌促”会及时帮忙和指导。在每次会议中，议事会的负责人都会根据议题的内容选择合适的促动师来引导策划，其主要职责是在会议讨论产生歧义阶段发挥作用，保证团队围绕目标有效运作，促进成员更高效地思考和对话，使复杂的问题简单化，给居民赋能，让居民学会议事、学会表达，努力维护居民在社区中的知情权、参与权、表达权以及监督权。在议事会上，促动师运用促动技术，专业引导，把控流程，其中促动技术包括团队共创、群策群力、开放空间等。

团队共创引导参与者聚焦在一个亟待解决的共同关注问题，对问题的解决开展头脑风暴（见图 1－2）。小组内部每名成员在规定时间内思考后先发言 1 分钟提出 3—5 条建议，小组引导员汇总组内所有人的意见、建议后，从中挑选出 5—8 条最受认可的小组意见、建议，由促动师收集并汇总各组的代表性意见建议，对卡片上的关键词进行分类排序，并把雷同的进行合并。经由几轮的集体意见征集和归并后，最终形成 3—7 条可操作性的意见建议，通过结构化的步骤凝聚了所有人的意见共识。

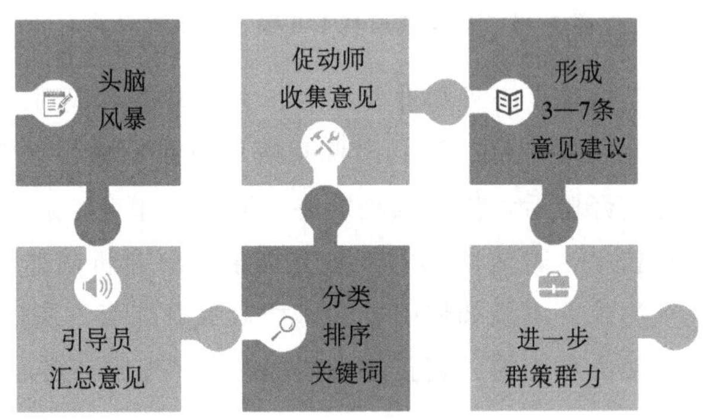

图 1－2　团队共创内容

如果还需要把集体共识转化为下一步的集体行动计划，则还需要引导全体参会者“群策群力”。通过问题分析寻找阻碍因素和背后原因，再探寻相应的解决对策，将不同的解决方案根据难易程度、收益大小等指标填到矩阵图内进行评估优选，直观地得到最优解，最后整理合并成一份具有关键步骤、责任人、起止时间和衡量成功标志的行动计划表，以用于有效开展后续活动。一般整场会议下来不到两小时，就可以通过专业流程收集居民的意见、建议以达成集体共识，也可以为重要问题的解决和落地实施创造条件，奠定民意基础。

在调研过程中，沈墨老师就促动师在会议中的重要地位向我们讲述了一个成功案例。2019 年，一场关于讨论小区内一块公共空间该如何利用的议事会上曾引进沈墨老师作为促动师，作为拱墅区小河街道彩虹桥社会组织理事长，以及人力资源和社会保障部中国职工教育和职业培训协会高级促动师，无论是在促动师经验方面，还是对小河街道基本情况的掌握方面，沈墨老师当之无愧是第一人选，请他作为本次会议的促动师可以更好地把控会议进程。沈墨老师在会议开始前先说明议事规则，而议事规则主要集中在议事环节。

在这场议事会上，主要针对两个方案进行讨论；方案一是将该区域主要用于绿化，旁边搭建电动车停车棚；方案二是在主要位置搭建停车棚，旁边以绿化点缀。两个方案各有侧重，居民因需求不同争议很大，因为有促动师沈墨老师的设计和引导，会议一直有序推进。他将参会者分为两组，小组内每个人围绕议题分析现状，提出意见。在小组内部讨论结束后，每个小组都有了自己的主要建议。那么这些各式各样的意见该怎么办？该听谁的？难题又交到了沈墨手上，沈墨汇总意见后，在现场画了一个矩阵图，把居民代表们的解决方案分门别类，最终提炼出共识：公共区域以绿化带为主，为电动车棚开辟新空间，同时加强对电动车的管理。

在整个过程中，会议一直有序开展，促动师发挥了把准议事方向、控制议事节奏、提炼总结方案的三个方面重要作用（见图1-3）。此次的红茶议事会经验深刻影响了往后的会议，促动师把准议事方向、控制议事节奏，让红茶议事员们在袅袅茶香里，围绕协商主题轮流发言，在发言过程中彼此聆听，并由记录员将形成的意见记下来，交由报告员来总结发言，实现居民高参与度和议事高效率，其带领居民共同讨论方案细节、汇总意见、进行问题分类，将“百条心”更快拧成“一股绳”。

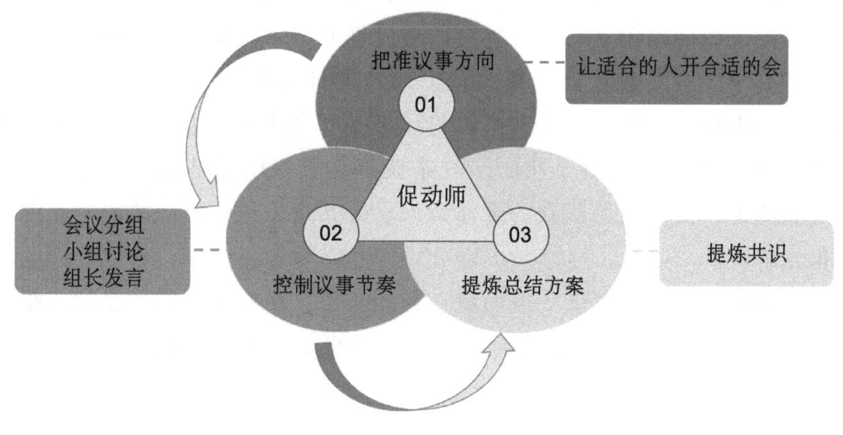

图1-3　促动师职能

3. 红茶议事破常规展成效

为了能让红茶议事会在传统基层议事的基础上提高议事效率，扩展议事人员范围，小河街道相关负责人改变传统议事模式，始终坚持聚民智，注重引入第三方专业技术。

以往，民生实事票选出来后，设计单位开始对民生实事进行工程调研，形成可行性方案，再通过招投标选择施工单位，最终进行具体实施。"居民不同的声音往往集中在施工阶段，导致社区与施工单位无所适从。"小河街道相关负责人说，红茶议事会就是要把问题在设计方案阶段提出来，将问题前置，由设计团队根据居民的意见和建议进行完成。"设计团队与居民面对面，对共同关心的问题展开讨论、对达成共识的议事协商机制加以维护。"这位负责人说："之前的歧义是为了后期的顺利实施，让民生项目得民心，最终实现民主促民生目的。"并且，红茶议事会引进促动师的方式也使得参会者急切要求答复的情绪得到安抚，大家就各自的问题提出自己的想法，促动师带领居民共同讨论方案细节、汇总意见、进行问题分类，会议效率提高了，会议进展顺利了，民众的各种需求解决了。为了让居民及时了解会后进展、持续有效地参与小区议事，小河街道选派社工下沉小区，作为小区专员牵头抓共识落地，社区层面无法落地转化的，小区专员及时上报给街道相关职能科室乃至区级层面协调处置，形成基层治理的高效闭环工作机制，以此提高居民对协商共识执行的支持力和理解度。

在"党建引领+社区自治"的带动下，以红茶议事会为载体，大大提高了社区民主协商效率，也成为发掘社区骨干的重要平台。

红茶议事会刚创立一年，拱墅区就已举办了30余期，涉及议题广泛，包括老旧小区提升改造、治安管理、加装电梯后续管理、小区"楼道革命""垃圾革命"等，社区居民参与议事600余人次，收集意见建议200余条，节约议事时间60余小时。红茶议事会更深层次是为了再造民生实事实施流程，提高居民群众的主体意识、公共意识，让不同的声音在源头上得到解决。

但是新兴事物不可能一蹴而就，时间长了，暴露出的问题也越来越多了，1.0版本的红茶议事会在时代快速前进的步伐中慢慢掉队。

4. 问题显现急需解决

首先，参会者的能力参差不齐，在多次会议中不难看出议事的主要人员基本都是社区老年人，因为大部分时候都只有老年人有充裕的时间，而年轻群体忙于工作，几乎无法抽身前往参加会议。但是老年群体终究只是社区居民的一小部分，无法代表社区全体居民的意见，再加上发言水平和素质有高有低，整个会议协商的进程无法准确把持到位，这也就导致协商结果缺乏民意和说服力。

其次，随着红茶议事会的召开，不难发现会议制度的可操作性有待提高，容易造成协商成本过高的问题。“不能建游步道，影响一楼的隐私”“小区里不能种菜，施肥会有味道，而且容易招蚊虫”“围墙不能太高，会影响底层住户的采光”……红茶议事会伴随着民众的一道道需求声而开展，但是在具体操作过程中，应该找谁协商、协商议题的提出、主题的确定、哪些事情比较重要、哪些内容必须协商、协商成果办理以及后续的解决方案都缺乏科学、规范的程序设计。同时，由于参会者散居各地，很难在一个时间点将大家都召集到一起，参会者参加一次会议所要花费的时间、金钱成本都很高。

最后，红茶议事会1.0版本还存在协商成效不显著的问题。大多数人在会议上都能够积极地参与协商民主，并提出相关意见和建议，但在落实上还不够明显。因为这种基层民主协商议事没有数字化工具的支撑，开完会后大家都散了，没有留下任何过程，也没有现场的图文记录，这样就造成参会者们花了很多气力，却没有成果保留，导致日后很难复盘。同时，一些关键的信息和社区里老党员、老书记的智慧成果和经验因为没有记录下来而丢失，再加上跟踪、督察力度不够，难以保证协商意见得到有效采纳。

红茶议事会1.0版本在这一阶段面临着前所未有的困顿期，议事会将如何迭代升级？议事程序的更新和精准议题的把握成为当下议事员们亟须解决的难题，同时，如何打造红茶议事会2.0版本也是时代交给我们的问卷。

（二）掌控时势，“铸”数字民主之魂

为了帮助1.0版本的红茶议事会走出困顿期，红茶议事会迎来了2.0版本，在“城市眼·云共治·小河网驿”基层数智治理平台的基础上，用大数据分析和手机轻应用为协商议事插上了科技的翅膀，让民有所呼更便捷、基层议事更智慧、为民解难更精准。

1. 以数字画“民意”之像

在1.0版本的红茶议事会中，找谁协商、协商主题是什么、协商成果办理以及后续的解决方案，都缺乏科学、规范的程序设计。

过去的议题主要来源是居民或者村委会，通过他们提出的问题来确定协商议题，但是每次提出的议题有限，并且很难确定所提出的议题是否能帮助到大部分民众。因此，为了提高红茶议事会会议制度的可操作性，同时降低协商成本，红茶议事会在民意汇集环节，坚持“民生为本”，与社情民意联系点建设一体推进，多维度抓取民意热点，及时感知群众呼声，以数字画“民意”之像，让议事更清晰、更精准。

自2020年5月以来，汇集多领域民意数据10 503条，归集筛选后共召开城市管议220余次，平均每场可节省议事时间2小时，还聚合形成民意数据库，将居民的各种意见收集起来，在议题产生环节，系统会通过大数据分析比对，自动在各类关键词中动态感知辖区民意。

根据调研，我们得知，曾经小河街道的一个社区业委会因为和物业存在私交，在未经居民允许的情况下，与物业签署了续聘协议，招致居民的一致反对，甚至掀起了一场舆论风波。

上述事件发生后，红茶议事会一个月内连续收到38起实名举报物业问题，系统自动提取到民意热点后及时推送，街道、社区及时召开专题红茶议事会。其间，街道、社区多次与业委会、第三方服务企业沟通并提出指导意见，但业委会未予采纳。街道对此高度重视、主动介入、果断处理，努力将矛盾纠纷吸附在属地，竭力防范不稳定情况发生。

红茶议事会将数字化融入协商民主的过程中，收集民意、识别重要议题、了解参与者的态度和倾向，为决策提供了科学依据，也同时提高了决策的准确性和公正性，能够增强协商民主的代表性和效力，更好地为民众服务。

2. 以数字画“议事员”之像

何为“数字画像”？那又如何画好这个“数字画像”？

根据我们的调研组与沈墨老师面对面交谈之后，得知画像描述的是这个议事员在他所在的社区里面一年之内参加了多少场议事会，每场议事会他提交了多少条意见和建议，哪些被采纳了。在基层社会治理方面，红茶议事会的目的就是叫适合的人去开合适的会，在议事员的参与度上，第一看数量，第二看质量。长此以往积累之后，红茶议事会就可以看到这个人一年参加了多少场议事会，哪类话题是他关心的，那么他关心的多了，提交的意见肯定也多，然后再看提交意见里面哪些是被采纳的。如果提交的又多，被采纳的又多，就说明这个人是很上心的，那他就是社会基层治理的骨干，就是优秀的议事员。

传统议事以老年人居多，以“熟人”为主，议事群体来源单一，民意覆盖范围不够广，无法使得民众信服。然而，在数字化选取议事员之后，就能够避免此类事件的发生，让更专业的人来解决更专业的问题。

为了解决参会者能力参差不齐的问题，红茶议事会对所有议事员，通过“城市眼 · 云共治 · 小河网驿”平台，汇聚其关心事项、专长偏好、议事能力等数据，形成议事员的个人“数字画像”。自系统运行以来，累计入库议事员 6 986 人，通过每个议事员独一无二的“数字画像”来确定每一次要召开特定主题议事会的议事员，让适合的人开合适的会，使得参与更广泛、结构更优化，极大地提高红茶议事会议事的效率。

除了选取合适的议事员之外，红茶议事会还会再通过“数字画像”来不断充实红茶议事员库，红茶议事员库运行以来，议事员从 200 余人上升至 1 865 人，平均年龄从 65 岁降至 45 岁，谁更关注哪一类议题、哪些人的意见更专业，打开系统就能看得到，从而可以在每次不同主题的议事会中选取合适的人参会，发表意见，作出决策。

在 2021 年 6 月 18 日上午，主题为“如何发挥业委会作用、共建美好家园?”的红茶议事会在彩虹桥社会组织促动师沈墨的主持下召开。会议邀请居民代表和社区、街道、区住房和城乡建设局负责人及专业律师等 30 余人一起协商共议，通过意见陈述、观点交流、换位思考和专业指导，引导当事各方在相互尊重和理解的基础上形成共识。经一个半小时的热烈讨论，全体与会人员最终达成四项共识：建立公正合理的选拔机制；建立完善的监督机制；清查管理公共资产；信息公开透明。

为了解决此次业委会与业主之间的问题，居民代表是直接的利益相关方，律师和一些政府部门的负责人是专业人士，社区和物业是实施方，选取上述人员作为此次红茶议事会的议事员，更有说服力。

红茶议事会根据大数据筛选的结果，通过发送议事链接来智慧化“锁定”高度关注该事件或有专业背景的红茶议事员，从而加强与议题的匹配度，让适合的人开合适的会。在数字化的加持之下，居民们开始理性看待议事会，从大局出发考虑议题与议事员的匹配程度，不会因为自身没能当选为议事员而质疑后续红茶议事会的决策，实现让更适合的人来代表居民参会的目的。

与此同时，红茶议事会还实现了云端议事，突破了时空限制，“我们尽可能让不能到现场的‘红茶议事员’可以在线参会，通过文字直播的形式，发表观点和建议。”小河街道党工作委员会书记钟鸣表示，这样一来，不仅扩大了议事主体的覆盖面，还争取了更多年轻群体的参加。

3. 以数字画“成果”之像

红茶议事会通过征集民意，再通过“数字画像”来选取合适的红茶议事员进行观点建议的提出，其最终的目标都是解决民生问题，促进社会和谐。

针对物业选续聘问题，就会上达成的共识，社区一抓到底，认真落实，全过程闭环管理。2021 年 9 月 15 日，启动远洋公寓业委会换届工作，优化“小区党组织、红色业委会、物业服务企业”共管共治的三方治理结构。协助业委会依法依规修改完善《小区业主大会议事规则》《选聘物业服务企业办法》，开好业主大会，选出合适的物业公司；利用好“睦邻节”等文化活动，增进社区友好和谐。2022 年 1 月 23 日，远洋公寓业委会换届工作组成立并召开第一次工作会议。6 月 14 日，发布召开 2022 年第一次业主大会会议的公示。

除此之外，红茶议事会还建立了微信“小河有用”居民信箱小程序，可以通过“城市眼 · 云共治 · 小河网驿”平台，选取社会关注度较高的主题，多维收集居民关心的问题，自动生成议题，帮助居民解决困惑。

为了让议事尽快达成共识并成功转化落地，增强小区“微治理”的实效，红茶议事会经过两年不断的摸索与实践，制定了《小河街道“红茶议事会”基层协商议事规则（试行）》（以下简称《协商议事规则》）办法，指导居民议事协商制度化、规范化和程序化。

《协商议事规则》包括协商主体、议题产生、协商程序、成果运用、机制保障五大章内容，无论大事小事，街道、社区、物业甚至居民只需参照该议事规则，都可以自己牵头召开红茶议事会，真正做到自治自理。

针对议事过程的议而不决、决而不定的现实性困境，红茶议事会首先规范了红茶议事会议事规则，利用数字化平台，科学找出居民最需要迫切解决的问题，再从问题出发选取最合适的红茶议事员。根据《协商议事规则》来展开协商，积极调和各个民众之间的矛盾，使得各类社会治理成果落地。以往的议事规则主要集中在议事环节，现在从议题产生、协商过程到成果转化、机制保障等各方面都有了具体的规定。

在协商议事的同时，红茶议事会还对闭环式管理进行实时反馈，每场红茶议事会的讨论结果都将通过分类，直接推送至街道科室、社区具体负责人账号，方便进行后续跟进，居民也可以实时查看反馈过程，再加上有法治监督员全程参与监督，形成全流程闭环机制，在红茶议事会中，群众也真正得以参与到社会治理当中。

通过数字化的红茶议事会协商民主，可以提高议事活动的效率、包容性和公正性，不仅为参与者提供了更便捷的参与方式，促进了民主原则的实现，更克服了传统议事模式的一些局限性，对提升协商民主的意义重大。

（三）多方加持，“精”管理民主之策

目前，为了更好地助力民众对于基层社会的共治、共建、共享，红茶议事会搭建起数字化平台，并经历了两次迭代升级，使得协商更贴合民意、更有说服力。用“数字画像”寻找合适的议事员提高了决策的准确性和公正性，在一定程度上增强了协商民主的代表性和效力。随着红茶议事会的不断完善与进步，其对社会治理的效用也越来越明显。

1. 注重党建引领，强化筹划监督

小河街道始终坚持“红色引领、党建先行”。为了解决议事员都是老面孔，代表性偏弱、民意覆盖范围不够广的问题，红茶议事会通过街道各级党组织，借助第三方社会组织的专业力量，带动居民共商共议。至今，党员比例升至43.61%，议事覆盖面的扩大成效显著。党的领导应当贯穿协商共治各环节，要求注重挖掘、发挥党员示范引领作用，让适合的人开合适的会，加强与议事员与议题的匹配度。

红茶议事会以“红色领航”引领行动，落实党对政协工作的全面领导，进一步绘实工作底色，将红茶议事会建设纳入政协工作全局思考谋划，贯通了“区政协党组—区政协机关党组—街道政协委员活动小组党员委员履职临时党支部”纵向主轴，形成“一核多堡”树状型组织体系。

所有街道政协委员活动小组实现党组织全覆盖，意味着对132名党委

进行街道编组，实现每个街道都有党委联系报到，每名党委都有街道政协委员活动小组党员委员履职临时党支部归属，各街道党工委把推进红茶议事会工作作为加强和改进政协工作的重要举措，纳入工作总体部署。

如围绕“迎亚运，提升街区环境品质”这一主题，红茶议事会特邀小河直街昆曲会客厅主理人杨崑，以党员代表和政协委员的双重身份，全程参与街区环境提升的议事协商活动和后续监督工作。在 18 个街道全面建立政协委员活动小组党支部，党员委员全部编入党支部，建立每名党委联系一社区、一民生项目以及界别群众的“三联系”机制。同时创新成立“大运河协商红盟”，通过数字化平台支撑，制定协商主题，选定红茶议事员协商落实。各党委积极参与，通过深入基层开展协商议事、民主监督，全力助推区域经济的高质量发展。

除此之外，红茶议事会还充分发挥人民政协联系服务群众的桥梁纽带作用，注重选取“切口小、关联广、针对性强”的议题，架好联系群众“连心桥”，扩大民意覆盖范围，办好服务群众“暖心事”，当好界别群众“贴心人”。议事过程中始终坚持聚民智，注重引入第三方专业技术，采用居民喜爱的协商形式，提高议事效率。

党建引领是红茶议事运行和发展的基础，通过强化党的领导、加强党性修养、发挥党员先锋模范作用以及提高党的组织建设水平，可以确保议事会的工作更好地为人民服务，推动党的事业发展。

2. 联合社会共治，促进议题解决

红茶议事会现已成为社区“议事员”畅所欲言、共商百姓急事难事解决之道的平台。但是要解决民众的问题，非一已之力可以达成，因此社会联动的作用极为重要。红茶议事会作为一种非正式的协商机制，通过加强社会共治，实现了问题解决与社会发展的良性互动。

在调研过程中，负责人沈墨老师告诉我们，红茶议事会是一套由政府主导、专业力量支撑、多元化参与、多方共治来解决民生问题的基层协商议事体系。红茶议事会的日常工作主要集中在社区层面，然而基层社区只是收集问题或者提供服务，真正解决问题的力量还是在街道。只有街道的各个职能部门一同参与到红茶议事会当中，解民之所难，才能迎来会议的成功开展。同时，为了更好地解决基层问题，政府会出面邀请专业的社会组织参与，寻求专业化支撑。

另外，红茶议事会一直遵循着“五社联动”模式而开展推进，积极倡导社区、社工、社会组织、志愿者和社会慈善力量参与到会议之中，同时也邀请居民代表、业委会、人民代表大会（以下简称“人大”）代表、政协委员、社区律师等多方利益主体加入议事，共同解决老百姓的民生问题。

总之，红茶议事会通过“民主协商＋科技支撑”的形式真正做到了社会共治，是真正意义上的基层民主新实践。

据统计，目前系统中的红茶议事员已达 1 637 人，覆盖居民骨干、两代表一委员、专业人士代表、企事业单位、社区、物业、业委会等。不同的人代表着不同的身份和立场，不同的人参加红茶议事会可以促进政策制定的民主化和参与性，推动社会的发展和进步。参与红茶议事会不仅为个人和社区带来了更多的权力和责任，也为建设一个更公正、平等、和谐的社会作出了贡献。工作人员说：“每一场参与红茶议事会的人员，就成了议事员，系统可以对议事员的关注领域、偏好等进行大数据分析，让适合的人开合适的会，解决‘议事效率低下’的现实难题。”

通过红茶议事会，协商民主与社会共治得以联合起来，实现了社会各界的良性互动和合作。社会共同参与决策、共同解决问题，可以更好地满足各方利益主体的需求，提高决策的可行性和公正性，增强社会稳定和可持续发展。同时，这也加强了社会之间的联系和互信，推动了共治理念的落实和民主治理的进程。

品一壶红茶，协商社会大小事务。红茶议事会自开办以来，帮助社会处理了不计其数的琐事。从一开始的 1.0 简易版本，到后续数字化改革的 2.0 版本，红茶议事会不断发展改进与完善。让我们一起期待之后的红茶议事会给我们带来更精彩的故事。

三、案例分析与思考

（一）会议全程高效率，协商民主贯始终

“协商民主”是西方民主制度求同存异的成果，其作用与基本理念息息相关。首先，为了使公民平等地参与协商，协商民主能够在决策过程中既尊重多数人的意愿，同时也照顾到少数人的合理意见和要求。参与者无论在影响结果产生的实质权力抑或是在中立、透明和公开的制度化程序上都是平等的。其次，公共协商的主要目标不是狭隘地追求个人利益，而是利用公共理性来寻求能够最大限度满足所有公民的愿望之政策。因此，公

共协商使决策的理由更为理性、结果更为公平。

虽然协商民主从理论而言前路光明灿烂，但如何落到实践之处却是检验其持续生命力的关键，因而政治实验是一条重要的路径。例如，费希金在研究协商民意测验时，通过实验发现协商民主可以化解社会冲突、促进信任、形成共识，并促成社会问题的解决。为了修正选举过程中名不副实的“民主”，美国国家健康研究所于20世纪70年代末探索出“共识发展会议”，邀请医学、科学和其他学科领域的专业人员就新的医学科技创新和具体适用范围进行交流探讨。但共识发展会议只是将意见征集的范围局限于专家，并没有吸纳普通民众。于是丹麦技术委员会将其扩大为公众广泛参与的“共识会议”，为普通民众参与科技评估和发表见解提供了机会和平台，也为科技风险的治理提供了新途径。

不同的实践模式共同反映着协商民主的发展进程，从总结西方国家的各个实践模式出发，可以得出协商民主注重对理性化民意的采集、在既定的政策流程中加入公民协商、专家与公民之间的交流以及拥有权威与采取行为所需资源的人士参与。在价值层面，协商民主不仅加深了人民对民主的理解，强调公民对于公共利益的责任以及达成决策的过程，而且能够凝聚共识，使个体在观念上变得“更具有公共精神，更容忍、更有见识、更关心他人利益”。除此之外，协商民主在决策之前就决策执行中的重要问题进行协商，广泛听取各方意见，有利于集思广益、避免和减少决策失误，也有利于增进理解、扩大共识。

与西方各国“选举独大”的民主模式不同，我国实行中国共产党领导的多党合作和政治协商制度，我们的民主是选举民主和协商民主的有机结合。通过参与成员的广泛性来确保对复杂化社会利益的反映，同时确保其“软监督”的影响力，中国的协商民主注重通过公共理性实现向好的转化，协商者不但要考虑自身的利益，还要超越自身的观点和利益局限，考虑到公共利益。在杭州市拱墅区小河街道上，诞生了别具一格的基层民主协商高效新形式——红茶议事会。无论是民意的广泛征集与筛选、促动技术引入后的会议效率，还是党员贯穿始终的筹备工作，红茶议事会充分发挥了线上线下相结合为民生服务的优势，体现了对于居民知情权、参与权、表达权和监督权等一系列权利的切实保障。从问题的提出到协商再到解决监督，红茶议事会全方位多领域为协商民主的落实保驾护航。

1. 广集民意有保障

红茶议事会作为基层协商民主的创新探索，真正做到了以人民的声音为中心，造就了会议流程与程序的民主化。这与西方国家协商民主所具有的“使公民平等地参与协商”基本理念存在着异曲同工之妙。“协商民意测验”通过实验证明协商民主可以化解社会冲突、促进信任、形成共识，并促成社会问题的解决。从分析作为西方国家的实践模式之一的协商民意测验出发，可以得出协商民主十分注重对理性化民意的采集，此结论对于本案例的分析过程有着极大助益。汇聚更多民意，是社会和谐的体现。从基层协商民主中我们可以得知，解决群众的实际困难和问题，解决基层社会的矛盾需要广集民意。

杭州市拱墅区小河街道共有 9 个社区，常住人口有 4.6 万余人、1.7 万余户。为了广泛发动群众，把群众组织起来、凝聚起来，构建让更多群众有效参与社会治理的体制机制，红茶议事会应运而生。红茶议事会提供了有效沟通的平台，人人发声建言得以成为现实。在“协商民意测验”中，会随机抽样遴选公民代表，而红茶议事会也是如此——通过参与群体的广泛性和代表性来保证协商结果的合理性。面对业主们反映的种种问题和疑虑，按照“三方协同治理”的原则，社区、物业、业委会通过登门入户、微信群聊、电联、座谈等形式，广泛征求意见与对策，为会议主题和议题奠定了民意基础。

在面临红茶议事会 1.0 版本协商成本过高的困顿期时，红茶议事会 2.0 版本在数字化改革的浪潮中乘风而来。以往社区存在协商议事覆盖面太窄的问题，参与议事会的主体大多为有空的老人群体，参会人员的平均年龄是 65 岁。为了吸纳社区更多年轻人的广泛参与，小河街道又依托“城市眼 · 云共治 · 小河网驿”平台开发了红茶议事会线上会议系统，以短信推送或扫描二维码的形式邀请居民于线上议事，扩大了议事主体的范围，实现了参会人员年龄从 65 岁到 45 岁的“20 岁年龄差”之巨大突破。这一措施问需于民、问计于民，让小区问题在内部流转，利用数字化手段充分调动了基层民主协商的积极性、主动性、创造性。与此同时，“城市眼 · 云共治 · 小河网驿”平台，整合了居民来访、网上居民信箱、网络舆情等多方数据，筛选出具有倾向性、苗头性的意见和观点，从而在多元而复杂的基层治理问题中，有效地倾听老百姓的声音，并给出及时的回应。红茶议事会始终围绕“五民”工作法，坚持民事民提、民事民议，将提议、提案的选择权流转回老百姓手中，并借由线上会议系统为其提供头脑风暴的发挥平台。这就是小河街道一直在探索的、有温度的数字治理。数字化的方式升级了获取代表性观点的手段，但最终目的与“协商民意测验”殊途同归，都成功地从参与者的内部发言中提炼出了集中观点，从而为红茶议事会的最终讨论做好准备。

基层协商民主的重点主要是围绕基层的公共利益，解决基层群众经济社会生活中遇到的各种问题。“协商民意测验”既可以用于日常公共事务的讨论，也可以用于解决争议问题。在小河街道里，在红茶议事会上，邻里间的关键小事由一杯“红茶”展开了讨论，个体的意识得到了凝聚，从而为决策的达成奠定民意基础。

2. 促动技术展效率

与一般议事会不同，红茶议事会引入了促进成员更高效思考和对话的“促动师”（Facilitator），其带领居民共同讨论方案细节、汇总意见并进行问题分类，从而让众人开会的过程“变得简单”。促动师不同于培训师、咨询师、方案提供者，是倾听者、思考的引导者以及不良互动方式的干预者。作为一项同时具备专业性与职业性的高级技能，促动师无论是在国际还是国内都有着相关的认证机构。“促动师”这一全新角色的出现带有深意，在结果导向上与西方国家在探寻协商民主的实践过程中开创的“共识会议”不谋而合，同样注重专家与公民之间的交流。不仅如此，小河街道在红茶议事会中引入了美国的罗伯特议事规则，通过约定性、工具性、价值中性的规则，促进了文明议事的出现和高效决策的产出，一改基层居民议事会中存在的盲目性、无组织性以及议事规则缺失等普遍问题。

相较于社工，促动师在汇总、处理意见方面更加专业、高效。促动师是协商对话中的第三方，一般由街道机关干部、社区干部、小区党组织负责人等担任，负责规范会议流程、控制会议节奏、引导参会者、聚焦重点问题、汇总个性意见、促进方案改良、加快形成共识。在议事会开始前，作为主要会议流程策划人的促动师需要提前与社区确定好会议主题、目的以及预期效果等关键要素；在议事会开始后，促动师明确在会议全程“主持中立”“一事一议”“有序发言”等一系列规则，完美贴合了罗伯特议事规则的理念，同时将会议规定、议事规则和角色分工等内容以海报的形式贴上墙。除此之外，在集体讨论的头脑风暴过程中，促动师明确三不原则（即不自谦、不批判、不阻拦）、量多原则、记录原则、借力原则（即可以在他人想法的基础之上继续提出新的想法）、平等原则。这些原则从罗伯特议事规则所具备的机会均等原则、发言完整原则、文明表达原则等中吸取经验，形成了小河街道别具一格的议事格局。在居民们分小组进行内部讨论后，促动师将居民代表们的解决方案分门别类，最终提炼出共识，从而解决居民因需求不同产生的争议。正如共识会议从确定议题出发到组成咨询委员会、公民小组、专家组，从召开预备会议到召开正式会议，促动师在这一过程之中起到了穿针引线的作用，将参与会议的多方主体联系在一起，并促进了会议的高效进行。

为了达到高效的引导环节与高质量的供给成果双管齐下的目标，红茶议事会为促动师的职能范围配置了一套工作机制，即“五大规则”与“三个角色”的巧妙结合。“五大规则”分别是：①一事一议，不偏题不跑题；②畅所欲言，平等交流；③文明有序，文明对话有序交流；④全程记录；⑤达成共识。而“三个角色”即计时员、记录员、报告员则分别对应着前述规则中的文明有序、全程记录和达成共识，在促动师把控全局的基础之上，与其形成了高效互动与反馈。在小组进行研讨的过程中，计时员需要把控时间以维持秩序，全程记录下成员的观点意见是记录员的任务所在，而报告员负责作为小组代表上台发言。这套规则是红茶议事会经过近五年来结合实践得出的高度提炼，背后实际上蕴含着大量现实案例的积累以及制度的切实建立，从而产出所谓的“标准化体系”。

社区是基层社会治理最小的细胞，小河街道积极探索社区、社工、社会组织、志愿者以及慈善资源“五社联动”的基层治理新路径，广泛纳入不同的社会群体，发挥“集中力量办大事”的优势为红茶议事会的开展奠定人员基础。促动师通过召集与议题相关的各利益方，不仅有政府、社会组织、居民代表，还涵盖了律师等专业职业群体，真正促成了“适合的人开合适的会”。因为有着促动师的合理引导，参与讨论的民众在考虑自身利益的同时，更多地将目光放在了公共利益的长足发展上——这实现了公共理性好的转化（见图1-4）。正如红茶议事会改变了以往居民的声音总是集中在施工阶段的情形，将民众的共识前置到设计方案阶段，完成了从事后解决到事前协商的良性转变。这样一来，不仅人民的需求得到了解决，民生项目的实施也获得了切实的保障和顺利的演进。红茶议事会最有力量的地方莫过于凝聚各方智慧来解决百姓真正关心的民生难题，从促动师高效引导会议并达成共识，基层民主的渗透力早已在不知不觉中带领着小河街道不断走向欣欣向荣。

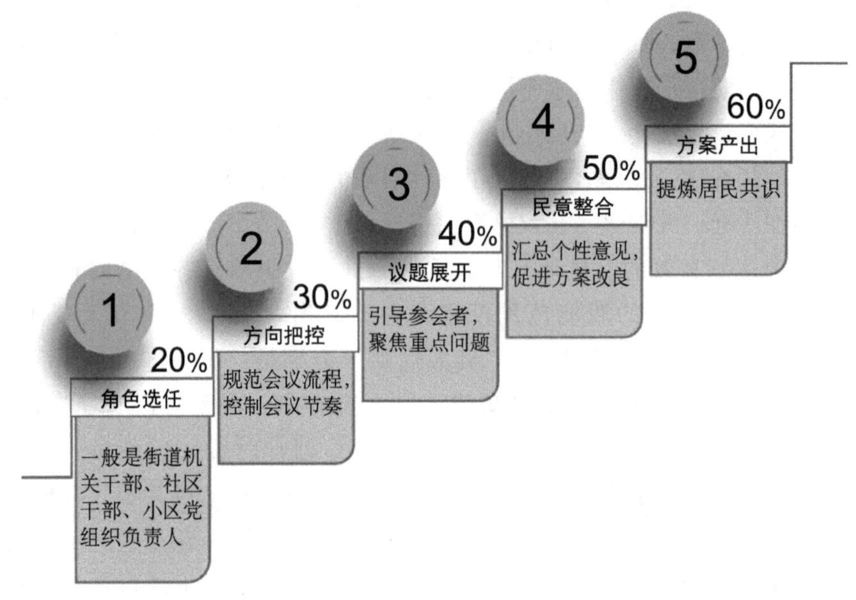

图 1－4　促动师发挥作用的过程

聚焦红茶议事会的关键要素——促动师，小河街道坚持外引内育，提升促动师综合素养，以内挖潜力为基础，着力将社区工作者培养成为红色“促动师”。举办社区治理与协商议事能力高级研究班，通过理论学习与实践教学相结合、案例分析与模拟练习相结合等多种形式，逐步培育社工参与式治理理念，掌握红茶议事会的流程工具和方法。下一步，将结合小区微治理工作，着眼加强小区专员队伍建设，重点将小区专员培养为促动师，推动小区居民问题的解决。

3. 党员筹备凝众力

在“共识会议”中，咨询委员会负责大会的组织、协调和监督，其成员都由会议主办方精心挑选，全方位确保会议全程能够公正、有序进行。而在红茶议事会里，党员就充当了咨询委员会的角色，全程参与了会议的议题筛选、人员协调与事后监督，不断发挥着其自身的示范、引领作用（见图 1－5）。

图1－5　党员的筹备工作

红茶议事会在布局谋划上形成了“一核多堡”的树状型组织体系，贯通“区政协党组—区政协机关党组—街道政协委员活动小组党员委员履职临时党支部”的纵向主轴，并将支部建设与“民生议事堂”、委员工作室、社情民意信息联系点“三位一体”有机结合，实现了基层工作的“党组织全覆盖”。红茶议事会的“红”不仅体现在居民喝着红茶、议着家事，更体现在党建引领，用“身边人带动身边人”为基层治理添活力。从对每位党员的街道编组，到党支部归属，党员为政协工作的持续推进添砖加瓦，提供着坚实的保障。

在红茶议事会的议题筛选上，结合党组织领导下三方协同小区微治理工作的落实，已然形成了“居民云信箱等大数据收集—云共治后台大数据分析—红茶议事会议题确定—召开线上线下红茶议事会—形成共治方案—回应群众需求”这一治理闭环，而党员联系各方群众建立系列微群则是其中重要的一环。密切联系群众是中国共产党的三大作风之一，党员肩负着畅通群众表达意愿的渠道之责任，应当努力解决群众生产生活中出现的实际问题。在人员的协调上，小河街道从专业培育的角度，对各个由党员转化而成的小区专员进行不定期的技能比武，从理论到实践，全方位地提升其为民服务的能力和水平。从加强培训以提升社区工作人员议事能力的角度出发，实现让适合的人开合适的会。不仅如此，红茶议事会最先邀请到的议事群体也是党员，因为他们有责任感，即使退休之后也参与着楼道长、居民骨干等一类的工作，本身具备一定的社会影响力。并且，在党员的感召力引领下，越来越多的居民愿意加入议事，为红茶议事会建言献策。除此之外，在致力于将居民的各种需求落到实处的监督阶段，小河街道纪律工作委员会组建了监察联络员队伍，组成红茶议事会监督保障组，对改造项目的设计施工、资金使用、质量保障等方面提出相关建议。

除此之外，党员群体还依托新上线的“居民信箱”，核实问题、反馈落实，推动监督有效覆盖。通过重视议事结果的反馈，为居民搭建好“居民的话有处说，说出的话有回应”的发声平台。

（二）数字赋能促议事，“一舱两端”蕴智囊

中国的参与式民主机制中，协商是重要的一环。当代科技数字化的快速发展，为我国推动协商民主广泛、多层、制度化地向基层延伸发展提供了更多可能。随着杭州市拱墅区小河街道对基层社会治理中的关键性问题的实践探索逐渐加深，如今，红茶议事会迎来了2.0新模式。数字赋能促进了小河街道成功建构起“民主协商+科技支撑”的全新治理机制，正式上线了“一舱两端”三大界面，最终推出了“红茶议事会系统”。

简·曼斯布里奇曾言：“一个协商系统就是以商谈的方式处理政治冲突和解决政治问题的系统。”而红茶议事会协商系统正是将宏观空间、政治机构、微型公众和党派论坛等协商空间、场所和机构都包容其中，用大数据分析和手机轻应用为协商议事插上了科技的“翅膀”，助推基层民主协商规模扩大，并汇聚政府、社会、居民三方力量，形成基层民主协商与大型协商之间良性有效的互补、互助、互促、共进的局面，为进一步提升民主协商的广度深度、开放包容、流程规范、效率效果带来新的机遇，走出了一条全新的共建共治共享的数字化社会治理之路。

1. 2.0模式助推基层民主协商规模扩大

在我国基层社会，民生改善的实事和社会治理的难题与群众利益息息相关，因此需要各方共同商量，解决具体而微的小事、细事、琐事。为此，我国各地积极探索契合本地区的基层协商形式，其中“微协商”成为一大亮点。在基层协商中，虽然人民群众的参与度有所提升，但仍存在参与难、参与有限和被动参与等情况。

红茶议事会2.0模式正是将理论与实践充分结合的“基层民主协商”典范。它从1.0模式下单一的、小范围的基层民主协商逐步发展为2.0模式下系统的、大范围的基层民主协商，真正科学、规范地回答了基层社会治理的核心问题：治理什么？谁来治理？以及协商成果的办理和后续解决方案等问题。通过数字赋能，红茶议事会2.0模式顺利助推基层民主协商规模的扩大，实现2.0模式下的新突破、新优化、新升级。这一创新和实践为促进基层民生改善、解决社会治理难题、维护群众利益和公民权利，

提供了更为强大和高效的工具（见图1-6）。

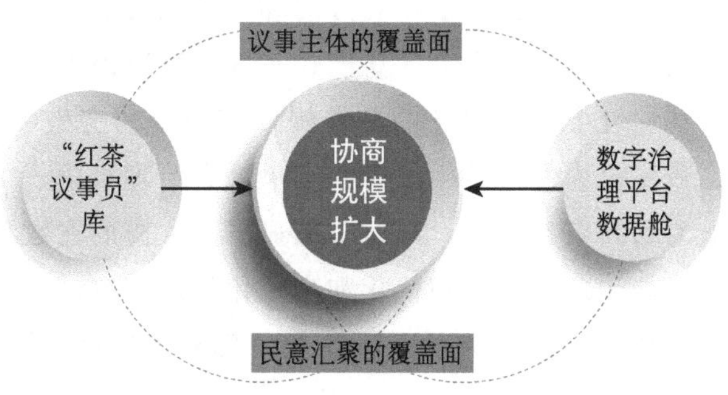

图1-6 数字化助推基层协商民主规模的扩大

（1）参会渠道更丰富：从"线下围坐"到"随时随地线上议"

红茶议事会从1.0版本升级至2.0版本的契机，源于2020年末疫情背景下的思考。在参会方式上，1.0模式的红茶议事会仍与传统基层协商民主无异，主要采用线下协商的单一渠道，而疫情将人与人阻隔，民生大小事的商议被搁置，如何解决打破时空限制、多渠道参与基层协商的难题成为当务之急。于是，红茶议事会2.0模式应运而生，微信"小河有用"居民信箱小程序的推出使参会的渠道方式被打开，参会者可以不在会议室里，而是可以在家里，可以在单位，甚至可以在出差的路上，让每一位关心议题的居民能够随时随地线上参会议事，通过线上线下参会渠道的同步开通，红茶议事会实现了参会人员的平均年龄由65岁下降至45岁，突破了20岁的年龄差，大大推动了红茶议事会覆盖人群的多样化和基层民主协商人群的多元化。

（2）协商解题更精准：从"拍脑袋想"到"大数据关键词"

借助数字化的东风，红茶议事会2.0模式拥有的数字治理平台的数据舱带来了巨大的优势，最引人注目的是，任何居民都可以随时通过"城市眼·云共治·小河网驿"平台表达他们的民意和需求，这彻底颠覆了传统基层治理的模式。这一创新使协商民主的议题范围得以扩大，能够覆盖更多基层生活中待解决和完善的"关键小事"，真正实现了"治理什么"完全由居民自主决定的理念。街道以历年百姓关注和协商解决的问题为基础，构建了包含党建、民生、紧急事项、城市管理、社区建设等六大类、总计421个民生"关键词"的体系。通过大数据技术的精准"感知"和"把握"，避免了议事走向形式化，让议事主题更具"烟火气"、更接地气，更好地贴近和满足民众的实际需求，为红茶议事会2.0模式的基层治理服务的升级优化提供了正确方向和关键支持。

通过数字赋能，红茶议事会2.0模式实现了基层民主协商议题覆盖规模的扩大，为基层社会治理服务的升级提供了全新的突破、优化和升级。这一创新和实践不仅为促进民生改善、解决社会治理难题、维护群众利益提供了更为强大和高效的工具，同时也彰显了民主协商在数字时代的巨大潜力，将居民参与治理推向了现代化和高效化的新高度。

据统计，红茶议事会系统自运行以来，系统共入库“议事员”1 389人，汇集民意1万余条，及时召开红茶议事会125场，提出可采纳建议2 435条，助力精准破解治理难题300余项，有效破解遗留数十年的娑婆桥弄长效整治、远洋公寓物业选聘、广兴新村停车方案等300余项治理难题。红茶议事会1.0模式下的传统基层民主协商，借数字化之风乘风破浪，让更多的居民参与，让更多的民意汇聚，协商民主规模不断扩大，真正助推“协商为民、协商于民”落地见效。

2. 协商团队更专业：从“熟人开会”到“适合的人开合适的会”

针对传统基层议事中经常难以突破的议员参与覆盖率、议员专业水平层次等痛点，升级后的红茶议事会系统以数字画“议事员”之像，再通过“数字画像”不断充实“红茶议事员”库。

“红茶议事员”库运行以来，在议事员人数上，从200余人上升至1 298人；在议事员年龄上，平均年龄从65岁降至45岁；此外，议事员党员比例升至43.61%。足以可见，在数字平台构建下，如今的红茶议事员协商团队主体多元、规模庞大、专业可靠。

原本一张方桌、一壶清茶、几把凳子、群众围坐共商共议的基层民主协商模式，在融入现代科技的数字化后，使越来越多的居民通过红茶议事会系统成为基层治理的主要参与者，扩大了议事主体的覆盖面，政民互动路径更广、议事主体更多元、民意表达更全面。同时，“红茶议事员”库的建立也成为居民参与基层治理动员机制的一环，有效激励了居民以不同议题为中心组建起基层协商议事员小组，健全小河街道的居民自治机制。

3. 基层民主协商与大型协商互促、互助、共进

（1）协商流程更规范：全过程记录保留协商成果

从前，基层民主协商议事因为没有数字化工具的支撑，会议结束后，大家都散了，这就造成会议耗时耗力却没有成果保留，没有过程记录，关键的信息和智慧成果可能会由于没有及时记录下来而丢失，最终导致民主协商后续难以复盘和跟进。

如今，小河街道顺利实现了红茶议事会 2.0 版本的升级，其关键一步在于制定了一份议事规则——《小河街道红茶议事会基层协商议事规则（试行）》。在该规则中，将 1.0 模式的成果运用细化为“转化、落地、评估、反馈”四个环节，形成了“精准采集、规范分析、具体解决、数据运算”四步走的规范化流程，确保“一事一议”各环节成果落地，议出政民互动“最大化成果”，从而形成治理闭环，让协商更加规范，让治理更有绩效。

随着协商流程规范化，红茶议事会相继构建起成果画像，有效解决了从前传统基层协商模式下会议成果难保留、难落地、难跟进的问题。据了解，红茶议事会系统里现有 260 多个会议案例，同时附有数字化协同的简报，整场会议用图文视频记录，哪些人都谈了什么，现场场景是怎么样的，会议之后有哪些跟进一目了然。这为基层协商民主解决问题提供了真实可靠的成功范本，也为基层民主协商和大型协商的分工联动构建了桥梁、奠定了基础。

（2）协商力量更强大：基层民主协商和大型协商分工联动

我们可以把融入了政府力量、社会力量的民主协商制度看作一个整体的运作系统，而以红茶议事会为代表的基层民主协商，则是大型协商系统下的分支和子系统。

在数字化技术平台的支撑下，红茶议事会作为专业社会组织通过《协商议事规则》的规范化流程在基层做好收集民意、整理问题、归纳来源等工作，为大型系统提供宝贵的信息、海量的数据和技术的支撑。而在大型民主协商中，人大代表和政协委员等议事主体也成为红茶议事会的参与者、支持者、监督者，负责处理系统中的基层问题治理的大方向，为民生大小事的解决提供宝贵的建议指导。此外，一场红茶议事还会根据议题请物业、业委会、社区律师等社会各方主体力量参与进来，充分调动小河街道中社区、社工、社会组织、志愿者和社会慈善力量形成的“五社联动”。最终，居民、政府与社会三方分工联动的运行机制，真正发挥以政府主导、专业支撑、多元化参与的共商、共议、共识 1 +1 +1 >3 的效果，促成“基层民主协商激发协商因素最大化，大型协商激发民主最大化”。

（3）协商议事更高效：调和协商与民主的张力

“城市眼·云共治·小河网驿”平台作为红茶议事会的核心数据云平台和红茶议事会移动端，也是协商民主与数字化和现代化相结合的最生动、最具体的成果。“城市眼·云共治·小河网驿”平台可以为协商民主提供一个便捷的交流和讨论的空间，居民可以随时随地表达意见和参与协商，红茶议事会移动端会高效汇集居民信箱、网络舆情、信访等多维度数据。同时，平台还可以提供数据分析和可视化工具，并通过平台进行大数据分析，能够更加准确地细化问题、突出问题、分类问题，帮助协商民主双方更好地理解和评估各种意见和建议，切实把人民生活中遇到的经济问题、政治问题、生态问题归类统一、逐个分析、各个击破。

足以可见，在融合数字化的红茶议事会2.0模式下的协商民主，其实现方式是在不要求大众直接参与线下协商的情况下，在系统中最大化地发挥大众的影响力。红茶议事会协商民主的关注点从单个的协商案例转向了整个红茶议事会系统内部制度之间的依赖与分工，呈现出多元性与分散性的特点，在协商议事更高效的同时，有效调和了协商与民主之间的张力（见图1－7）。

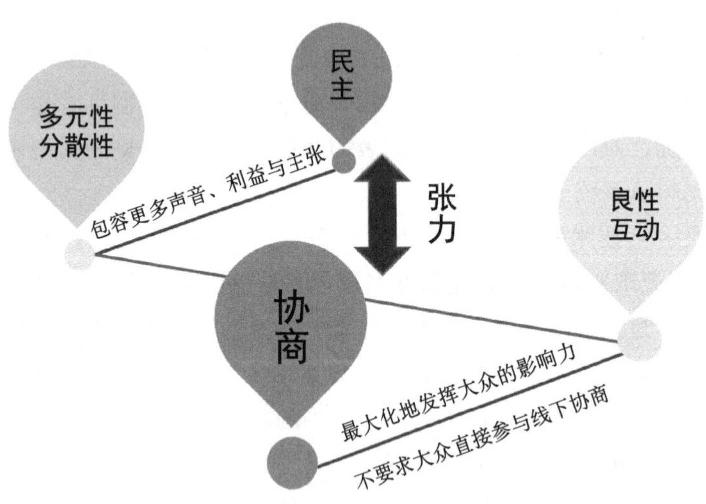

图1－7　调和协商与民主之间的张力

一方面，不同于以往的传统模式下民主协商将民主理解为为民办事，在红茶议事会2.0模式下的协商系统主张通过“一舱两端”的数字平台包容更多的参与者，包容尽可能多的声音、利益、关怀与主张。因此，

2.0 模式助推微协商的规模不断扩大以充分彰显其民主观。另一方面，红茶议事会一如既往地运用代表制来调和协商与民主之间的张力，不同之处在于，2.0 模式下的红茶议事员代表依托数字平台的检索和分析，对公众具有更好的、更及时、更专业的回应，从而形成有效的良性互动。

红茶议事会 2.0 模式是数字化赋能协商民主基层治理道路上的一只新标杆，通过“一舱两端”来作为居民和社会、政府之间的信息对接者，增加二者间的协商和合作来实现最佳结果，让群众的话有地方说、苦有地方诉、理有地方讲。这样，数据发现问题、协商纠纷调解、民主化解矛盾，促进小河街道基层治理工作的展开，让传统的民主协商插上科技的“翅膀”，让基层议事更有“智慧”，数字治理更有“温度”。

四、案例结论与总结

以上案例分析通过基层协商民主、数字赋能和三方联动来实现小河街道的高质量发展与治理现代化，听民声、知民意、解民忧，做到全心全意为人民服务，上至党团服务，下至基层治理，事无巨细，不仅提高人民的生活水平，也构建出高质量的治理现代化中国模式。

红茶议事会从 1.0 版本走向 2.0 版本，成功构建起“民主协商 + 科技支撑”的治理机制。党建引领，实现组织全覆盖；社会共治，打造治理新局面；数字赋能，推动“喝茶”共协商；程序规范，践行“有事好商量”；成果落实，打造流程全闭环。

在社会转型和治理现代化的背景下，我国社会结构日益复杂，各类利益诉求表达日益多元。红茶议事会借助数字化系统为小河街道居民表达诉求、反映心声搭建了一个有效的平台，以“红色引领、以茶叙事、共商民生”为理念，力争做到“协商有方、治理有效、群众有感”，以实绩实效赢得群众认可点赞。

在案例的调研过程中，也从中发现了一些不足，结合实际，我们提出以下三点建议，希望能更好地助推红茶议事会的发展。

（一）规范议题设置标准

数字技术便利了议题选择、提高了会议制度的可操作性，同时降低了协商成本。但需要避免过分依赖数字手段搜集舆论信息和热点趋势，始终重视深度沟通和交流的重要性，坚持开展广泛的协商对话，以防陷入表面民主化的陷阱。

“城市眼·云共治·小河网驿”平台为协商民主提供了一个便捷的交流和讨论空间，借助数字技术进行快速的筛选和甄别。系统自动提取到民意热点后及时推送，但筛选算法的固有局限也会在无形中过滤掉一些可以进入协商议程的事项。同时，网络舆情作为议题选择的重要来源，网络跟风现象也会导致议题生成的偏差。例如，更具有言语煽动力、更加有炒作价值的事件表达会更容易形成网络热点和舆情，但这并不意味着其比同类议题更具有实质价值。要避免议题设置被网络舆论所“绑架”，不能简单地以网络热度和话题数量作为议题生成的标准，警惕个体或团体通过刻意炒作和舆论煽动等手段干涉议题设置并寻求自身利益的行为，兼顾平息舆论的同时更要注重议题的实质性价值，严防基层协商民主议题的“变质”。

（二）重视共识决策反馈

红茶议事会的最终决策成果由政府实施交付，政府在监督反馈机制中起主导作用。居民主要在达成决策共识阶段发挥重要作用，但在最后的结果反馈阶段往往参与度不够。因此，需要利用宣传平台和社区活动向居民宣传监督参与的重要性，让居民意识到监督是维护自身权益的途径，是履行公民义务的重要体现。同时，可以完善居民监督员制度建设。由通过选拔的专门的居民监督员负责对决策结果落实的跟进，收集居民反馈，推动问题解决。

（三）促进公共利益实现

无论是传统的协商民主还是数字技术嵌入的协商民主，基层协商民主的最终目的是达成共识，并形成有效的公共政策。共识反映的是多数人的利益，尤其是通过庞大的数据信息来汇总，多数人的意见越来越突出，少数人的利益越来越淡化。然而，民主并不是简单的数量比较，协商绩效的真正展示还需要反馈机制的配套。在形成多数共识的同时，还要兼顾少数人的诉求。虽然红茶议事会通过闭环式管理实时反馈，居民可以实时查看反馈过程，但这只能保证共识决策结果不被因追求简单效率而机械执行，避免行政决策对共识决策的压迫和替代，保护多数人的利益，而少数人的利益仍然被忽视。因此，需要借助数据分析技术多次提炼和归纳少数人的意见，制定阶梯式的诉求收集单，以此为依据再对不同体量和性质的少数群体的利益进行分层次、分类别的补偿，促进公共利益的最大化实现。

该案例通过高水平打造“民生议事堂”，以促动师作为引领者，切实把党建引领优势转化为基层治理效能，更好地彰显“有事好商量，众人的事情由众人商量”这一人民民主的真谛，一场场开过的红茶议事会生成“成果之像”，会议达成的共识为今后解决同类问题提供经验和参考，做到让治理有“记忆”，为奋力开创拱墅新时代高质量发展共同富裕示范新局面作出新贡献。

思考题

1. 基层治理过程中，为何要大力提倡民主协商？民主协商的作用和价值有哪些？

2. 基层治理数字化是利用数字技术为居民提供便捷服务，但随着数字化的推进，形成了不一样的声音。基层治理数字化究竟是减负还是指尖上的压力？

案例作者：李佳颖　王威媚　沈正悦　叶宇星
葛亦轩　胡　莹　何嘉程
指导老师：宋一正

参考文献

［1］张铣．我国基层协商民主实践的现状反思与可行性路径探析［J］．湖湘论坛，2017，30（05）：132—138.

［2］郑永兰，周其鑫．数字技术嵌入基层协商民主：价值意蕴、潜在风险与规避策略［J］．四川行政学院学报，2023（03）：15—23.

［3］张保元，宋沁飞．用源头活水浇灌“协商民主之花”［N］．山西政协报，2023-07-07（001）．DOI：10.28766/n.cnki.nsxzx.2023.000219.

［4］张继兰，虞崇胜．新时代中国社会主义协商民主的创新路径：基于协商民主发生场域的研究［J］．党政研究，2019（06）：58—65.

［5］汤资岚，杨旭．数字技术赋能乡村协商民主：价值、困境与进路［J］．辽宁行政学院学报，2022（05）：35—40.

［6］赵玉增，毕一玲．基层协商民主与治理能力现代化及其程序规制［J］．济南大学学报（社会科学版），2020，30（06）：27—37.

[7] 徐林，钱贤鑫．红茶议事会：科技赋能 以民主协商“小场景”撬动基层“大治理”[EB/OL]．(2022-04-07)[2023-01-01]．http://zj.people.com.cn/n2/2022/0407/c186327-35211228.html.

[8] 政协杭州市拱墅区委员会．高水平打造“民生议事堂”平台，进一步推动政协协商向基层延伸[EB/OL]．(2022-11-29)[2022-12-24]．http://www.gongshu.gov.cn/art/2022/11/29/art_1309970_59072650.html.

[9] 何永红．人民代表大会制度与基层协商民主衔接的法治路径[J]．学术界，2022(12)：120.

[10] 韩福国，张开平．社会治理的“协商”领域与“民主”机制：当下中国基层协商民主的制度特征、实践结构和理论批判[J]．浙江社会科学，2015(10)：48—61. DOI：10.14167/j.zjss.2015.10.007.

[11] 陈丽．基层协商民主：概念的界定及其解读[J]．科学社会主义，2014(05)：63—66.

[12] 陈家刚．基层协商民主的实践路径与前景[J]．河南社会科学，2017，25(08)：2—8.

[13] 高明桢．红茶议事会：基层民主协商新模式[EB/OL]．(2021-08-15)[2022-12-02]．https://z.hangzhou.com.cn/2021/2021mhww/content/content_8032016.htm.

[14] 孔令泉，李先福．浙江杭州市拱墅区法学会探索做强红茶议事会基层民主协商平台[EB/OL]．(2022-04-26)[2022-12-12]．https://m.thepaper.cn/baijiahao_17825544.

[15] 佚名．杭州市拱墅区小河街道创新红茶议事会探索基层政务公开新路径[EB/OL]．(2021-12-10)[2022-12-12]．https://www.hangzhou.gov.cn/art/2021/12/10/art_1229635972_59057327.html.

[16] 赵晓明．数字赋能红茶议事会2.0版[EB/OL]．(2021-12-17)[2022-12-12]．https://m.thepaper.cn/baijiahao_15888486.

案例2

锚定“广、真、用” 推进民主治理“又一程”

——绍兴市基层全过程人民民主的实践探索

一、引言

全过程人民民主是社会主义的本质属性，是最广泛、最真实、最管用的民主。绍兴市作为“枫桥经验”发源地，一直以来民主治理基础扎实，在全过程人民民主实践过程中，坚持以基层民情为出发点，让民主程序贯穿每一个流程，使民主成效惠及全体人民。本文以夏履镇莲东村、枫桥镇枫源村、北海街道人大代表联络站以及柯桥区轻纺城人大代表联络站为研究对象，实证绍兴市基层在实践全过程人民民主中体现出的最广泛、最真实和最管用三大特征。以案例的发展情况以及具体实践实例为分析对象，以阿尔蒙德提出的结构功能分析方法为理论工具，借鉴其所提出的“体系—过程—政策”的分析结构，结合绍兴市基层实践，从善用资源、过程全面、调整政策三个层次出发对研究样本的实践成效进行分析，发现绍兴市各基层案例对象在全过程人民民主实践过程中具有优化民主成效内外动力、全面落实民主实践效能、动态调整自身民主实践政策的优势。在分析的基础上凝练概括出基层民主治理过程中最广泛、最真实、最管用特征的方式方法。基于此，本研究对推进浙江省其他地区乃至全国各地区的全过程人民民主实践发展进程具有重要的借鉴意义。

党的二十大提出了“发展全过程人民民主是全面建设社会主义现代化国家的应有之义”，确定了民主政治建设在现代化征程中的战略意义。习近平总书记也高度重视全过程人民民主建设，提出发展全过程人民民主是中国式现代化的本质要求，并强调：“全过程人民民主是社会主义民主政治的本质属性，是最广泛、最真实、最管用的民主。”与此同时，经济的快速发展和时代变化也要求政府加快进行全过程人民民主建设。如何在数字化背景下推进人民民主，提升基层治理能力，是各地政府面临的现实课题。

作为全过程人民民主改革创新实践高地，绍兴市充分响应国家号召，深入践行以人民为中心的发展思想，大力发展全过程人民民主，构建数字化智慧化的基层治理体系。绍兴市持续落实全过程人民民主实践，以党建引领推动基层民主治理方法创新、巩固人民主体地位，统筹城乡社区建设，提升社会治理效能。同时，大力推进政府治理数字化改革，在智能应用、体察民情等方面实现突破，遵循以人民为中心的发展思想，促进民众参与贯穿全过程人民民主实践。

案例正文中，从绍兴市实践的经济民生治理类、矛盾纠纷调解类、民意渠道沟通类三大类型展开研究。围绕属于同一基层治理层次的三大典型案例——“夏履镇莲东村民主程序”“枫桥镇枫源村三上三下”“北海街道以及柯桥轻纺城人大代表联络站”，介绍绍兴市在实践全过程人民民主过程中不同类型的民主治理方法。通过介绍典型案例的发展路径，来揭示实践成效以及所表现的特征，使得研究更具科学性和理论性。

绍兴市政府顺应时代发展，满足人民新期待，积极推进治理体系和治理能力现代化，坚持以“最广泛”“最真实”“最管用”为最终目的，探索实践，坚持人民主体地位，实践效能显著。并为基层民主治理提供了有益借鉴，切实推进了全过程人民民主实践发展，对浙江省乃至全国多个地区有着借鉴意义。

全过程人民民主“是最广泛、最真实、最管用的民主”，是能够推动国家实现社会主义现代化的高质量民主。自改革开放以来，我国就不断提升全过程人民民主在国家治理中的重要地位。作为改革创新发展的“领头羊”，绍兴市紧跟政策导向、紧抓历史机遇，以党建引领为导向，以真实的民情民意为依据，以人大代表联络站为依托，以数字化改革为指引，多角度多手段推进全过程人民民主建设。本研究团队选择绍兴市夏履镇、绍兴市枫桥镇、绍兴市典型人大代表联络站进行案例分析，聚焦民情民意、路径赋能、数字智治三个方面，切实体现全过程人民民主的“三最”特征，践行具有绍兴特色的全过程人民民主基层单元这一总体目标，进一步聚焦全市域覆盖，加快形成四级贯通、全域协同的完整布局。

二、案例叙述

（一）夏履镇民主程序实现最广泛民主

何谓“广泛”？全过程人民民主是最广泛的民主，体现在民主主体的广泛性，全体人民是国家的主人，国家的一切权力属于人民；体现在全体人民均享有最广泛的民主权利；体现在我国民主制度、民主形式、民主渠道的广泛性，形成了全面、广泛、有机衔接的人民当家作主制度体系，创造了丰富、多样、畅通、有序的民主形式和民主渠道。作为改革创新的“领跑者”，夏履镇的民主意识在实践中早已形成，聚焦村民自治原则并通过镇中多个村落的实践与总结，整理出一整套完善的民主程序，其中莲东村的实践最为典型，在最广泛民主上持续探索，通过制度建设全面实施最广泛民主，确保知情权、决策权、参与权、监督权的有效落实。注重村民在公共事务中的参与度，以村民的“最广泛”参与村务为特色，推进“民主共议”程序，建立“基层权力监督平台”，进行群众评议等民主议程，形成了“以制度建村，按程序办事”的基层治理“莲东经验”。

1. 莲东村基本概况

莲东村位于夏履镇西南部，是夏履镇的一个下辖村，东南西三面环山，南与萧山接壤，西与联华村山林相接，村落地理环境秀美，自然资源丰富。全村农户有 413 户，现居人口有 1 263 人，山林面积为 384.47 公顷，耕地为 14.07 公顷。莲东村的民主治理意识觉醒较早，1989 年便开始推行“村务公开、财务公开、事务公开”制度，1999 年以试推行“零招待费”制度为契机，正式拉开莲东民主的序幕。作为夏履民主程序的发源地，莲东村在实践中持续深化“夏履民主程序”，致力于践行“以制度建村、以制度治村”的民主管理模式，将基层民主管理逐渐制度化、程序化。融合全村上下党员干部和群众的广泛参与和共同努力，实现了经济社会各项事业持续、健康、稳步发展，先后获得“浙江省文明村”“绍兴市全面小康建设示范村”等称号。

2. 莲东村具体实践

（1）聚焦民主程序，推进民主工程

莲东村内的解放水库是莲东村饮用和灌溉水源，亦是夏履镇重要的水位监测点。莲东村有村民提议在解放水库泄洪口处建造一个游泳池。这项提议一经提出便遭到大部分村民的反对，他们认为村级经费不多，应该花在更紧要的地方。但也有赞成的村民认为建造游泳池可以给村民的生活带来方便，尤其便于游泳和洗澡。一时间双方矛盾激化，游泳池的提议也就此搁置。但是，村委会知晓后，便积极展开调查，莲东村村“两委”按照民主议事程序的规定对此事件展开解决。首先开展民主听证会，积极听取两方意见，再把议题提交村民代表大会进行表决。莲东村广开意见通道，村民积极建言献策，提出了好几个行之有效的方案。最终，村民代表在村民给出的全部方案中，选择了“花少量的钱，因地制宜地造一个简易游泳池”这一更加民主、更加合理的方案，圆满解决了村民的实际问题，也缓和了村民间的冲突与分歧。莲东村党支部书记柯传友对此极有感触，“村里的事，一定要民主，只有事先多与老百姓商量，让老百姓参与决策，老百姓才会放心。”此事件后，莲东村便不断完善村中的民主程序，如今已将其转化为系统化的六大程序（见图 2－1），支撑着莲东村内大大小小民主事件的产生与解决。不仅扩大了民主参与的渠道，也保障了村民的权利，使得更广泛的村民群体参与到民主治理中，也使得民主治理拥有更广泛的意见对策，推进莲东村的民主化程度逐渐加深，做到时时为民、事事民主。

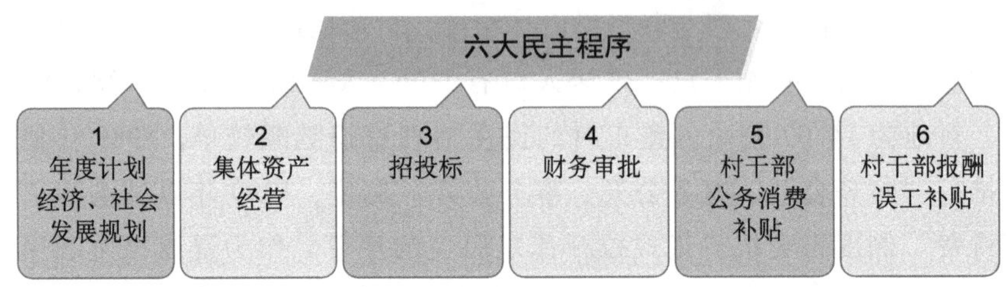

图 2－1　六大民主程序

（2）创建民主议事，拓宽民主参与

2012 年莲东村村里代建的农民改造项目落成，这本是一件值得高兴的事情，但由于莲东村住房困难户数量庞大，而可供分配的房子却仅有 14 套，这反倒使房屋的分配成为村里最为棘手的问题。针对这一情况，莲东村“两委”启动了“重大村务听证”的办事程序，由村“两委”召集党员、村民代表和住房困难户共同商讨解决方案。经过反复论证，各方达成了共识：先按住房困难程度进行排名将困难户数量缩小到16户，再通过差额抽签的办法确定14套房子的分配方案。这一决策过程虽然较村“两委”直接决策而言所需的时间长、投入的精力多，但由于协商在前，且最终的决定由各方协商而成，因此在决策实施的过程中就能避免许多阻碍和纠纷。而且通过协商的方式让村民参与到决策的制定过程中，不仅能使得决策更易于落实，也有利于推进村民广泛参与民生议事，使之成为治理中的常态。

莲东村在乡村治理过程中格外注重民主的最广泛性，创建民主议事程序、“推行基层公权力监督平台”，保障民主权利的实施，拓宽人民参与的渠道。尤其是“基层公权力监督平台”可以将集中于村干部手中的权力资源，根据法律赋予的权利和义务用制度加以规范，明确村干部用权的责任意识、红线意识、底线意识和服务意识。对村级班子和在编在岗村干部采取双向评价方式进行实绩公示，对照年度工作目标，通过镇村两级评价，村务公开栏公示和民主评议会述职述诺等举措，引导村民进行有效监督。不仅能从制度上保障村民参与重大村务决策的权利，更将村干部手中的权力“关进了笼子”，有效避免了“一朝权在手，便把令来行”的一言堂现象，也能在很大程度上规避由于村干部拍脑袋作决策而导致的决策失误，并且提高了村级管理的民主化程度，使村中民主参与形式更加广泛，是乡村治理过程中充分发挥村民自治精神的一项有益实践。莲东村将村民的利益诉求作为乡村事务决策的重要依据，使乡村一改先前由于村干部拍脑袋作决定而导致的专断现象，真正实现村务由“少数人做主”向“村民当家作主”发展。同时，充分考虑村民的意见和建议也在无形中鼓舞和鞭策村民积极地参与到乡村事务的决策中去，充分体现了民主的最广泛性。

（3）保障“公权力”，焕活民生经济

村中民主化程度在实践中不断完善，推进村民公权力保障，实现村中村务全面公开，使民主化结果共享于全村人民。莲东村实行村居公权力（见图2－2），村民享有18条公权力，小到村民自身的户口问题，大到村中的重大事项，村民都具有参与、监督的权利，是通过保障村民广泛的权力来促进村民广泛参与的有效政策。同时莲东村民主治理所涉及范围也十分广泛，村中积极引入企业，建立“村企”协作，共同完善村中经济链，推进全村共富，实现乡村振兴。

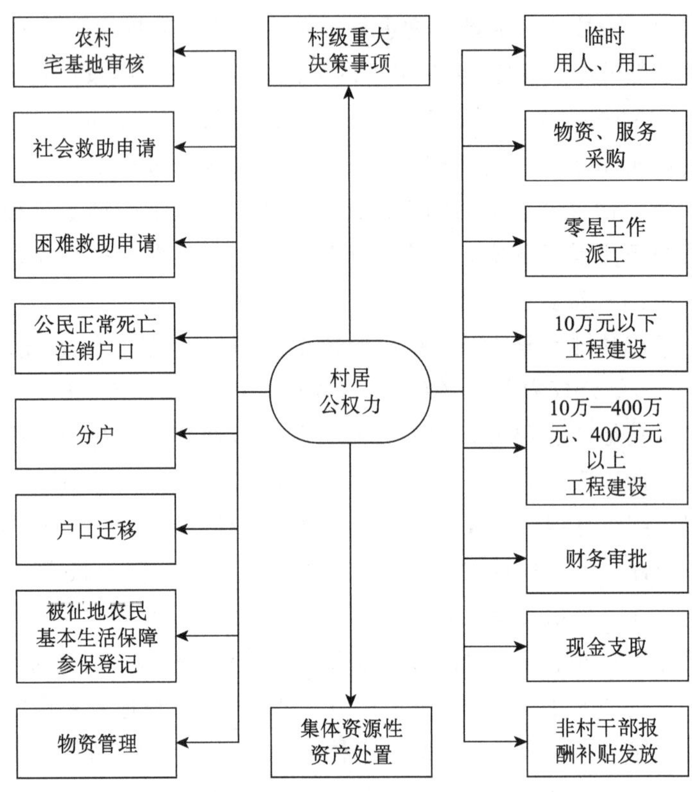

图 2－2　村居公权力

2012 年，一件林场招标事件揭开了村中新的发展，莲东村是一个山多地少的小山村，林场面积达 30 多公顷。原先因经营不善而导致效益不佳，后莲东村对林木的品种进行了改良，林场效益逐渐好转。在此之前，村中一直实行村民内部招标形式，因而导致承包收入较低。于是，村委会在广泛收集村民对林场招标问题的意见后，当即决定运用市场化手段借助“农民信箱”平台面向全省招标。新措施一经推行，村支书便接到了近 40 个求租电话，并接待了 10 多家前来实地勘探的投资商。在整个招标过程中，村干部们先与投资商进行轮番交谈，并根据筛选的条件初步确定了几家投资商。招标小组提供方案和初步设计文件后，经过村民主理财小组、党员大会、村民代表大会共同讨论确定招标商。随后，进行公告与投标，拟、签订合同，全程向村民公开。在工程实施期间，招投标监督小组和领导小组都会进行监督，并实时汇报情况反馈于民，做到村务全面公开。村中现有的莲东大食堂项目、青年旅舍项目、沃泰马场研学基地项目均是通过此程序达成合作，在村中不断发展，增加村中的集体经济。

对于招投标这样的村中重大事项，村民有权参与决策，发表观点，并且通过“基层公权力监督平台”对村干部进行监督，减少村干部谋私的可能性，也打消了承包商投机取巧的念头。最终，林场土地竞标价格由每公顷36.68元提高至113.39元，村里每年因此而获得的租赁收入比原来增加了7倍。林场公开招标对于莲东村来说有着深远的意义，民主决策不仅产生了经济效益，村民也充分参与行使自己的权利。

莲东村在实践中以积极践行特色民主程序、开展民主议事堂、实施政务公开来构建民主参与形式的多样化，延展民主参与的渠道。以推行公权力来保障全村人民的民主参与权利与民主成效享受权利，实现民主权利的广泛性，真正做到村民的民主参与广泛化，推进民生事务落地有效，满足人民的真实需求。并且，在党建的带领下，积极拓宽治理范围，家常小事、民生工程、民生经济等方面都充分融入民主化与制度化。在稳步推进村中的经济发展、增长民生经济的同时实现民主治理更加广泛，使得民主成效全覆盖村中的每一个角落。

（二）枫桥镇民主经验落实最真实民主

何谓“真实”?“最真实”不仅代表着制度保障，民众切实参与的民主参与落实，更表现在民主的阳光照进了每个人的生活。我国的社会主义民主是全链条、全方位、全覆盖的民主，不仅体现在“众人事情众人商，人民事情人民量”，人民意愿和要求的最大公约数就是社会主义民主前进的方向和建设的重点，更体现在表达渠道畅通，积极解决人民的诉求，将人民的愿景与需求落实到实现民主的各领域各环节全过程，真正解决人民想要解决的问题。枫桥镇以新时代“枫桥经验”为指引，以“三上三下三公开”民主议事决策机制作为推进基层民众自治的重要举措，持续推进基层民主自治体系不断完善，推进最真实治理的构建。积极深入基层，切实体会民众需求，调节民众纠纷，解决民众诉求，维护人民利益，打造更和谐的生活环境。

1. 枫桥镇基本概况

枫桥镇，隶属于浙江省绍兴市诸暨市，地处诸暨市东北部，东南与赵家镇相邻，南连东和乡，西南接浣东街道，西北、北与山下湖镇、阮市镇毗邻，东北邻兰亭镇、平水镇。区域面积为165平方千米，城镇建成区面积为5平方千米，常住人口为74 112人，辖84个村、5个居委会。枫桥镇以纺织服装为主导产业，五金机械、建材等产业迅猛发展，推进该镇经济持续稳定健康发展。20世纪60年代，诸暨市枫桥镇的干部群众创造了“发动和依靠群众，坚持矛盾不上交，就地解决”的“枫桥经验”。枫桥镇作为“枫桥经验”的发源地，是全国社会治安综合治理的先进典型，推进“大事不出村，小事不出镇”，保障人民的民主参与度，推进民生纠纷合理调节。几年来，枫桥镇成功调节民间纠纷1 000多起，调节成功率达97.2%。枫桥镇坚持把新时代“枫桥经验”的本质精髓融入民主参与机制的培育发展全过程，不断实现治理过程真实化，治理成效真实化，推进民主治理，发展现代化。

2. 枫桥镇具体实践

（1）“三上三下三公开”，议事决策更民主

身处“枫桥经验”发源地，枫源村延续了其精髓，完善发展民主议事决策机制，化解群众与干部之间的矛盾，创新推出“三上三下三公开”民主议事决策先河（见图2－3）。以民众需求为根本，让民众知晓，由民众决策，与时俱进大力发展基层民主，以真实性为落脚点，让人民群众成为社会治理的参与者、受益者，共同享有治理成效。2023年7月，在一次枫源村全体村民代表会议上，关于村里大竺—叠山公路白改黑的方案“议”出了最终结果。2023年年初，村“两委”会暨民情分析会在收集到该路段改造的议题后，随即组织村干部上门征求意见；紧接着，村里通过召开村民代表民主恳谈会，进一步酝酿完善方案；方案确定后，提交党员会议审议，再经村民代表会议表决通过。这条路不仅是“枫桥经验”的发展之路，也是当地民主治理的发展之路。整个决议过程中体现了较强的现实化与程序化，从民众的实际出发，以真实的需求为导向，让民众参与议题的商议与决策，真正做到了人民的事由人民自己决定，最终的决策也真实落实实践，用显著成效向村民交付答卷。在发展过程中，枫源村始终坚持发展“枫桥经验”，已创造了连续18年“群众零上访、干部零违纪、百姓零刑事、村民零邪教”的“四零”纪录，将成效落实到实处，真正实现“为之于未有，治之于未乱，防患于未然”，有效地将基层矛盾化解在基层，使群众有序参与到基层治理当中，深入贯彻了“人民当家作主”的本质理念。

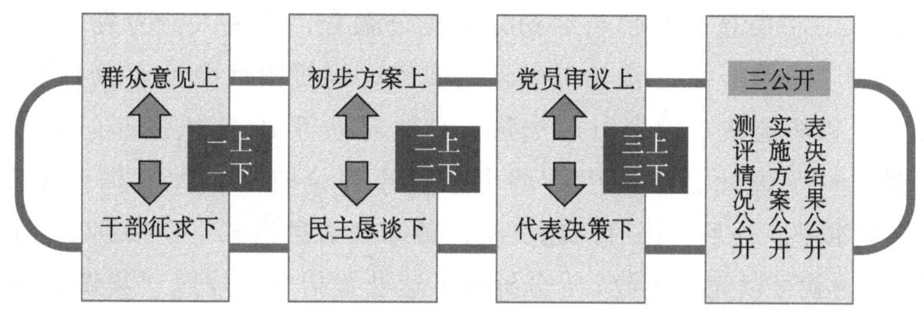

图2-3 “三上三下三公开”结构

（2）调处矛盾与纠纷，实现治理更和谐

矛盾是发展过程中必然会产生的，针对矛盾纠纷复杂化、多样化的新特点和多头治理带来力量分散、信息不畅的问题，枫桥镇以镇级社会治理中心为抓手，通过组织变革、制度重塑和数字赋能打造“一站式”社会治理中心，注重求真务实，追求实效，全面推进基层矛盾纠纷多元化解。

在社会治理中心，“老杨调解中心”是当地的一块金字招牌。远近闻名的“金牌调解员”杨光照，过去是诸暨市枫桥镇派出所的民警，2010年退休后返聘成为一名基层调解员。从2016年开始，枫桥镇海角村，既是邻居又是叔侄关系的村民老陈与小陈两家人为房前的道路拓宽问题吵得不可开交。村、镇多次调解都无果而终，当时调解团队进村入户走访，对双方当事人多次劝导，仍未能奏效。事后，老杨获得了一条重要的信息——老陈的脾气，家属和亲戚朋友都无法劝说，只有儿媳妇的劝解能起作用。最终，老杨从实际出发，依托亲情调解法，运用“一把钥匙开一把锁”的技巧，有效解开了老陈的思想疙瘩。两户人家达成了路面拓宽硬化的调解协议，重归于好。

十余年来，“老杨调解中心”共受理各类民间治安纠纷2 200余起，调解结案2 156起，调解率达到98%，结案率达到100%。“有事找老杨”已经成为当地群众的口头禅，包括“老杨调解中心”在内，枫桥镇社会治理中心共有6家平安类社会组织驻点，极大丰富了基层治理的力量。自2023年以来，枫桥镇信访总量同比下降23.57%，办理效能同比提升36.9%，矛盾纠纷一次性化解率同比上升24.5%，群众评价满意度同比上升2.6%。通过调解，解决群众的现实需要，从若干小事中体现治理的真实性，一步一个脚印，稳步为民办实事。

在数字化飞速发展的大背景下，枫桥镇利用数字化手段推进为民办事

“加速度”。将信息化平台与纠纷化解充分融合，实现人治为先、智治为辅。其中“只跑一站”便是最生动的实践，枫桥镇社会治理中心集合了派出所、市场监管、综合行政执法、自然规划等10支执法部门的驻点，市、镇、村三级社会治理中心的事件信息完全打通，大大提升了基层“智”理水平。一旦村民有问题反映，镇综合信息指挥室在接到事件信息后30秒内就可以完成签收，1分钟内下达处置指令。按照“集镇5分钟、农村10分钟”快响快处，确保“事件处置不过夜，矛盾化解不隔周”，实现矛盾问题的第一时间发现、第一时间解决。

枫桥镇坚持党建统领，坚持以人民为中心，坚持实践和发展“枫桥经验”，坚持将落脚点放在“以人为本”的细微之处，坚持系统治理、依法治理、综合治理、源头治理。在绍兴市不断推进新时代“枫桥经验”发展时，始终坚持求真务实，从实际出发，从细微处关注民生，加快步伐解决人民“急难愁盼”的事务以及新形势下的人民内部矛盾问题。不断推进社会治理体系和治理能力现代化，并在深入实践中推动形成了一整套行之有效的基层治理探索实践，深入贯彻了我国全过程人民民主的基本理念。全面落实全过程人民民主的真实有效，把“人民当家作主”落到实处，真正实现了基层治理良政善治。

（三）人大代表联络站创建最管用民主

何谓“最管用”？“最管用”不仅代表着途径畅通、合理高效地解决问题，而且被赋予更深层次的使命与意义。我国的全过程人民民主是社会主义民主，是全链条、全方位、全覆盖的民主，人民的权利能够得到充分保障，人民的诉求能够得到充分表达，人民的意志能够得到有效执行，人民能够依法有序参与国家基层治理的全过程，人民的创造活力得到充分激发，能够促进社会主义现代化建设健康发展，实现人的自由全面发展。作为“领跑者”，绍兴市以人大代表联络站建设为导向，把提升人大代表联络站建设和工作水平作为全过程人民民主基层治理发展方向，有力推动基层人大代表联络站体系不断完善。如今，绍兴遍布城乡的千百个代表联络站，逐渐成为问计于民、问需于民的重要阵地，在推进“最管用”的全过程人民民主建设中发挥出重要作用。本研究团队选取了绍兴市具有代表性的越城区北海街道人大代表联络站和柯桥区柯桥街道人大代表联络站进行深入研究，探索绍兴市“最管用”的全过程人民民主。

1. 越城区北海街道人大代表联络站

（1）基本概况

北海街道地处绍兴市越城区西部，交通便利，商贸兴盛。街道下辖17个社区、1个村，辖区总面积约17.4平方千米，常住人口约12.74万人。北海街道人大代表联络站于2014年开始着手组建并运作，此后不断拓展工作范围，在寨下、西湖、镜园、河山桥、快阁苑5个社区设立了代表联络分站。北海街道人大代表联络站是绍兴市优秀代表联络站、越城区首批五星级代表联络站。自人大代表联络站建成以来，人大街道工作委员会定期组织人大代表接待选民，充分发挥人大代表作用，坚持“为政府分忧、为群众解难、为代表服务”的定位，切实推进常态化、规范化的建设。坚持以“四定”工作法推进各项工作规范、有序、有效开展。同时，坚持“出手不插手、受理不办理、督办不包办”的原则，努力搭建代表联系群众的桥梁、代表服务选民的窗口，使人大代表联络站真正成为人大代表联络选民的直通车、收集社会舆情的信息库、群众表达民意的交流站，不断推动“最管用”民主建设。在2023年5月17日北海街道举行驻人人大代表联络站检察工作揭牌仪式，形成“人大监督＋检察监督”的合作工作模式，全面促进治理落实与成效管用，扎实推进区域治理体系和治理能力现代化发展。

（2）具体实践

北海街道人大代表联络站全面践行全过程人民民主实践，是越城区政府高质量培育全过程人民民主基层“试验田”，将民主之路贯穿整个基层治理之路，让民主力量融汇进高质量的发展阶段，望民主之魂能够推动社会和谐稳定发展。北海街道人大代表联络站紧跟省人大的要求部署，对准“全过程人民民主”的跑道路径，以基层人民现实需求为导向，以切实提升人民幸福感为目标，实现了“一网”贯通、代表参与“一站”融合、群众意见“一环”处置、代表建议“一键”直达、相关数据“一舱”集成的“五个一”建设的核心业务。并且联络站的人大代表深入基层社区，积极了解情况并进行问题反馈，排政府之忧，解群众之难，使问题能够真正解决，构建最管用的民主。数据统计，截至2022年底，北海街道人大进站代表累计96人次，接待选民293人次，收集问题252个，收集代表建议268条，办结率达到98%以上，真正做到了“民声入耳，民声落地”。北海街道代表联络站破解了以往代表联系群众难、慢、长的特点，真正实现了高效率、高质量，使“最管用”民主建设得到规范与加强。

在数字化推进人民民主发展、提高工作效率、提供便捷服务的基础上，北海街道人大构建了“实体 + 网上 + 掌上”三位一体模式的“生活北海”掌上代表联络站。在此基础上，上线四款全新应用，根据问题需求选择合适的模块，以此增进基层群众的安全感、幸福感、认同感，实现代表联络站服务群众的“零距离”，打通代表服务群众的“最后一公里”。越城区快阁苑小区有900余棵大树，严重影响到了小区居民的正常生活，还具有一定的安全隐患，小区居民通过“生活北海”向人大代表联络站反映此情况。联络站的代表即刻展开调查，了解清楚居民的诉求，很快便指派相关人员进行树枝的修理，有效消除了隐患，满足了居民的诉求。截至2022年5月，该平台累计收到人民意见总数100余条，代表意见总数60余条，办结率达100%，回复率达100%，群众满意率达100%。充分体现了人大代表联络站深入基层，扎实解决群众的诉求，为人民提供最管用的服务。

北海街道人大代表联络站积极开展“六访六促”主题活动，通过开展研讨会、听证会等方式，深入基层，广泛地在线下听取议政会成员和广大群众的意见和建议，充分收集和提炼民情民意，注重群众工作的方向性和民主性。开展“八访八促”助力“八大攻坚”主题活动，针对街道农业发展项目、贸易和服务产业、房地产建筑产业等项目深入一线调研，通过组织代表走访、检查等方法，对项目资料进行全面的收集，对开展情况进行详细的了解。并制定严格的监督计划与制度，使得调研结果更管用于监督实施中，推动整体监督成效更管用于现实发展。

北海街道人大代表联络站以人民的真实诉求为载体，充分发挥基层民主的优势，利用数字技术将企业、村落和社区相连接，使人大代表联络站线下实体有效拓宽人民的民意反映渠道，保障了人民的民主参与和政治参与。同时人大代表联络站极度关心群众的幸福感、满意度，百分之百的数据与好评都是“最管用”民主的最好见证，其为整体的高质量发展添砖加瓦。

2. 柯桥区轻纺城人大代表联络站

（1）基本概况

2018年，绍兴市柯桥区人大常委会柯桥街道工作委员会在中国轻纺城国际面料采购中心设立了全省首个专业市场联络站，并组建了一支熟悉市场经营的人大代表队伍。轻纺城人大代表联络站里有 9 名市、区级人大代表，会定期开展调研、接访等代表问诊议事活动，为市场经营户切实解决实际困难，切实解决人民诉求，满足人民的需要。2022 年，柯桥区柯桥街道代表联络站被列入全省践行全过程人民民主首批基层单元建设培育对象，为全过程人民民主发展打造“柯桥样板”。

（2）具体实践

绍兴轻纺城坐落于绍兴市经济重区柯桥区，是亚洲规模最大、成交额最高、经营品种最多的纺织品专业批发市场。在运行期间，涉及利益主体种类众多，经济纠纷问题以及合同问题是无法避免的。轻纺城人大代表联络站的建立，使经营户遇到“花样版权侵犯”问题时，免去了寻找知识产权快速维权中心的烦琐程序，可直接通过“代表履职通”系统与人大代表沟通，并利用纺织品“花样数智”数字化应用场景有效实现了知识产权的确权、授权，有效提升了柯桥纺织产业的核心竞争力。2022 年 2 月，经营户李先生在日常经营中经常遇到面料被仿冒的问题，通过第三方机构进行解决时，却常常遭到“碰瓷”的现象。于是他本着试试的心态通过“代表履职通”程序将此事告知人大代表，代表随即展开多次经营户座谈、实地调研，将整个案例了解透彻，明晰该问题对于整个的经营确实存在一定的负面影响。市场监管部门也表示会将此事件调查到底，真正解决，给李先生一个满意的答复。也因此，柯桥区政府借助此次机会，利用纺织品“花样数治”数字化场景应用，建立了知识产权的确权、授权、维权全生命周期的一站式服务，充分解决了李先生的诉求，将“管用”辐射到发展的每个环节，保障人民的利益，也提升了柯桥纺织产业的竞争力，助推中国轻纺城转型升级、打造国际纺织之都。

作为建设全过程人民民主的基层单元，北海街道人大代表联络站和柯桥轻纺城人大代表联络站切实发挥了联系群众和提质增效的重要实践作用，不论是民生家事、经济纠纷、违法违纪等事项，代表们均亲力亲为、踏实服务，将“管用”之效覆盖全域。在绍兴市不断深入探索和检验中实现了人大代表联络站和全过程人民民主的高适度融合，深化了人大代表联络站理论制度和发展模式的创新。正如习近平总书记所指出的，民主不是装饰品，不是用来做摆设的，而是要用来解决人民需要解决的问题的。绍兴市人大代表联络站积极扩展涉及范围，推进多元主体的利益保障，以民情民意为依据，切切实实真落地，实现民主效能显著。总之，绍兴市

“行得通、很管用”的全过程人民民主，实现了过程民主和成果民主、程序民主和实质民主、直接民主和间接民主、人民民主和国家意志相统一，彰显了中国式民主的鲜明特征和显著优势，在“绍兴模式”的前进中发挥了独具特色的重要作用。

（四）案例小结

绍兴市在全过程人民民主的实践中，全面以人大代表联络站为依托，以数字化改革为指引，以真实的民情民意为依据，以党建引领为导向，多角度多手段推进“最广泛、最真实、最管用”的全过程人民民主建设（见图2－4），从全面贯通、实战实效、迭代升级、制度重塑等四方面聚焦发力，打造具有绍兴特色的践行全过程人民民主基层单元这一总体目标，进一步聚焦全市域覆盖，加快形成四级贯通、全域协同的完整布局。

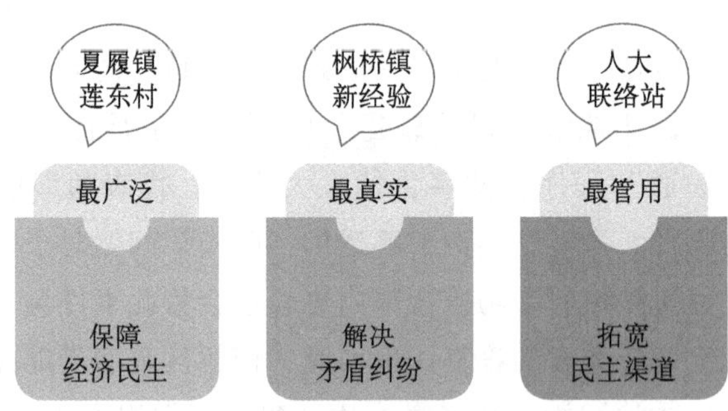

图2－4 绍兴市基层全过程人民民主实践特征

最广泛的民主，不仅包括民主主体的广泛性、人民权利的广泛性，也包括我国的民主形式、民主渠道的广泛性。绍兴市在践行全过程人民民主的实践过程中坚持以扩大广泛性为目标，不断拓展民意反映渠道，形成新的人民参与形式，推进人民主体地位，实现效能广泛化。莲东村聚焦村民自治原则和经济民生发展，紧抓村民所思所想，深入群众和基层，在多个乡镇展开惠民生、暖民心举动。不断推动产业、民生、治理等各领域深度融合，在保障和改善民生问题中整理出一整套完善的民主程序。其在最广泛民主上的探索实践具有较强的借鉴意义，无论是依据现实环境构建特色民主程序，还是延展民主治理与民主参与的范围，全方位保障人民的权利，为人民创造更多的共同利益。

最真实的民主，不仅代表着制度保障，民众切实参与的民主参与落实，更表现在人民群众的权益是否得到真正保障，矛盾纠纷是否得到真正解决。人民是国家的主人，人民意愿和要求的最大公约数就是社会主义民主前进的方向和建设的重点，其体现在表达渠道畅通，积极解决人民的诉求。因此除了保障民众经济民生问题外，解决群众矛盾纠纷也应是“最真实”民主重点关注问题。枫桥镇始终坚持走好新时代群众路线，以“三上三下三公开”民主议事决策机制作为推进基层民众自治的重要举措，切实体会民众需求，调节民众纠纷，维护人民利益。并且坚持把矛盾纠纷化解在基层，让纠纷消弭于萌芽，解决群众的现实诉求，满足群众的需求愿景。是促进社会和谐稳定，增强群众获得感、幸福感、安全感的重要之举，也是“最真实”民主的良好映射。

最管用的民主，不仅代表着途径畅通、合理高效地解决问题，更多地是人民的权利能够得到充分的保障，人民的诉求能够得到充分表达，人民的意志能够得到有效执行。而人大代表联络站作为完善民主民意表达的平台和载体，是打通和群众沟通的“最后一米”，是人民群众诉求表达的重要渠道，有利于在基层社区全方位多层次践行全过程人民民主，逐渐成为问计于民、问需于民的重要阵地。我们选取了绍兴市优秀代表联络站——北海街道人大代表联络站，和全省首个专业市场联络站——柯桥区轻纺城人大代表联络站进行深入研究。绍兴市政府积极扩展人大代表联络站的实践范围，辐射到基层、企业等一切领域，全方位构建“最管用”治理体系，有效解决诉求，保障人民利益，推进民主渠道不断拓展，以此来高质量推进最管用的全过程人民民主建设在绍兴的“落地扎根”。

绍兴市以“人民当家作主”为根本价值取向，以“最广泛、最真实、最管用”作为全过程人民民主的根本要求和标准，为实现“人民当家作主”提供了实践操作层面的保障。同时，从绍兴市民主政策的运行情况来看，莲东村、枫桥镇、人大代表联络站三方主体交织相容、互相配合，在民众经济民生、矛盾纠纷、民主渠道三个方面上不断推进全过程人民民主的落实与完善，最终为其他地区发展民主建设起到一定的启示作用。

三、案例分析与思考

（一）分析依据

结构功能分析法是阿尔蒙德对政治行为“体系—过程—政策”的目标分析法。阿尔蒙德的分析方法注重政治系统内部结构的功能分析，他认为政治结构功能分析首先应把复杂的政治系统分解成若干结构（结构分析），其次研究它们的相互关系、相互作用（功能分析），并确立所有结构在整个系统中的地位。结构具有多功能性，它是指在系统中发挥特定功能的组列，而作为行为结果的功能则会在系统中产生特定影响。并且政治系统作为一个整体与其环境发生作用时，它们有着各自的地位和功能。

从微观视角出发看待阿尔蒙德结构功能分析方法，两者是一种既对立又统一的关系，呈现出横向扩展或纵向延伸的专业化分工格局，通过相互作用在基层产生溢出效应，使绍兴全过程人民民主实践过程中的体系、过程和政策三个层次相互联合，聚集于统一的分析框架内，挖掘基层实践路径的内在逻辑性，完善对绍兴市基层民主治理实践的理论分析，展示全过程人民民主推进高质量发展与治理现代化的效用。

（二）具体分析

1. 体系——善用资源，治理优化

“体系层次设计体系的维持和适应功能”是将政治资源进行合理调度、有效使用的过程，也是不断吸引人民参与政治活动的过程。从体系层次分析绍兴市全过程人民民主在推进基层民主治理现代化过程中，明晰资源变化带来的影响，并不断扩大人民参与治理的渠道以及范围。在绍兴市全过程人民民主实践中充分利用人民资源与民生资源，使得基层民主治理实践的内核与实际意义有效落实，并不断指导治理体系完善，提升人民政治参与度，牢固树立人民本位意识，推进有效政治交流的发展。

（1）发挥民主内核，激发内生动力

基层治理创新，参与共助民生。动员绍兴市人民积极投身全过程人民民主实践。以基层治理方式创新引领民主高效发展，在同民主原则结合的基础上增强基层社区居民、农村村民的治理参与感与认同感，开创协同高效、系统集成的民主治理工作局面，不断提高治理成效。柯桥区夏履镇莲东村因地制宜，根据自身情况从“零招待费”出发调整村财务、民生项目等村资源的运用途径，探索出一条适合村情发展的“莲东经验”，使村务由“少数人说了算”向“人民当家作主”转变，使人民当家作主的本质体现到莲东村民生活各方面，更好地保障了人民群众的知情权、参与权、决策权与表达权，创新了基层村务治理方式，实现了基层人民民主治理实践的创新。绍兴市基层民主治理过程中，均从自身实际出发，融合创

新治理，保障、激发人民参与民主治理，激发了全过程人民民主的治理内核，体现了全过程人民民主是广泛、真实且管用的。同时，以党和政府的领导的覆盖性保证协同治理的有效性，由政府牵头进一步提炼“各地经验”，上升为“有效治理程序”并推广至全市，进一步扩大人民民主的真实性和广泛性，治理方式的创新有效保障并鼓励基层市民参与基层民主治理，共同参与助力民生发展。在绍兴的全过程人民民主实践过程中，如“夏履程序”等基层民主治理的实践不断融入其中，极大地发挥了全过程人民民主的广泛参与优势，在稳固人民主体地位和保障人民政治参与权的同时构建了上下协同的基层治理路径，以强大的政治势能和合力效应提升治理效能。

牢筑人民本位，转化治理效能。绍兴市全过程人民民主实践的进一步发展需要充分发挥人民群众“主人翁”精神，在人民当家作主理念的指引下，人民的政治参与已融入基层社会生活各方面，在民主实践中理解治理运行和民主机制，从而建立高度的信任感和认同感，进而将其转化为社会民主文化，发挥民主文化对社会成员的塑造和感染功能，为绍兴各区县基层民主实践发展保驾护航，营造良好的治理环境。柯桥区枫源村延续“枫桥经验”精髓，创新民主议事制度，以“三上三下”征求人民意见、与人民恳谈、与人民代表一同作出决策，充分发挥人民群众“主人翁”精神，为人民在基层民主治理实践中的主动性提供了操作空间与实践条件，因而能实现多元主体在基层治理活动中的双向互动。同时，全过程人民民主推进绍兴市治理现代化除了如“三上三下”等议事制度、程序的创新之外，还进行了信念、认同感等软件资源的发展，从信念驱动、理论指导和实践发展的有机联动中全方位塑造基层民主治理格局。信念、文化的特点在于潜移默化和深远持久，契合了民主治理的实践需求，也是凝聚治理成果、转化治理效能的有效手段，为全过程人民民主发展夯实了基础。牢固树立“人民本位”的正确民主理念、弘扬民主价值、培育民主氛围、提高民主意识，将绍兴市各界人士在基层民主治理实践过程中的经验成就转化为物质形态、社会关系、心理认同等文化表现形式，夯实民主治理基础从而更好地指导民主实践，推动民主治理，使民主治理效能既立足于绍兴市民的全面发展，又面向国家发展大局。

（2）分析全面因素，推进外在力量

全过程人民民主是我国政治建设的阶段性成就，是对我国坚持人民民主和人民当家作主本质的实践表达，也是指引我国民主未来发展方向的指向标，即从理念到实际，再到理论总结、制度定型的过程。绍兴市从推进全市治理制度创新以及重视基层治理实践两大外在机制方面出发，促进全过程人民民主推进国家治理体系现代化的进程。

第一，制度创新完善。全过程人民民主通过凝聚发展动力有效推动民主制度优势转化为治理效能，并将政治领域同其他领域的关联交织，以民主原则的灵活使用，发挥国家治理中各要素的协调配合作用，“外溢”至其他治理领域。国家治理效能的一般表达式为“国家治理效能 = 制度优势 × 治理能力/（治理规模 + 风险挑战）”，我们以此公式为推导的原始公式分析绍兴市治理效能。因此，绍兴市要发挥全过程人民民主的独特优势就在于生成、释放并提升治理效能，需要合理配置制度资源，推动制度的创新升级以适应全过程人民民主的发展，这既是将制度优势转化为治理效能的过程，也是将民主实践转化为治理效能的过程。绍兴市政府立足全过程人民民主实践在各区县的实际情况，充分利用绍兴特色“枫桥经验”推动“枫桥系列”民主实践建设，吸取“枫桥经验”如“三上三下”“夏履程序”等推进民主制度的创新，首先是依据“枫桥经验”并根据各社区、村舍实际情况推进全过程人民民主中的民主管理制度创新；其次是补齐过去民主制度的短板，将管理实践融入全过程人民民主的实践中，完善民主管理实践的不足之处，推进民主协商、决策、监督、选举、管理协同发展；最后则是强化制度执行，作为现代化“基石”的民主制度必须建立起长效机制才能发挥保障作用，实现良治、善治。绍兴市各级党委、政府与市民联动确保全过程人民民主环节紧凑衔接、逻辑一脉相承、执行高效畅通，不断扩充民主制度的生长空间，有效应对新情况和新问题，发挥制度的前瞻性功能，利用统一战线的优势包容吸纳一切积极因素提升制度影响。

第二，重视治理实践。基层是发展全过程人民民主最重要的实践场域，能直接、广泛、具体地体现人民当家作主的真实性；基层是国家治理的基石，也是国家治理现代化的末梢和矛盾集聚地。同样，吸取基层民主治理的实践经验也是绍兴市民主治理制度创新的重要信息来源。人们交往所产生的社会关系是生产进行的前提，人民与国家关系的和谐推进往往关系到国家治理的发展。绍兴市各级政府注重从各基层实践中总结优秀实践经验：从民主协商来看，诸暨市枫源村“三上三下”民主协商、柯桥莲东村“夏履程序”；从民主监督看，绍兴各村、各社区的阳光村务社区事务公开、基层人大代表联络站的建设等。绍兴各区县关于民主决策、选举和管理的典型经验都被绍兴各级政府所重视与总结，并与其他区县交流推广，促进全过程人民民主在绍兴实践的不断推进，促进了高质量发展与治理现代化。

2. 过程——注重实际，提升效能

过程层次具体包括利益表达和综合、政策制定过程和执行决策的政府机构三层次，以此来分析全过程人民民主推进绍兴市治理现代化的目标，重点厘清实践过程中多元主体之间的利益关系与利益纷争，并且要融合不同的利益关系来提升整体的治理效能。在这一层面，绍兴市全过程人民民主注重制度以及体系的落实性，从实际角度适应多元化主体的需求，保障政策有效实施，提升整体的实践效能，使得民主治理走向高质量道路。

（1）注重人民利益，落实切实需求

绍兴市在实践全过程人民民主的过程中，切实关注群众的真实需要，致力于实现人民利益最大化。通过政府自上而下的调查和人民自下而上的反馈，并借助一系列数字化的工具收集最广泛、最真实的民情民意，并以此作为实践的依据，在过程中最大限度地满足人民的利益诉求。将民意作为牵引治理运转的内驱力，将人民的需求作为治理的根本目的。枫桥镇以新时代“枫桥经验”基础治理实践路径创新为导向，以全镇社会治理中心为抓手，通过组织变革、制度重塑以及数字赋能打造“一站式”社会治理中心，以人民利益为出发点，自上而下打通社会调查路径，保障人民利益不受损害，切实实现治理成果的真实性与管用性。同时，枫桥镇鼓励居民以参加议事会、各类听证会等方式参与民主管理，以自下而上的方式实现信息的有效传递，推进治理成效落地，实现公共利益最大化。不断扩大人民的治理参与度，拓宽意见反映渠道，以真实民意作为决策的依据，实现决策的民主化、科学化。绍兴市政府在实践全过程人民民主过程中始终坚持公共利益一致性的前提下承认个人利益，在民主选举程序中重视“提升代表来源在阶层、行业、民族等方面的广泛性和代表性”，使不同利益主体进入协商程序，通过平等反映呈现出最大限度的不同真实需求，并以科学化、规范化程序来保障实际落实，推进需求满足最大化，协同多元利益主体，创造更多共同利益，使得绍兴市人民参与全过程人民民主的流程畅通无阻，还能够有效保障人民的利益，并推进民主治理的现代化建设。

（2）过程实施全面，实践效能显著

全过程人民民主具有持续性，是全链条的民主，民主各环节之间环环相扣、有机结合，保证人民全程地参与民主实践。在民主选举中，人民可以广泛参与，以自己的意愿为出发点，投票选出代表。在民主管理中，绍兴市政府正在积极打造全民协同共治的局面，现今已有“三上三下”体系、“契约精神”、“五调二提”纠纷化解模式等体系来推进协同治理，已经形成人民的事人民管，人民的事人民办，并切实解决人民的急事难事。在民主监督上，绍兴市政府将监督贯彻到每一个体系与实践过程中，通过社会舆论、政府热线等多种方式，充分保证人民的监督权，也由此保障执行队伍的先进性，推进治理发展进程。在民主协商中，人民可以通过多种渠道参与协商，莲东村建立了民主议事会，村民有权参与村中事务的协商，也在积极贯彻公权力的实行，保障多元主体的利益，拓宽人民协商的渠道，提升人民的参与度。在民主决策中，人民有机会参与到议题的协商、决策的制定、成效的评价等全过程，使得人民的真实民情融入实践之中，既能够使决策更加民主化，也能够最大限度实现需求与利益的满足。此外，在数字化超速发展的背景下，结合智慧化治理，将大数据与民主融合，实现精准治理与精细发展，有效维护协商结果的真实性和民主治理的实效性，实现程序民主和实质民主的辩证统一，使绍兴市全过程人民民主的实践过程逐渐完善，过程广泛涉及全市人民，过程产生成效由人民共享，推进实践的落实性与真实性，推进效能更加管用，促进民主治理的高质量发展。

3. 政策——洞察变化，适应动态

政策层次指“政策的实际作为”，包括“资源的提取、产品和服务的分配、行为的管制、象征和信息的交流”，主要通过政策的提出、实施和改良来实现统一的输入和输出。在政策层次的分析过程中，要着眼于政治资源的整合问题和政策变更的动态问题，以此不断调整基层治理的目标和未来预期，在大方向上了解政策动态变化，从而分析全过程人民民主作为政治体系对基层治理的促进作用。同时，治理现代化的标准又受到制度供给和治理效能双方面的约束，因此政策制度的更新迭代、政治产品的创新输出更显得尤为重要。绍兴市各区县在全过程人民民主实践过程中始终注重基层民主治理情况变化，不断推进制度与现实的适应性，将政策资源不断融入基层治理当中，有效提升治理效能、提高政策绩效，为推进治理体系现代化贡献规范样本。

（1）坚持政策适时调，打造治理共同体

基层治理实现高质量发展需要稳定的社会治理环境，而治理环境的塑造又取决于物质交换结果和能量流动效率，即人民的需要和诉求与国家的政策和制度之间的关联性，社会、政党和国家三级互动的效率。三者关联性越强，越能激发人民的参与感以及对治理的认同感和对政策制度的自觉维护，实现人民的广泛参与，发挥公共理性的最大效应。互动频率越快，三级联动效应就越强，上下贯通的格局使决策反映民意、政策落地生根和制度有效执行的生成、转化、提升、实践、监督并反馈的效能流程获得生发“土壤”，实现系统最优化效应，产生最管用的成效。在绍兴市全过程人民民主实践中，各基层单位根据各地村庄、社区基层民主实际情况及时调整政策制度，将其与现实情况融合发展，如夏履镇将莲东村村务治理创新实践所得出的“莲东经验”在全镇范围内加以推广，形成了如今著名的民主治理“夏履程序”。绍兴市坚持在全过程人民民主实践中始终根据实际情况发展调整基层治理政策、提供政策支持，着力构建强有力的三级联动，始终以社会矛盾为切入点，从契合民主治理需要出发，坚持以人民为中心的价值诉求，为政策制度的更新完善提供了持久动力，推动建设高质量的民主治理共同体。

（2）总结自身实践性，输出优秀的产品

全过程人民民主在推进绍兴市治理优化格局、治理内部事务，构建民主稳定的社会秩序方面具有重大作用。绍兴市高质量发展与治理现代化改革在如火如荼进行，绍兴全过程人民民主实践走在全浙江乃至全国的前列，各基层基于自身特色资源，在经历发展过程演变后所形成的各具自身特色的全过程人民民主基层治理实践道路是共性与个性的统一。绍兴市总结自身全过程人民民主实践经验，邀请金华金东区等浙江乃至全国各地基层治理人员来绍参观学习“枫桥式”建设等绍兴基层民主治理优秀实践经验。同时出台《关于坚持发展新时代“枫桥经验”开展“枫桥式”系列建设的指导意见（试行）》，总结自身实践经验，推动自身基层人民民主治理发展系列建设更加制度化、品牌化。绍兴作为国家全过程人民民主的实践高地、“枫桥经验”的发源地，开展“枫桥式”系列建设有了一套规范流程、有了系统的经验总结，为浙江乃至全国全过程人民民主发展输出了优秀的绍兴治理经验，为其他地区全过程人民民主发展提供有益的制度探索。

四、案例结论与总结

（一）案例总结

全过程人民民主是推进全面建设社会主义现代化国家的重要实践，是始终坚持人民当家作主的本质要求，为人民创造更多的价值，将治理理念转化为实践成效，将民主价值内化于心、外化于行，充分融入人民的生活中去。

绍兴市的全过程人民民主基层治理实践牢牢抓住民主管理、民主决策、民主选举、民主协商和民主监督这五个全过程人民民主实践展开的重要环节，推进各个环节在基层民主治理实践中相兼相融，共同促进基层民主治理。具有着广听民意、民益为先、精准决策、落地性强、实效性强的发展优势，突出了全过程人民民主实践最广泛、最真实、最管用的特征。在实践过程中，在绍兴市政府的领导下，充分利用现有民主政治资源，结合多种治理工具，作出更加精确的政策调度，努力提升治理效能，并创新性地更新绍兴基层治理模式，完善了治理体系，融入数字化治理技术，走出了一条具有绍兴特色成效显著的新型民主治理道路。

在政府现代化建设背景下，在数字化平台建设东风下，绍兴市政府将不断提升自身的行政效率，广泛听取民意，完善先行民主治理制度，坚持科学化治理、全面化治理，将最广泛、最真实、最管用的民主之风传扬到绍兴市治理的每一个角落。

“绍兴实践”在传承中发展，在发展中创新，绍兴基层民主治理实践对浙江乃至全国各地推进社会治理体系和治理能力现代化具有重要的现实价值和借鉴意义，对各地区在全过程人民民主发展过程中推进基层民主治理实践创新发展具有借鉴意义。

（二）经验启示

绍兴市着重于全过程人民民主的基层社会治理的实践创新，结合时代发展、区域特色、群众需求等诸多要素。本案例着眼于案例样本践行全过程人民民主的实践路径，以微观视角从体系、过程、功能三个维度展开分析，探析全过程人民民主绍兴实践的内在逻辑、作用机制、治理效用。经过案例分析，发现“数字赋能、人民至上、党建引领”是进一步体现全过程人民民主最广泛、最真实、最管用的方式方法。独特的“绍兴样本”为其他地区推进基层民主治理高效率与高质量发展提供借鉴意义。三方交织融合、互相渗透，协同打造出全市格局，形成可供全省乃至全国各地区借鉴的全过程人民民主发展经验。

1. 以民增“治”，提升广泛深度

在推进基层全过程人民民主治理过程中，民众作为基层治理成效最直观的感受者和受益者，对治理方向和治理成效有着重要的话语权，要坚持人民主体地位，把人民群众的利益放在首位，通过创新方式方法，动员民众广泛地参与民主治理。需要在形式上、渠道上以及范围上进行拓展延伸，全面涵盖民主协商、民主监督、民主决策、民主选举以及民主管理，并向多领域多行业延伸，辐射全域整体进入民主治理辖区内。以此来不断拓宽人民参与的渠道与方式，保障人民能够充分地将民情民意表达出来，使得实践成效更民主化、科学化。

同时要实现政府、人大与人民群众之间的互动和共治，硬件上的扩展要配合软件的指引，弘扬人民“主人翁”精神，广泛地调动人民群众的积极性和主动性，广泛行使自己的权利，广泛参与民主治理，推进更广泛、更真实的发展。政府也要广泛地向社会公开信息、征求民意，听取人民代表的意见和建议，实行政民互动，建立起政府与人民有效沟通的机制，使人民在广泛参与基层治理中真正地拥有当家作主的权利。与此同时，政府、人大等公共部门牢牢把握解决人民的实际问题这个关键，关注人民群众的需求和利益，及时解决民生困难和矛盾纠纷。着重推动综合治理，强化部门、政民之间的合作和协调，形成政府、人大、政协、社会组织和居民的共同治理机制，形成以人民为核心的横向纵向的合力。在实践中不断建造全过程人民民主是民主主体广泛和权利广泛的双重民主，实现真正的最广泛民主。

2. 以智优“治”，持续真实输出

“数字赋能，智治为先”为绍兴全过程人民民主发展提供基层治理改革和现代化发展的驱动力。通过提升信息集成与分析效度推动民主协商、民主参与和民主决策、数据驱动决策和优化服务，提高基层问题解决的效率，使得全过程人民民主基层治理的效果真实化、结果化，不断加强政府与居民的互动和合作，深层实践，追求实事求是，推进构建真心实意为人民解决难题的最真实的民主。

在整个数字赋能基层全过程人民民主治理过程中，政府和社区搭建数字平台发布政策措施、公共服务信息等，让人民了解政府的工作和决策过程，提高政务的透明度和信息传播速度。在基层中，也可以打造信息化平台和智能化网站以及程序，推进信息的融合传递，结合实际，将其落实运用，真正发挥实效。人民便可以通过数字平台提交问题和建议，以民主监督、民主协商的方式参与基层治理的决策过程。

充分利用数字智能实现资源共享和信息互通，通过物联网、人工智能等技术，对基层社区、企业、公共设施等进行监测，将最真实的诉求反馈其中，及时发现和解决问题，提高基层人民民主治理的及时性。并且，利用数字化改革，构建上下畅通的信息沟通渠道，真正让民意进入政府系统决策中，也让政府真真切切落实民情所需，确保民主权利的真实性，不断推进全过程人民民主成为最真实的民主。

3. 以党凝“治”，筑牢管用发展

党建引领在全过程人民民主实践中起着重要的作用，能够为基层治理提供指导和保障，使基层治理更加科学、民主，保障机制政策的有效落地，进一步提升基层全过程人民民主治理的水平和质量，逐步实现最管用的民主。

因此，在推进全过程人民民主的改革中，要坚持党建与人民民主相结合，通过党员的组织引领，推动社区、村级等基层组织的民主建设，形成党组织和群众自治、法治、德治、智治相结合的“四治”格局；党的组织也要增强自身建设和管理能力，提高组织效能，推动制度的落实以及提升实践成效。同时，还要理顺多元利益主体之间的关系，推动各方面力量参与社会治理，形成更加高效和智慧的社会治理民主体系。与此同时，要充分发挥各地区的资源优势和主体优势，根据各地区的发展情况和市场变化，借助各类社会组织、志愿者等力量，不断推动机制政策的迭代升级与创新发展。充分发挥党的建设引领作用，提升治理的现实效能，将理论化、程序化的制度转化为人民的真实诉求与现实成效，助力全过程人民民主发展成为最管用的民主。

思考题

1. “最广泛、最真实、最管用”的全过程人民民主建设的内涵是什么？

2. 民治、智治和党治进一步深化全过程人民民主建设的机制如何建立？

团队成员：金叶青 王 杰 冯潇雪 徐祎琳 谢惠玲 刘运森

指导教师：邵青

参考文献

[1] 杜玉华，俞佳奇．国家治理现代化的制度基础及其在中国的实践策略［J］．学术研究，2020（05）：52—59.

[2] 张芸芸，李宗开．超越碎片化：整体政府视角下县域综合行政执法改革路径研究：以浙江桐庐试点为例［J］．中共杭州市委党校学报，2023，143（03）：56—64.

[3] 阿尔蒙德，鲍威尔．比较政治学：体系、过程和政策［M］．上海：上海译文出版社，1987：16.

[4] 马琦．深入践行全过程人民民主创新代表履职载体和机制：以平凉市“人大代表之家”建设为例［J］．人大研究，2023（09）：48—52.

[5] 张康之．论社会治理从民主到合作的转型［J］．学习论坛，2016（01）：42—50.

[6] 游深铖，傅慧芳．全过程人民民主：对马克思“真正的民主制”思想的守正创新［J］．理论导刊，2023（09）：88—95.

[7] 任艺璇．全过程人民民主推进国家治理现代化研究［D］．长春：吉林大学，2023.

[8] 王木森．新时代中国治理动力：价值内涵与要素特征［J］．社会科学动态，2022（05）：5—12.

[9] 杜玉华．马克思社会结构理论视角下的国家治理体系构建［J］．华东师范大学学报（哲学社会科学版），2014（06）：100—107.

[10] 郑兴刚．科学理解全过程人民民主的三重维度［J］．人大研究，2023（08）：4—8.

[11] 吕光强．全过程人民民主的价值内涵与推进路径［J］．沈阳干

部学刊，2023，25（04）：10—12.

［12］冯留建，冯昊萨．全过程人民民主的理论逻辑与实践理路［J］．华北电力大学学报（社会科学版），2023（04）：1—11.

［13］张晨雨，徐步华．数字赋能全过程人民民主的生成逻辑与优化路径［J］．大庆师范学院学报，2023，43（05）：1—10.

［14］鲁华君．基层治理践行全过程人民民主的运行机理与路径向度：基于H市F区“民生议事堂”的实践［J］．哈尔滨市委党校学报，2023（05）：32—37.

［15］王亚茹．全过程人民民主赋能中国式现代化道路韧性的逻辑理路［J］．理论导刊，2023（09）：4—10.

［16］董树彬，何建春．全国人民民主的政治哲学意蕴［J］．求实，2023（05）：16—24.

［17］张力伟．回归人的本质：全过程人民民主的价值精髓探析［J］．理论探索，2023（05）：31—37.

［18］马松红，赵凤娟．全过程人民民主的理论逻辑、价值超越与实践指引［J］．湖南省社会主义学院学报，2023，24（04）：21—24.

［19］李敏，赵希武．协商民主推进全过程人民民主的路径研究［J］．山西高等学校社会科学学报，2023，35（08）：56—60.

［20］张毅．政党主导：全过程人民民主的发展逻辑［J］．商丘师范学院学报，2023，39（08）：32—36.

［21］邓理．系统性赋能：数字技术重塑基层全过程人民民主的多重逻辑［J］．学习与实践，2023（08）：23—32.

［22］刘瑞钰，傅华宇，刘歆．从历史、理论与现实三重维度解读全过程人民民主的比较优势［J］．中共云南省委党校学报，2023，24（04）：73—81.

城市管理篇

案例3

勇立潮头展“枫警” 警社联合启“新程”

——新时代“枫桥经验”引领四化警务站建设的实践探索

一、引言

2022年，党的二十大报告提出，我国要深入实施创新驱动发展战略，开辟发展新领域新赛道，不断塑造发展新动能新优势。在中国式现代化的要求下，公安工作将逐渐向现代化靠拢，作为护航中国式现代化的公安机关，需要在新形势新任务下求新求变，以创新驱动公安工作现代化先行和高质量发展。

近年来，公安工作现代化进程脚步加快，聚焦新型警务运行模式，公安工作新站点——警务站逐步发展完善。具备“治安巡控、接警处警、服务群众、备勤处突”等职能的警务站，是维护基层社会稳定、服务便民的重要渠道，但部分警务站仍存在信息数据不集成、信息反馈不及时、体系建设不完善、服务意识不主动等问题，为公安工作的革新带来发展瓶颈。

执法规范化建设一直是浙江公安的“金名片”，针对党的二十大中对新时代做好公安法治建设的任务提出的更高要求，位于“枫桥经验”发源地的绍兴公安创新结合新时代“枫桥经验”，率先开展“四化”警务站改革，使“小站点”有“大作为”，不断推动基层治安“最后一公里”向“最后一百米”的突破，逐步实现治安服务“最多跑一次”向“一次也不用跑”的转变。“四化”警务站在新时代“枫桥经验”引领下发展完善，使人民幸福感、满意度稳步提升，打造出新时代现代化要求下公安工作的“绍兴样板”，筑力构建平安绍兴。

二、案例叙述

（一）“四化”缘起：践行新时代“枫桥经验”

1. 警务站：怎么建设

近年来，随着社会治安管理制度措施的日趋完善，各项公安业务指标逐渐呈现良好趋势，刑事发案率逐年下降。但是公安部门一直面临一个困惑：为什么公安业务绩效高而老百姓的安全感、满意度却不是很高？换句话说，为什么公安部门的客观绩效高而主观绩效却不高？面对这样的困惑，公安部门逐渐意识到，民众对警察服务的满意度并不高，但一个更为重要的原因是警务运行机制的失效，导致警察与公众之间缺乏有效的沟通，社会不满情绪得不到及时疏导。

如何搭建警民直接互动、畅通社情民意的平台，构建开放式、无障碍的沟通渠道，解决民众最关心、最急需解决的问题，真正实现以民意引导警务活动的开展、推动警务活动的落实？——警务站应运而生。

警务站的建设能提高工作效率。社区警务站负责区域小、管理集中，对辖区内情况较为熟悉，便于高效准确地开展工作，特别是处理一些证明事宜，能够由民警自行与社区工作人员协商交涉处理，省时又省心。

警务站的建设能加强与基层群众自治组织的衔接与配合。警务站位于社区便民服务中心的隔壁，注重推动警务工作与基层社会治理深度融合、同频共振。

在实际工作中，警务站作为具备“治安巡控、接警处警、服务群众、动态掌握、法治宣传、备勤处突”等职能的基层警务机构，在构建方式上属于派出所的延伸机构，这使得其在有限警力规划的限制下，运作模式相对传统，日常工作的形式较为单一，组织形式有待完善，党建基础工作存在薄弱环节。随着高质量发展的进一步落实与新时代“枫桥经验”发展与延伸，我国多个体系层面都有了革新，绍兴紧跟发展新方向，陆续推进警务站、警务室建设，推动警力下沉到基层，践行“为人民服务”的宗旨。

纵观国际国内发展态势，大数据与人工智能成为发展主流，在历史沿革中爆发出蓬勃而强劲的生命力。警务站想要继续往前发展，就要紧抓时代潮流，将数字智能深度融入警务站工作建设中去，同时加强党建的方向指引作用，为其治安工作与基层治理提供便利，使警务站工作能够落实到群众的每一个细枝末节中去，惠及民生、深入民情，全面关注新时代发展下群众对于社会的新期盼与新需求。

2. 陷困境：怎么解决

基层警务站作为网格化治理的最小格点，是社会治安防控体系中的最前端触角，在社会化治理中起着不可忽视的作用。作为一种警务制度创新，警务站顺应公民社会成长的现实和社会多元主体的需求，以多中心合作治理的复杂制度替代单中心、单部门提供和优化的治安服务。

随着城市化进程的推进与科技化应用的显著加快，警务站在高校、商圈、景区、社区等地区都获得了不同程度的发展。但由于经济的高速发展，社会转型加快，最初赋予警务站的功能已经无法及时回应新时代民众提出的新需求，在面对人民日益增长的美好生活需要和不平衡不充分的发展之间的矛盾时，对社会化治理有了一定难度。

在绍兴市警务站的实际工作中，由于部分警务站利用率不高，见警率偏低，群众在遇到困难时，寻求帮助的第一反应是拨打110报警电话、寻求村民委员会人员帮助，普遍没有形成“有困难向社区民警寻求帮助”“有意见向社区民警反馈”“有警情向社区民警反应”的局面，甚至部分警务站成为领导接待室、休息室。

由此可见，基层社会治安治理中存在着警务站建设标准化水平有待提升、警力专业化建设不完善、开展群众工作能力待强化、条块关系衔接不畅、社会综治力量黏合度不高、公共服务响应能力不足、警力服务配置缺失、主动服务意识待加强等问题，制约了治理效能的提高。为扭转窘境，实现社会的长治久安，基层警务站又该如何破解治理困境，提升服务能力，主动回应民众需求，探寻基层治理新思路？

为此，绍兴市警务站聚焦如何协调各方力量，发挥信息技术不断发展的优势，把警情化解在萌芽状态，建立联勤联动长效机制，回应群众新期待新需求，积极开展警社联合的探索实践。在发展过程中，绍兴市警务站积极探寻和实践新时代“枫桥经验”内涵，充分实现党总揽全局、协调各方的政治优势；整合资源，发挥社区警务的渠道优势和社会组织的群众动员优势，着力把联勤警务站打造成为公安主导，政府相关职能部门、社会组织和人民群众共同参与，集“安全防范、社会治理、便民服务”于一体的社会治安协同治理战斗实体。

2023 年 9 月，习近平总书记在考察绍兴市枫桥经验陈列馆时指出："紧紧依靠人民群众，把问题解决在基层、化解在萌芽状态。"这一重要指示为绍兴市在新时代"枫桥经验"指引下建设"四化"警务站提供重要遵循。

集数字化、可视化、规范化、常态化于一体的"四化"警务站在绍兴全域内落地推行，有力地推动平安绍兴建设，促进了人民群众获得感、幸福感、安全感的提升，不断满足群众对于基层治理的新需求。

本案例以此为出发点，探寻警务站"四化"建设在多元治理体系中对社会治安防控体系建设提供的新思路，研究绍兴公安在基层治理方面的系统性改革，探索由公安打造的"重心下移、力量下沉、保障下倾"的社会治安防控体系。

3. 新理念：怎么运用

2004 年 8 月 4 日，习近平同志在省委建设平安浙江领导小组第一次全体会议上强调，要把创新发展"枫桥经验"作为总抓手，贯穿建设平安浙江的始终。2004—2023 年，习近平同志倡导部署的平安浙江建设已经走过 19 年。

在"四化"推行之前，警务站作为基层警务机构，是公安机关和社会民众之间的桥梁和纽带，承担着维护基层社会治安、提供应急服务等基本作用。随着社会治理水平要求的提高，通过践行新时代"枫桥经验"，警务站不断优化自身建设，致力于解决人民日益增长的美好生活需要和不平衡不充分的发展之间的矛盾，做到更好地感知人民群众新需求、更充分快速地回应新期盼。

"枫桥经验"作为中国基层治理的典范模式，其所蕴含的党建统领、人民主体、"三治融合"、共建共治、共享平安和谐的实质内涵，高度契合当前基层社会治理的现实要求，因此践行新时代"枫桥经验"是推动基层治理现代化、夯实治理基础的必然要求。

绍兴市警务站深入贯彻新时代"枫桥经验"中"矛盾不上交、平安不出事、服务不缺位"这个核心内涵：坚定实现"矛盾不上交"，通过自我革新与制度确立，联合平安类社会组织，全方位成果共享；坚决遵循"平安不出事"，通过数字赋能，加大管控力度，全时空守护平安；坚持建设"服务不缺位"，通过主动入基层，提升为民意识，深化"放管服"

改革、“最多跑一次”零距离服务群众，实现全域内服务共建。在新时代“枫桥经验”指导下，绍兴公安充分发挥警务职能，取得从“最后一公里”到“最后一百米”的基层治理新成果，切实提升社会治安水平，将人民群众的安全和利益保障落到实处，实现基层治理更好地发展。

（二）“四化”内涵：探索警务站“四化之路”

近年来，绍兴市大力推进警务站建设工作，通过两千多个警务站将整个地区的基层治理紧密联系在一起，实现了民警从“下村社”到“进村社”的转变。在清晰、明确的辖区划分下，警务站作为具备治安巡控、接警处警、服务群众等职能的基层警务机构，在基层治理中发挥着不可或缺的作用。

自2022年起，随着新时代“枫桥经验”进一步推进，绍兴公安深入学习贯彻中央和省市关于城乡社区工作的重要论述精神以及党的十八大以来习近平总书记推动部署下形成的党建统领、人民至上、多元共治、“三治”结合，做到“矛盾不上交、平安不出事、服务不缺位”的新时代“枫桥经验”。怎样继续将“四化”警务站建设深入实际，大胆创新，推进警务站“四化”发展（即数字化、可视化、规范化、常态化），成为绍兴公安警务站建设的重要内容。这一“四化”建设是绍兴公安坚持发展新时代“枫桥经验”的创新实践，也是“枫桥式”系列创建的着力点、落脚点和突破口。

“四化”警务站的推行全面打造了推动科技进步、构建治安格局、实现全民共享的前沿阵地，又构建起护平安底线、筑平安辖区、建平安社会的关键领域，更创新了警务现代化、合作多元化、党建深入化的实施平台，对建设人人有责、人人尽责、人人享有的社会治安防控体系具有典型意义。“四化”警务站的主要作用如图3－1所示。

1. 数字化：以智助行

警务站数字化就是依托公安云计算平台，实现基础数据、情报信息、案件线索、视频图像和警用地理信息等系统高度整合、融合，将信息合成作战模式应用到派出所警务工作中，让民警通过与平台交互体验，主动校准数据、打造技战法和优化工具，以强大的数据支撑实现警务效能最大化，全面提升治安管理基础工作科技含量和社会治安防控智能化水平。

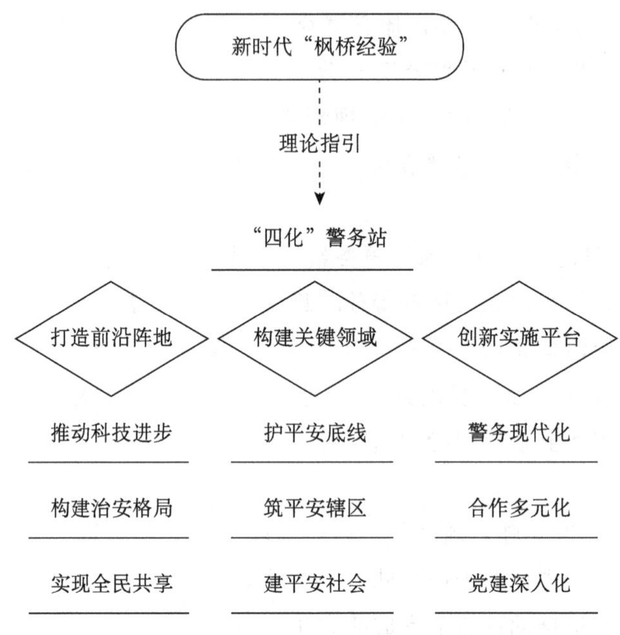

图 3－1 “四化”警务站作用

在“四化”建设数字化推行前，警务站存在数据集成平台建设水平有待提升、警力服务配置缺失、信息不对称等问题，导致警务站对事件现场的控制存在缺陷。以迪荡商圈联勤警务站为例，迪荡商圈 7.3 平方千米的辖区内，聚集了 142 栋高楼、2 000 多家企业以及各类公共复杂场所，具有场所多、高层密集、人口流动性大的特征。在绍兴市越城区迪荡商圈经营饭店的李女士表示，在商圈警务站数字化改革升级前，自家饭店门口常常堵得水泄不通，秩序混乱。现在迪荡商圈警务站借用实时监控平台，对围堵车辆的车牌号进行监控，运用数据集成平台准确采集、快速研判、精准锁定的同时，民警快速组织出警，在警务站对数字化平台的灵活运用下不到 20 分钟就能使饭店门口的车辆全部驶离。警务站处置效率更高、更精准的同时，也便利了商圈内商家的生活。

警务站数字化改革在助力青少年更好地成长这方面也设置了专门的场所，将禁毒、防火防灾等知识与先进科技相结合，全力打造火灾逃生、禁毒沉浸虚拟现实（VR）体验等场所。这些场所免费向社会开放，不管是学校组织或群众自主来到警务站都能亲身体验。警务站的这些智能设施完善了自身的服务，在为青少年提供更高效、便捷的社会服务的同时，也能培养青少年群体的警惕心与防范意识，对社会起到正向发展的作用，在全社会弘扬正确的思想道德和风尚。

绍兴市越城区迪荡商圈联勤警务站创建“一核九星”出警模式，以党建统领为核心，迪荡商圈联勤警务站将三警（派出所、交警、巡特警）融合，实现强合力共统筹，迪荡商圈警务站依托“两个平台”数字化设置常驻派出所警力 10 名、交警警力 4 名、巡特警警力 6 名。根据派出所综合指挥室指令，高效协同处置现场警情。

2. 可视化：以网助警

警务站可视化就是通过将警员状态与视频图像、应急资源等信息相结合，直观呈现到可视化指挥界面中，实现更加科学、高效的可视化指挥调度系统，更加全面深入地掌握警务整体状态，通过多种警务状态数据的整合同时实现前线警员管理和警情分析智能化，从而优化一线警力。

在警务站可视化推进之前，面对人口分散、知识落后的行政村和人数有限的警务工作人员，办理业务寸步难行。在全市范围的警务站“四化”改革中，绍兴柯桥的公安模式成效尤为显著。绍兴市柯桥区轻纺城先行先试，公安分局以指挥中心为龙头，以一体化指挥调度平台为纽带，以情报实战、合成作战、视频侦查“三中心”为支撑，推进核心城区“智慧天网”工程建设，实现“全区全覆盖、重点无盲区”。依靠以公共安全视频监控建设、联网和应用为重点的“雪亮工程”，柯桥也已经实现公共安全视频监控村级全覆盖。在“智慧天网”的全覆盖下，绍兴市柯桥区不断提升治理的数字化水平，实现社会治理的高效化、精确化，使治安管理问题“无处遁形”。自 2022 年以来，绍兴市柯桥区全局矛盾纠纷化解率提高了 18.6%，矛盾纠纷排查率提高了 15.3%，绍兴市柯桥区警务发展以数据共享联动为着力点，不断提升服务质量与水平，推动社会的有序发展。

警务站可视化建设通过大数据平台使警务处置流程更清晰，解决了警务站对复杂辖区情况把控差的问题。绍兴柯桥公安依靠公共安全视频监控将柯桥区全局都映照在公安视域下，使得柯桥公安出警效率更高效、处警速度更迅捷、功能定位更精准。

3. 规范化：以法助防

警务站规范化是指在警务站的建设和运行过程中，按照一定的标准和规范进行组织和管理，以确保警务工作的高效、有序和规范进行。通过建立和完善各项工作流程和规范，公开警务业务流程，借助信息化系统平台理清警务处置流程，并且将警务处置归结为一整套体系，减少矛盾产生，减少出警不规范产生的舆情。这套规范化流程工作机制不仅提高工作效率、提升服务质量，而且更有效地解决了因信息不对称而在处警过程中产生的矛盾，从而达到维护社会安全稳定的局面。

据统计，2019—2022 年，全国共破获电信网络诈骗案件数量分别为 20 万起、25.6 万起、44.1 万余起、46.4 万起，2019—2021 年我国抓获电信网络诈骗犯罪嫌疑人分别为 16.3 万名、26.3 万名、69 万余名。由逐年递增的数据可见，我国网络诈骗问题的治理已初见成效，但在生活中，我们仍时常耳闻民众深受网络诈骗之害的新闻，反诈宣传作为“四化”警务站建设中的重要工作内容，如果不制定规范化的工作流程，容易导致社会舆情问题的出现。

新昌县公安局城西派出所大佛寺联勤警务站由此出发，不仅在日常执勤过程中组织群众参与反诈宣传工作，提高群众的反诈意识，还着重培养警务人员的反诈专业度，制定了一整套反诈工作流程。辖区总面积为 11.42 平方千米，下辖 9 个村社，实有人口 5.3 万人。现有民警 30 人、辅警 46 人。辖区面积广、人口流动性大，有些骗子会冒充景区工作人员，通过向游客提供虚假的服务或信息，让游客扫码购假票等方式获取游客的财物或个人信息。

导致这些问题产生的一部分原因是警务站执法力度不足、民众防范意识不强以及反诈规章制度的不完善。这就要求警务站通过建立完善的法律机制，抓牢常驻在人民身边的优势，深入人民群众，严厉打击电诈等近在人民群众身边的违法犯罪行为，通过依法处理、以法立规的路径贯彻新时代“枫桥经验”，坚持把法治作为根本方式努力构建基层社会善治体系，牢固树立法治思维以保障人民群众的财产安全。同时因地制宜打造完整的反诈流程，大佛寺民警建立“警景联盟”微信群最大限度地进行反诈宣传，截至 2022 年 5 月，已经宣传反诈知识 171 次，对仍旧发生的诈骗，警务站利用数字化平台数据追踪，同时利用电子宣传屏实时投放数据，最后将反诈成果记录在案，经过总结分析，形成一整套完整、专业的反诈流程。

通过以法助防的规范化措施，警务站更加有序、高效、精准地应对电信网络诈骗问题，改善了之前存在的随意性较强等问题，提高打击电信网络诈骗犯罪的效能。在法律法规宣传之后，公众的法治意识、防范意识和能力得到进一步提高，极大地减少电信网络诈骗的发生，公众的财产安全和个人信息安全得到保护，景区的良好秩序和形象也得以维护。

4. 常态化：以勤助治

警务站常态化建设是指将警务站的工作和服务从临时性、应急性转变为日常性、常规性的状态。通过建立值班值守机制、会商研判机制、清单管理机制、品牌打造机制、考核评价机制五大机制，警务工作的基础管控更加扎实、巡逻防范更加密集、风险管控更加精准、服务群众更加贴心。

近年来随着高质量发展、文明城市的建设，绍兴市正全力打造现代、开放、繁华、宜居的城市。但聚焦至社区街道，仍有许多“老、旧、破”的小区。据悉，绍兴市2000年底前建成的老旧社区近千个，大部分的老旧小区多是20世纪80年代和90年代的福利分房，建造标准与现在有很大差异，缺少单元出入口坡道、电梯和消防设施，大多面临着基础设施陈旧、配套服务不全、安全隐患众多、小区人员复杂等问题。由于公安管辖范围大、工作内容范围广，无法精准解决每一个老破小区面临的不同窘境。作为基层治理“最后一公里”，警务站分布在各个社区，同党员队伍、居民委员会等协同治理，通过联勤联动弥补公安下沉社区易造成的服务缺位问题，更好地满足群众需要的大小事，使基层治理体系更加完善，推动保障社区的发展与建设。

为有效解决这一问题，在老旧社区的改造过程中，社区警务站将警务工作阵地前移、警力前置，履行好公安机关维护社区安宁、服务好老百姓的“最后一百米”。社区警务站同基层党组织、居民委员会配合，在基层党组织的带头作用下，社区警务站设立网格员，通过条块结合达到综合治理的效果，并借助业主委员会的力量，联合发动群众积极参与、共治共享，引导居民协商确定改造后小区的管理模式、管理规约，通过实时监控每家每户的水电用度，严防意外发生，助力老旧社区完成从“无人管”到“社区管”再到“共治共管”的华丽转变。绍兴“四化”警务站在面对老旧小区问题上坚持党建引领，依靠群众共治，与社区内各社会组织力量联勤联办，呼吁“小区是我家，治理靠大家”，群策群力共同治理美好家园。

新昌县公安局城西派出所大佛寺联勤警务站的治理也提供了值得借鉴

的方式方法，通过警民携手，发挥群众力量，结合“无警访民”工作，有效预防电信网络诈骗；联合南明先锋义警组织，召集网格员、楼道小区长、热心群众等社会力量，在警务站辖区内茶亭、钟楼、鼓山三个社区开展“夜进百家门”活动，对每户人家开展“三不一多”的地毯式入户宣传。利用警务站两块电子宣传屏投放反诈短片、普法知识、交通安全、“最多跑一次”改革等各类服务内容，加强法律法规宣传，吸引群众以及游客不断驻足学习，提高法治意识，让人民群众从意识上防范电信网络诈骗，从而在行动上也不会轻易相信可疑人员和可疑事件。

通过以勤助治推动“四化”常态化建设，深入人民群众，警务站能够更好地适应社会发展的需求，提高工作效率和质量，为社会提供更加安全、便捷的服务。

（三）“四化”实践：构建社会治安“绍兴样板”

“四化”警务站的建设随着不同警务站的辖地特点呈现出不同的特色治理模式，体现了新时期人民群众对于社会基层治安革新的新需求新期待。在新时代“枫桥经验”引领下，“四化”警务站充分贯彻其理念宗旨，在革新过程中以群众共治为基准，为基层治理增添内生动力。在改进过程中，绍兴“四化”警务站深刻围绕“党建统领、人民至上、多元共治、三治结合”这一重要指示，依据“矛盾不上交、平安不出事、服务不缺位”的新时代“枫桥经验”这一根本遵循，不断推进“四化”建设，使基层治理更加透明、灵活、规范，打造效率更高的警务站治理模式，通过警务站关于“四化”的革新，实现各辖区由点到线、由线到面构建更平安的绍兴警务模式，共建平安绍兴。

各地警务站在“四化”建设过程中不拘泥于千篇一律的模式化改造，结合辖区特色创新模式，打造各具特色的警务站“四化之路”，在实践与发展的过程中与时俱进、革故鼎新。为了切实感受警务站“四化之路”，我们调研小组以绍兴部分“四化”警务站为调研目标，制定调研提纲，参观访谈迪荡商圈联合警务站、高校警务站等地，了解警务站在“四化”过程中的新发展。

本文将以景区类、商圈类、社区类、高校类四类警务站革新模式为重点，探讨其各自的发展特色，分析不同类型警务站在新时代“枫桥经验”指引下的创新模式，追寻平安绍兴的特色化构建之路（见图3-2）。

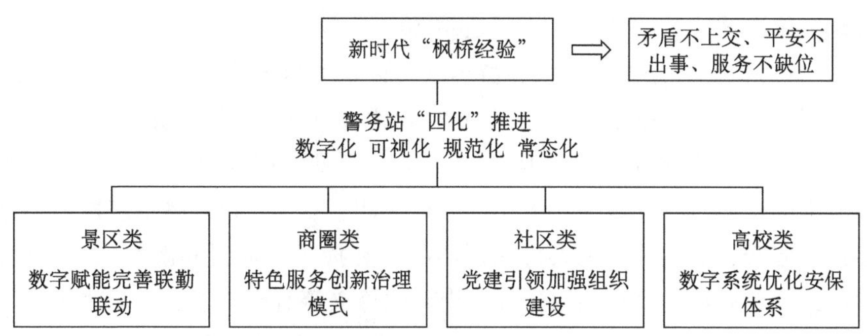

图3-2 四类警务站“四化”改革下特色模式

1. 景区类警务站：数字赋能完善联勤联动

大佛寺景区作为国家4A级旅游景区，是集游览观光、消遣娱乐、康体健身等于一体的区域，辖区面积为7.3平方千米，实有人口1.9万余人，周边覆盖学校4家及人民医院等各类场所176家。景区警务站入驻前，面对如此广泛的辖区以及庞大的客流量，景区治理容易出现安全无法保障、游客体验度低下等问题。在调研过程中，景区管理员总说在最初治理过程中，对景区的管理感到力不从心。在景区警务站入驻后，其在保障景区的安全和秩序、提供优质的服务和指导的同时，更为游客创造了安全、舒适的旅游环境，使初期管理问题得到了有效解决。

然而中期发展过程中也出现了一些问题，例如：缺乏直观的景区管理信息，导致存在安全隐患而无法及时解决；警务站在处理警情时缺乏直接有效的信息沟通道，导致信息传达不畅通，无法及时获取景区内的重要情报和预警信息。面对复杂的景区治理情况和层出不穷的管理问题，大佛寺警务站又该如何破局，建设高质量服务景区呢？

对此，新昌公安践行“四化”建设，利用数字系统，打造旅游警务全息感知应用平台，将可视化运用到组织间的信息链中，打造联勤联动新模式新方法。通过数字化旅游警务全息感知平台，对景区内信息进行实时采集、动态导入，实现科技在景区治理方面的平稳落地，景区人、事、地、物一网感知，实现全方位可视化，整体构建“远端预警、一站调度、全域响应”的旅游警务闭环管理模式。具体流程为：综合指挥室预警，值班民警通过平台点击预警信息，发现异常，民警调取景区视频监控画面确认异常后，通过对讲机呼叫周边警力，并联系各单位同步赶往处置，最后解决问题。该流程为民警快速解决景区存在的问题提供了便利，不断提升游客旅游体验，打造“旅行舒适站”。

“这位游客，您好！此处为游客禁行区，为保安全，请您尽快离开。”“这位游客，请问您是否身体不适？如需帮助请向无人机挥手示意。”2022 年 3 月，警务站民警在使用无人机进行日常巡逻时，发现有一名游客坐在禁行区时，立刻使用无人机进行喊话。然而，民警喊话多次仍不见该游客起身，随后通过无人机拍摄回的游客挥手画面得知游客急需救助，警务站立刻联动当日在站内值守的南明先锋义警赶到现场，发现该游客为外地来新昌旅游的，不熟悉地形，迷路进了禁行区，途中又突发身体不适，正愁孤立无援。发现这一情况后，救援人员第一时间对其进行救护并送医。在“四化”建设下，通过数字系统与全息感知平台，游客的安全得到充分保障。

针对景区内出现的不法分子利用虚假信息诈骗景区游客等行为，新昌县公安局城西派出所大佛寺联勤警务站警民开展联合行动，携手共筑反诈宣传防火墙，有效预防电信网络诈骗，利用全息感知平台全方位可视化捕捉诈骗分子身影。利用警务站两块电子宣传屏，投放反诈短片、普法知识、交通安全、“最多跑一次”改革等各类服务内容，吸引群众不断驻足学习，提高自身法治意识，在群众心中树立起“四化”警务站的良好形象。

此外，大量人员的流动带来辖区城关中学周边、景区入口流动摊贩多、交通拥堵等秩序混乱的问题，在“四化”开展前，警务站与景区管理部门、旅游企业等相关单位之间缺乏协调合作，导致安全管理和服务工作不够高效、有序。为建设景区平安环境，大佛寺警务站借助联勤联动实现警民联手共治，践行“四化”规范化建设，采用“一键启动”模式，联合城西派出所、城管综合执法、市场监督管理等部门，对无证摆摊、占道经营、违法停车等现象常态化地开展专项整治，打造一整套处置流水线，以此更好地整治和解决秩序混乱的问题。同时，在警务站内设立“茶缘”调解室，组建了一支以人民调解员、律师、社区网格员为主要成员的调解力量，力争把矛盾纠纷在警务站内部化解，源头化解各类矛盾纠纷 150 余起，当场调解成功率达 96.1%，辖区矛盾纠纷警情同比下降 58.6%，“矛盾不上交”的内涵在该调解室真正落地。

在“四化”措施推动社会各界力量联合落实以来，警务站对于整治电信诈骗有了规范化的流程，诈骗案件相对于“四化”建设前明显减少，更加高效地解决了治理过程中出现的各类矛盾，游客能够在景区体会到更加优质的服务和舒适的环境，来自金华磐安的游客L对大佛寺警务站发出真心实意的赞叹：“这里的安保措施做得非常好，即使在旅游旺季也不用担心停车困难，也学到了很多反诈知识。”

经过一系列革新，大佛寺联勤警务站真正营造出了“我的城西我的家”的良好氛围，成功打造基层治理“枫景线”，也通过紧紧围绕高水平发展新时代“枫桥经验”的工作主线，牢固树立“以人民为中心”的服务理念，结合自身实际打造出的一条独特的高质量发展路线。

2. 商圈类警务站：特色服务创新治理模式

迪荡商圈是集购物、娱乐、餐饮、办公、居住于一体的商贸中心。在迪荡商贸区有商务楼28幢、大型商贸综合体1家、大型娱乐场所11家、常住居民3.8万余人，在节假日客流量能高达7万人。面对庞大的居住人口以及外来人口，迪荡商圈警务站每天都被各类复杂的矛盾纠纷以及安全隐患问题搞得焦头烂额。迪荡商圈不仅要解决居民楼中的生活问题，也要解决购物中心的盗窃问题。

在面对商圈和居住区的治理时不能一概而论，其主体不同所面临的问题也有所不同，那么警务站该如何平衡多元主体寻求合适的治理体系呢？

迪荡商圈联勤警务站敏锐捕捉到物业在各楼宇中的重要作用，率先联合辖区各商圈楼宇物业公司组成鼎安物业联合会。“警察同志，他们的车又停在我的饭店门口了！”——在迪荡街道范蠡路美食街开饭店的李女士经常为停在饭店门口的社会车辆而苦恼。这些社会车辆挡住了出入口，影响了正常经营，但自己又不可能时时刻刻守在门口，不堪其扰的李女士找到物联会反映情况。物联会工作人员了解情况后，立刻连同公安、行政执法部门赶往现场处置，仅十五分钟就疏通了堵在饭店门口的社会车辆，在打电话让车主尽快撤离后，还在现场设置了禁停标识。李女士的困扰迎刃而解，她称赞道：“物联会，真的给力！”

物联会组织多种社会力量参与社会治理，不管是在帮助警务站管理事务还是帮助群众解决纠纷方面都发挥了巨大作用。

为更好地推进商圈基层治理，迪荡商圈联勤警务站推出特色化服务模式：“3743”和“一核九星”强合力优质服务工作法。其中：“3743”中的“3”是指与应急、综合执法、市场监管3个部门实行“一窗受理”；“7”是指通过“问、递、核、录、转、答、访”充分了解群众需求；

“4”是指采取“及时办、网上办、预约办、限期办”优化窗口服务；“3”是指实现“早、快、实”3个目标，提升工作实效。而“一核九星”强合力中，“一核九星”即以党建统领为核心，迪荡商圈联勤警务站将三警（派出所、交警、巡特警）融合，根据派出所综合指挥室指令，高效协同处置现场警情。

迪荡商圈联勤警务站在“四化”建设中，不断整合情指、消防、派出所和物业等资源，将商务大楼、高层住宅、商贸综合体等消防控制室所有视频监控统一纳入感知平台，通过视频画面人像感知技术，及时发现安全隐患并短信通知，确保消防安全监管24小时不掉线，实现警务处理的可视化操作，居民生活安全有了更加坚实的保障，“平安不出事”内涵在该地稳步推进。

通过“3743”和“一核九星”工作法，商圈地区警务工作的办理效率有了进一步提升，人民获得感日益增强，不断用行动回应人民声音。同时，警务站在“四化”过程中，坚持践行新时代“枫桥经验”内涵，保障人民群众的生命安全，将“平安不出事”贯彻落实，警务工作也在“四化”过程中更高效便捷。

3. 社区类警务站：党建引领加强组织建设

在数字化与信息化技术普及前，警务站出警速度慢、信息有限，导致案件现场的控制上面存在缺陷，缺少系统化警务模式，没有构建起完善的组织体系。同时，社区居民在各类手续的办理上也存在一定的滞缓性，缺乏规范化流程和专业化指导，居民在社区居委会的综合服务窗口办事时易发生多次往返公安局与社区的情况。由此可见，人民对基层治理警务模式的新需求已经无法被满足。

面对复杂的治理主体、超大范围的管辖面积，民众心声如何精准回应，出警难题又该如何快速破解？

从“下村社”到“在村社”，警务站为加强与基层群众自治组织的衔接与配合，在农村通过党建引领加强组织协调，建立健全绍兴农村社区警务站与其他社区组织的协调机制，包括社区居委会、村委会、农民合作社等形成合力；定期召开联席会议，共同研究解决社区治安问题，制定工作计划和目标。在城镇，警务人员在党的组织下，通过走访、座谈等方式，深入城镇社区，听取居民的意见和建议，了解居民的需求和关切，与居民建立良好的互动关系，根据实际情况制定相应的工作方案。各类措施共同推动警务工作与基层社会治理深度融合、同频共振，为了更好地向群众提供服务，警务站“沉”入基层势在必行。

在治安方面，诸暨市未来城联勤警务站编织义警网，共谋平安“小事”：广泛培育以新城义警、惠民救援队、陶朱物联会、小区支部委员会等平安类社会组织，开展“联勤警务+共享法庭”的协作模式，并在组织内落实党员带头作用，带动群众共建共治，深入群众主体，重视群众力量，做到党建引领、专群结合、平安共创，实现了“小事不出小区、大事不出社区、服务不留盲区”，彰显新时代“枫桥经验”的指引作用。在一起涉及赔偿责任、赔偿金额的认定等专业法律问题的民事纠纷中，未来城联勤警务站根据“部门联动、警种联勤、社会联体”的处置机制，与法官沟通联系，采用线上法庭，快速化解纠纷。

“通过‘共享法庭’很快解决了我们几个月都没解决的问题，不用跑各种地方，在警务站里就办好了，真的很方便！”——当事人对警务站的办事效率与处理结果均表示满意。

在“四化”开展以来，绍兴各警务站根据其管辖的地理环境、管辖范围等因素的不同，结合党建引领作用，与群众及社会各力量进行协调合作，深化共治理念，联合社区实现“矛盾不上交”，居民问题就地解决。共享“服务不缺位”成为新时代“枫桥经验”的深刻实践，群策群力共建治理和谐社会，建设辖区内“平安不出事”，为维护群众安全共同贡献力量。

4. 高校类警务站：数字系统优化安保体系

高校作为一个综合性的教育机构和社会组织，是培养人才的重要场所。在警务站建立前，高校内安保系统相对独立薄弱，缺乏相关部门的联合支持，在处理学生问题上存在一定的延时性。“帮帮我！我的生活费突然从不明渠道被转走了！”“身份证快到期了，要出去补办吗？”基于高校环境的复杂性和诈骗手段的更新迭代，除了日常警情外，解决诈骗、交通纠纷、失联等问题也成为高校警务站工作的一大重要内容。庞大的人流量和各类社会人员的出入以及琐碎案件频发更加大了各高校的治安压力，对此，学校管理应该怎么走出治理困境，打造“平安校区”，切实提高学生幸福感呢？

为更好地服务学生，在坚持和发展新时代“枫桥经验”的基础上，根据绍兴公安对于“四化”建设的具体要求，各高校警务站将其与自身具体实际相结合，对于警务站运行模式作了充分的思考与改良建设。

在高校警务站中，我们走访了绍兴S学院与绍兴Y学院，进行一系列访谈参观。为向学生提供更加全面的服务，加大反诈宣传力度，实现高校内治安体系“全覆盖”，绍兴S学院警务站服务涵盖安全防范宣传、服务师生、警务工作等“三个平台”，突出联指中心、警务大厅、矛盾调解中心、法律援助中心、安全教育中心、技防管理中心等“六大功能”。警务站自2023年7月6日起正式启用，建成之后，应对校内突发情况，实现高效处理。在面对学生校外走失突发状况时，该校警务站凭借数据共享平台，与当地警局联合，实现数据互动，顺利找到该走失学生。

绍兴Y学院警务站自2022年11月7日正式启用起，一直致力于数字校园综合治理、平安校园建设等方面，提供一系列便民事务、安全教育、报警求助、巡逻防范等多功能一体化建设，将“枫桥经验”的生动实践运用到警务站的运转和建设中，逐步实现高质量推进警校共建，完善校园安全风险防控体系，切实维护师生安全和校园稳定；同时，公安业务延伸至高校，办理出境手续、补办身份证等12项业务顺利落地，100余项“云帮办”陆续建设，高校警务站成为保障师生正常教学、科研和生活秩序的重要阵地。

高校警务站建设旨在构建完善风险闭环管控的大平安机制，依托新时代“枫桥经验”，落实“小事不出校，矛盾不上交，平安不出事，服务不缺位”要求——采用线上服务渠道，在应用平台上线智慧安保系统，出境手续、补办身份证等多项措施线上落地，更有一键报警功能，实现校园内两分钟快速出警，及时解决校园纠纷。同时，在党员服务中心，该校警务站不断学习“浙工大党建”模式，与公安部门、消防、反诈、禁毒等28家单位开展支部共建，加大校内反诈、禁毒等宣传力度，使校园警务更完善，执行开展更便捷。在2023学年开学初，绍兴Y学院邀请国家安全局反诈专家进校园，开展全校性反诈讲座，并组织学生参与学习，切实增强了学生的反诈意识，减少了反诈事件的发生。

在开展“四化”革新以来，高校警务站坚持实践落实新时代“枫桥经验”，坚持数字化改革，坚持党建统领，打造成全面构建高校新安全格局的坚强堡垒，推动构建集防范、打击、服务职能于一体的综合指挥平台，使校警共建、护校安园的工作水平得到进一步提升。

三、案例分析与思考

（一）理论框架

1. 理论诠释

“枫桥经验”在不断发展的过程中，形成了具有鲜明时代特色的“党政动手，依靠群众，预防纠纷，化解矛盾，维护稳定，促进发展”的枫桥新经验，成为新时期把党的群众路线坚持好、贯彻好的典范。

为更好地实践“枫桥经验”的创造性发展，提高服务人民的治理水平，绍兴公安部门陆续打造2 000多个“四化”警务站。以数字化改革为契机，将治理末端向警务站（室）延伸，推动全市2 021个警务室、20个联勤警务站开展“数字化、可视化、规范化、常态化”的“四化”建设，践行“三能”要求，创新治理模式。绍兴“四化”警务站整合多警种、多部门、多团体的力量，实现问题联治、风险联防、平安联创，并通过数字化赋能，大大提升了治理效能。同时，城区“三警融合”、农村“交所合一”等一系列改革措施和“云帮办”“安心码”等一大批数字化应用应运而生。

绍兴“四化”警务站的革新采取党建引领下的自治、法治、德治“三治融合”，通过人防、物防、技防、心防“四防并举”，以实现人民利益为价值导向，坚持人民主体，共建共享平安辖地，通过警社联合、协同共治的创新路径不断实践丰富新时代“枫桥经验”的内涵（见图3－3）。

2. 理论基础

（1）党建引领

党的十九大突出强调了党的建设这个新的伟大工程在“四个伟大”中的决定性作用，明确要求推进伟大工程要结合伟大斗争、伟大事业、伟大梦想的实践来进行，并结合我国经济已进入高质量发展阶段的新实际，在新时代党的建设总要求中鲜明提出“不断提高党的建设质量”的新要求。

高质量发展是高质量党建的内在要求，同时也通过高质量党建为高质量发展提供发展新动能。这一要求明确指出了要将党建作为着力点，开展建设党建引领新方式，将高质量发展的要求贯彻落实到党建的全过程和各方面。

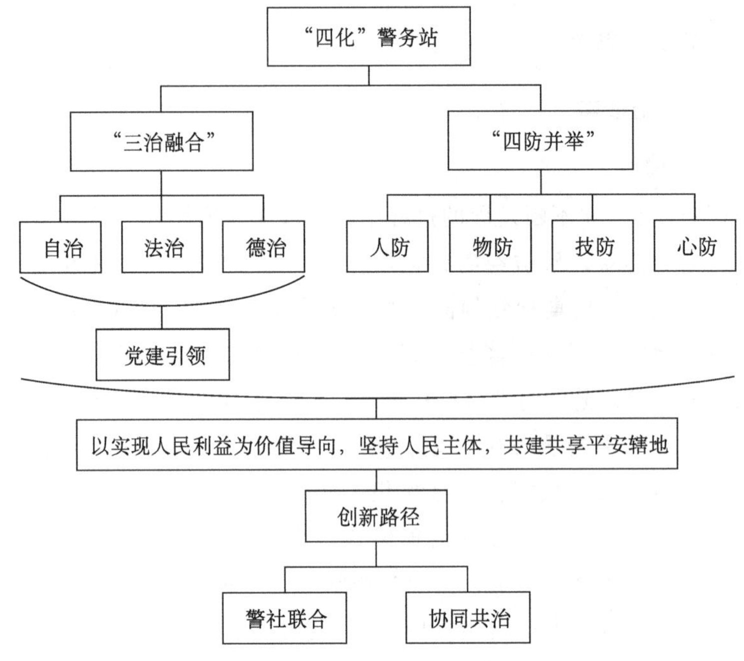

图 3－3 党建引领下的"三治""四防"

习近平总书记强调，要把加强基层党的建设、巩固党的执政基础作为贯穿社会治理和基层建设的一条红线。基层作为国家治理的最末端、服务群众的最前沿，是国家治理的基础和重心。基层治理必须始终强化党建引领，确保基层治理保持正确方向。

绍兴"四化"警务站在革新过程中，始终坚持贯彻党建引领，在坚持和发展新时代"枫桥经验"的基础上，根据各管辖区要求并结合当地发展特点和实际情况，多方助力共建党建引领模式。在加强党建引领的基础上，"四化"警务站坚持以党建促队建，以党务促警务。警务站成立的党支部负责统筹协调警务站勤务工作，丰富支部活动，激发党员活力。同时，按照"党建统领、多元共建、双向融入、协同治理"的共建共治模式要求，各"四化"警务站依托党员服务中心平台，整合服务资源，拓宽共建渠道，统筹各方力量，深入推进支部共建工作，全力提升警务站建设实效，将党的领导贯彻落实到警务站工作的方方面面。

（2）民主参与理论

民主参与理论是关注公众参与政治和决策过程的理论，其强调公民在公共事务中的参与和决策权，以实现公共决策的合法性、可接受性和可持续性。其认为公众应该有权参与决策过程，并通过信息透明、参与决策和规划、社区参与和合作等方式发挥积极作用。

该理论以公民对行政过程的参与而著称，极力主张公民应该积极参与并且真正参与公共事务，强调以公民为导向，强调公民参与的重要性。政府的根本目的是为公民创造公共利益，谋取公共福利，因此，必须坚持以公民为导向，坚持以人为本的思想，这是推动民主社会发展的必然手段。

该理念与绍兴“四化”警务站建设的人民主体观念不谋而合，绍兴“四化”警务站建设坚持以新时代“枫桥经验”为导向，坚持贯彻多元主体参与，为解决人民日益增长的安全生活需要，践行新时代“枫桥经验”，通过开展警社联合，协同社会多方力量，开创警务站“绍兴模式”，坚持以人为本观念，实现“矛盾不上交、平安不出事、服务不缺位”。

在本案例中，民主参与理论用于分析绍兴“四化”警务站关于人民主体的改进模式及警社联合方式下对于新时代“枫桥经验”的实践新路径。

（3）大平安观

大平安观是一种治国理念和安全观，强调以人民安全为中心，全面推进平安中国建设，其核心理念是以人民安全为中心。这意味着国家的一切安全工作都应该以人民的安全需求和利益为出发点和落脚点。习近平总书记强调，人民安全是国家安全的基石。人民安全感是国家安全的重要体现。因此，政府和社会各界应该共同努力，为人民提供安全、稳定、和谐的社会环境。

在大平安观中，着重强调了全面推进平安中国建设的重要性。平安中国建设是一个系统工程，需要全社会共同参与、共同维护安全，在此基础上，政府要加强领导和组织，各级政府要加强协同合作，社会各界要积极参与，形成共建共治共享的社会治安格局。

大平安观更强调了加强国家安全意识和能力的重要性。国家安全是国家发展的重要基石，必须高度重视，国家安全工作应具备全面性、系统性和协同性，要加强国家安全法治建设，提高国家安全能力和水平，确保国家安全的全面稳定。

绍兴“四化”警务站建设过程中，始终将人民安全作为核心目标，通过联合社会平安类组织、组建警社联合平台等模式，贯彻大平安观，合力促成社会共治平台，拓宽警务解决渠道，提升警情解决效率，共建平安辖区，践行新时代“枫桥经验”核心内涵，警民联合共建新型社会治安格局，将“平安不出事”落到实处。

在本案例中，大平安观用于分析新时代“枫桥经验”引领下产生的“四化”警务站在推动平安中国建设要求方面的实践。

（4）协同治理理论

社会治理过程中，各行动主体之间如果形成紧密配合的协作关系与相互支持的合作行动，将会健康有效、可持续地推动社会治理朝着更为满意的方向去发展。我国当前社会中出现的种种问题，正是缺乏不同主体之间的协同的表现。在社会矛盾的突出点上，在社会资源稀缺的领域，在人民群众满意度不高的方面，迫切需要各方主体在政策方针指导下的着力实践。

社会治理共同体建设是中国社会治理创新的重大举措，其关键之举在于动员各方面的力量，汇聚起社会治理多元协同的合力。绍兴“四化”警务站在革新过程中，深入群众、沉入基层，联合社会组织开展合作，实现人民共治共享发展成果，共同践行社会治安新模式。

在本案例中，协同治理理论用于分析在警社联合模式下绍兴“四化”对于新时代“枫桥经验”的路径探索。

（5）社会学控制理论

社会学控制理论是一种解释社会行为的理论，它主要关注社会如何通过各种机制和制度来控制和规范个体的行为。社会学控制理论认为，社会控制是维持社会秩序和稳定的重要因素，它通过社会化、规范、制度等方式对个体进行约束和引导。

在管理转向治理的过程中，社会学控制理论认为规范化带来社会秩序，解决集体行动中个人越轨困境的方式，用信任、规范和网络等社会组织的特征搭建起人与人之间所结成的社会网络联系，构建信任与互惠合作的社会关系，是群体内化自己的道德观念，并通过外在控制使因信任、合作、互惠而建立起来的社会网络联系得到有效管理。

社会学控制理论强调社会化对个体行为的影响，而“四化”警务站强调社区居民的参与和自治。社会学控制理论通过社会化的方式，引导和影响社区居民的行为，促进社区的和谐稳定。社会学控制理论通过制定和执行规范，对个体行为进行约束和规范，“四化”警务站通过加强法律宣传和教育，内化群众的道德观念，增强其法律意识，促进社区居民自觉遵守法律规范。

在“四化”警务站发展过程中，充分运用社会学控制理论，采用联勤联动、警社联合等方式在群众间构建起信任、合作、互惠的社会网络关系，形成共同利益群体，推动各社会组织共同遵循一定的规范和制度，形成规范化治理，从而达到治理效能的最大化。

在本案例中，社会学控制理论用于分析“四化”警务站联勤联动在构建和谐社会中的推进作用。

3. 分析框架

在本案例中，党建、民主、大平安观作为新时代“枫桥经验”发展的三个立足点，通过“四化”不断丰富“枫桥经验”的实践路径，故此，党建引领、民主参与理论、大平安观、协同治理理论为本次案例分析的核心理论。同时，社会综治力量黏合度不高、公共服务响应能力不足、警力专业化建设不完善等作为现实因素，要求警务站根据党对社会治理的领导和要求，不断革新自身，创新实践的方式。“基层群众自治”是我国政治社会治理路线的重要元素，警务站作为负责直接管理地区的“基本点”，需要通过各种形式，加强和重视群众的作用，协同治理理论对公安、社会组织产生了一定的影响作用，引导其进行合作与改革，丰富新时代“枫桥经验”的实践基础与理论可行性。参与绍兴市“四化”警务站改革的各个警务站、平安类社会组织、社区、企业、高校作为实践新时代“枫桥经验”的直接参与主体，在其中发挥着重要作用。在各主体的共同作用下准确把握新时代“枫桥经验”的发展方向，顺应高质量发展的时代背景，相互影响、相互促进，通过警社联合、协同共治的创新路径不断提高警务站建设过程中的专业化与智能化水平，在大平安观的指引下筑牢平安绍兴基层治理线，不断实践丰富新时代“枫桥经验”的内涵，加强和创新社会治理模式。

绍兴市“四化”警务站的革新以新时代“枫桥经验”为核心，以党建引领、民主参与理论、大平安观、协同治理理论、社会学控制理论为理论导向，联合社会组织、企业等社会力量，不断寻找推进自治、法治、德治“三治融合”，实现人防、物防、技防、心防“四防并举”。我们依据本案例的核心理论，从新时代“枫桥经验”丰富内涵出发，探寻绍兴市“四化”警务站发展至今的可持续措施，并通过理论分析提出优化路径。

（二）基于新时代“枫桥经验”核心内涵的绍兴警务站治理

1. 矛盾不上交：联勤联办助共治

（1）理论适配

习近平总书记在2019年全国公安工作会议上的讲话中指出：“要坚持打防结合、整体防控，专群结合、群防群治，把‘枫桥经验’坚持好、发展好，把党的群众路线坚持好、贯彻好，充分发动群众、组织群众、依靠群众，推进基层社会治理创新，努力建设更高水平的平安中国。”为了充分贯彻这一精神指示，绍兴市积极探寻警务站与基层社会组织联防共治、共同协作、造福百姓的道路。

协同治理体现了“共治共建共享”的现代化治理理念，在协同治理空间内，所有治理主体以协商互动的形式确定集体行动方案，通过凝聚共识实现了对现有治理文化、治理制度和治理价值的一致认同。治理主体在认同与参与的过程中，已成为社会治理体制创新的积极拥护者和参与者，以一种凝聚性的治理力量推进了治理现代化的进程，形成协同共治的局面。

绍兴“四化”警务站在执勤过程中联合社会各平安类组织开展警社联合治理模式，将矛盾化解在萌芽状态，贯彻了新时代“枫桥经验”中矛盾不上交的核心内涵，与协同治理理论高度契合，是对协同治理理论的深刻实践。

同时，在高校警务站建设中，绍兴市深化“四共五双”融合机制保畅通，为提升师生获得感，出台了高校党建与属地党建深度融合工作方案。绍兴市内各个高校多措并举推动校地双向共建、共享、共商、共育，积极探寻高校和地方的链接点、同频点，全面打通党建引领校地共促共赢通道。12所在绍高校以深化校地党建融合为契机，坚持和发展新时代“枫桥经验”，整合高校保卫处、辖区派出所、教育部门等的多方资源全面开展高校警务站建设。

绍兴以“枫桥经验”为代表，注重社会治理的整体性和综合性。“枫桥经验”强调警察机关与社会各界的合作，通过警社联合，共同解决社会问题，推动社会的和谐稳定。

“四化”警务站践行的警社联合治理模式倡导警察机关与社会各界共同参与、协同共治，共同解决社会治安问题。而协同治理理论强调多元共治——协同治理的参与行为主体是治理空间内的政府、企业、第三方机构、媒体、公民个人等。它着眼于维护最广大人民的根本利益，让更多的利益相关者参与到公共事务的治理中来。

警社联合治理及高校警务站建设对理论的适配性体现在各个部门之间的协同合作——协同治理理论要求在协同治理过程中各方行动主体要形成紧密配合的协作关系与互相支持的合作行动。

在协同治理理论的指导下，联合治理可以建立起警察机关与高校、社区居民、社区组织之间的信任和合作关系，通过协同行动解决社区面临的问题和挑战。通过维护社会稳定、保障公平正义、提供安全保障和加强社会治理等方面的合作，为高质量发展提供良好的环境和条件。警察机关与社会各界的合作，共同推动社会的和谐稳定和经济的高质量发展。

社会学控制理论注重社会组织和社会关系对个体行为的影响。“四化”警务站作为一种社会组织形式，强调社区居民的参与和自治，与社会学控制理论的关注点相契合。

社会学控制理论为四化警务站提供了一种思路和理论指导，在发展过程中，“四化”警务站通过数字化和智能化技术的应用，更好地了解社会的需求和问题，充分运用社会学控制理论，联勤联动通过专业化的警务人员与社区居民建立起密切的社会网络联系和互动，从而有效地进行社会控制和犯罪预防工作，维护共同利益，促进社区的和谐稳定，从而达到治理效能的最大化。

（2）发展革新

“四化”是“枫桥式”警务站构建过程中的一个重要表现形式，但警务站在改革过程中又引入了新时代“枫桥经验”作为理论支撑，坚持以人民为中心打造治理新格局，将人民融入社会治理的每一个过程中去。在“四化”警务站建设的过程中，又更加注重人民的参与度，以真正实现人民为主体的治理目标，为基层治理增添发展新动力。

第一，警务站合作引入社会组织，共治共享实现人民主体。

“小事不出小区、大事不出社区、服务不留盲区”是社区类警务站在基层治理过程中始终遵循的目标与准则，如何保证小事都在辖地内解决，合理运用平安类社会组织是“四化”警务站建设过程中的一个重要部分。但社会组织发展不够均衡这一现象严重制约了平安类社会组织的发展，各级各类社会组织发展不均衡的现象突出，导致专业人才队伍不稳定，工作人员大多是兼职或是志愿者，难以吸引专业的高水平人才，影响社会组织在承接政府职能等方面的效能发挥。

平安类社会组织在“四化”警务站中的合理运用能够充分激发人民的自豪感与责任感，能极大地提高行政效率，有助于构建基层治理新格局。为了将群众“共治”这一目标落到实处，各地警务站都在内容与形式上作了突破。以诸暨市公安局陶朱派出所未来城联勤警务站为例，为了充分发挥人民的作用，陶朱派出所广泛培育新城义警、惠民救援队、陶朱物联会、小区支部委员会等平安类社会组织，并将其入驻警务站。数据统计，自从这些平安类社会组织入驻警务站以来，已联合参与平安劝导 48 次、反诈宣传 89 次，摸排上报并联合化解风险隐患 120 余起。

在平安类社会组织的协助下，警务站真正做到了“小事不出小区、大事不出社区、服务不留盲区”，极大程度地满足了基层百姓对于社会治理的需要，也为“四化”警务站的继续发展指明了前进的方向。警民联合是绍兴公安坚持发展新时代“枫桥经验”的创新实践，也通过此类形式来推进警务站的“枫桥式”建设，不断为警务站的改革发展增添新生动力。

第二，警务站加快建设警校联合，师生问题落实就地解决。

高校警务站作为警务站入驻校园的一种新型表现形式，其目的是在高校内实行更加便捷有效的治理，就地为学生提供更为便利的服务。相较于辖地类警务站与商圈类警务站，高校警务站更多地注重于日常功能的实用性与便利性，如办理身份证、查找监控画面、户籍迁移等。在建设过程中，高校警务站也更善于利用警务站公安网络来保证学生的人身与财产安全，在校内解决师生问题。

从校内服务来看，绍兴 S 学院警务站在绍兴市、区两级公安和市教育局的领导下成立，已具备联合指挥、警务服务、矛盾调解、法律援助、安全宣教、技防管理等全面服务师生和保障校园安全稳定的功能，其服务内容几乎包括到学生需要的每一个角落，保障实现每一个学生的需求与利益。绍兴 Y 学院也建立了近乎完备的警务站发展体系，其实际功能包括监控设施、人脸识别、人员管控、交通事故调查、服务平台、应急演练等，涉及高校相关的各个领域，真正能做到为师生提供便利，走进师生生活中去。

绍兴 S 学院某一校区警务站建设围绕“师生为本、集约高校、服务先行”的总体思路，秉持“胆剑精神”，落实“小事不出校、矛盾不上交、平安不出事、服务不缺位”的“枫桥经验”治校要求，完善户口迁移、身份证申领换领工作以及临时身份证办理等业务，建设安全知识宣传区、监控中心和联合指挥中心，及时获取校内的不良言论信息和重大安全隐患。

高校警务站具有高度的敏锐性和反应速度，可以准确采集、快速研判、精确锁定、有效响应，在法律、安全、生活、政治等方面给予师生最大的便利。同时绍兴S学院某一校区警务站辐射三个本部校区分别对应三个辖区派出所，在“警校联动”的模式下报案的信息可以得到及时的反馈和解决。

绍兴S学院某一校区警务站依托党员服务中心平台，整合服务资源，拓宽服务渠道，采用支部共建并充分按照“最多跑一次”改革要求整合优化业务流程，做到让师生足不出校就能办理30余项业务。同时，不断整合工作力量，细化工作职责，完善工作机制，全力提升警务站的工作效能，将警务站打造成校地联动、警校合作的模式，是提高师生获得感、幸福感的真实案例。

在新时代“枫桥经验”引领下，高校警务站坚持贯彻落实“小事不出校、矛盾不上交、平安不出事、服务不缺位”理念，联合社会各组织及公安部门开展一系列保障校园安全的活动建设，深刻展现协同治理理论的内涵，也为“枫桥式”警务站提供了一个行之有效的范本。

第三，警务站加快健全保障机制，社会治理之路畅通无阻。

“枫桥式”警务站建设从社会治理的环境和条件出发，其保障机制还不够健全，具体表现为以下三个方面。一是警务站建设受束缚制约较多，建设动力不足。在现有体制下，政府部门将社会组织当作下属职能部门，在运行机制、激励机制、资源配置上制约了社会组织的创新发展。社会组织过度依赖政府支持，缺乏独立性与主动性。二是社会组织大多具有公益性与无偿性，政府部门难以保证社会组织的利益，导致社会组织发展难、发展慢的问题。三是社会组织的目标通常都是为他人进行志愿服务，自身利益得不到重视，政府部门对社会组织成员的生活状态关注度不高。

在警务站建设初期，部分平安类社会组织管理运行能力较差，无法充分发挥其在社会治理方面的职能。针对这一情况，迪荡商圈联勤警务站依托线下“四个平台”实现闭环处置，并通过平台派单至社区网络，整合落实网格内社区力量，志愿者积极参与基层治理工作，对于矛盾纠纷实行三色分类处置，确保任一纠纷得到后续销号式推进，最后由“物联团队”“义警团队”“社区团队”“部门团队”强化工作协同性。通过深化物联协会建设，重点突出“企业自治＋联合联创”模式，把社区物联做成城市商圈物业管理的样板。

（3）路径优化

第一，确定改革基调，建立多元参与机制。

“枫桥式”警务站建设不仅要做到矛盾不出社区，让问题在基层解决，更要注重人民群众在基层治理中的作用发挥。人民作为基层治理的主体，其对于政策的知情度、配合度、认可度直接决定着警务站工作效率。将人民、平安类社会组织引入基层治理的过程中，不仅能够增强人民的社会责任感与使命感，更能极大程度地提高社会认可度，进而推进每一项基层工作落地实施。

“四化”警务站为实现警社联合治理，建立起多元参与的基层工作机制，这其中包括政府、社区居民、企业、非政府组织等各方的参与和合作。通过设立社区治理委员会或类似的机构，吸纳各方代表参与决策和执行，确保各方利益得到平衡。多种措施联合执行，共同推进警务站发展新可能。

第二，加强信息共享，推动智慧警务建设。

“信息化”是当今时代的一个重要特征，当便捷高效的通信方式逐渐取代了原始的文字、短信沟通时，大数据在“四化”警务站中的合理运用也逐渐成形。在公安初始运作时期，依靠电话、短信出警是最基本的执勤形式，而警务站作为公安的一种表现形式，在行程中就已经带上大数据的色彩。以其更精简的组织结构与更微小的社会服务来推进基层治理的有效运行。如今，随着互联网大数据进一步发展，警务站“四化”过程中融入更高智能的科技，运用特殊的网络信息共享平台进一步推进基层治理的高效性。

“枫桥式”警务站在建设与发展过程中注重与社会各界加强信息共享，更好地进行协同合作，建立起快速高效的沟通机制。通过共享信息，警务站在基层治理过程中能够更加准确地了解社会治安形势和问题，及时采取措施进行预防和打击，为高质量发展提供安全保障。同时，警务站更借助现代科技手段来推动智慧警务建设，提升警务工作的效率和质量。通过建立智慧警务平台，可以实现信息的快速传递和共享，提高警务工作的响应速度和处理能力，为高质量发展提供有力支持。

第三，健全治理机制，实现社区基层发展。

辖区治理的情况在很大程度上决定着警务站的主要工作内容，在警务站建设的初期，制度不健全、工作内容无法完全落实等情况仍然是警务站频频出现的问题。从总体趋势来说，警务站作为公安在派出所涉及较少区域设立的辖区治理点，“枫桥式”改革方向会更加注重工作效率的提高与基层问题的解决，通过健全各项机制体制来推动基层治理的更好落实。

“四化”警务站与社区居民、志愿者等社会力量合作，进一步加强了社区治理和基层建设，同时通过建立健全的社区治理机制，加强了社区巡逻和安全防范职能，提升社区居民的安全感和满意度，为高质量发展提供稳定的社会环境。一方面，高校警务站建设要不断发现问题、解决问题，要为广大学生提供更为便利的服务，坚持整合校内资源、引入校外资源、拓宽服务渠道、提高服务效能、开拓服务领域，在生活、文化、安全等方面给广大学生提供更为全面具体的服务；另一方面，警社联合也要通过维护社会稳定、保障公平正义、提供安全保障和加强社会治理等方面的合作，为社会发展提供良好的基层治理环境和条件，共同推动社会的和谐稳定和经济的高质量发展。

2. 平安不出事：多方聚力保平安

（1）理论适配

大平安观包括了社会治安综合治理、法治建设、公共安全体系建设等方面。“四化”警务站作为其中的一种实现途径，对于推进平安中国建设有着重要作用。在“四化”警务站建设过程中，要坚持把党建引领贯穿到平安绍兴建设的各方位和全过程，有效整合资源力量，推动形成共建共治共享的社会建设新格局。

“四化”警务站建设过程中坚持以人民为主体，合力促成社会共治平台，拓宽警务解决渠道，提高警情解决效率，共建平安辖区，警民联合共建新型社会治安格局，这与大平安观以人民安全为中心，全面推进平安中国建设的理念相契合。同时党建引领、协同治理等理论指导强调要坚持综合治理，形成共建共治共享的社会治安格局，这需要各级政府、公安机关、社会组织和广大市民共同参与，形成社会共治的合力，共同维护社会安全。

大平安观注重人民群众的安全感和满意度的提升。“四化”警务站的建设通过提供更加便捷、高效的服务，满足人民群众的安全需求。通过数字化、可视化的深入建设，警务站可以更好地掌握社会治安状况，及时预警和应对各类安全风险，提高人民群众的安全感。

除此之外，“四化”警务站的建设也符合习近平总书记提出的推动平安中国建设的要求。数字化、可视化、规范化和常态化的警务工作可以提高警务部门的工作效率和警务人员的反应速度，加强与社会各界的合作和协同，形成共建共治共享的社会治安格局。

2019 年习近平总书记在全国公安工作会议上强调，要坚持打防结合、整体防控，专群结合、群防群治，把“枫桥经验”坚持好、发展好，把党的群众路线坚持好、贯彻好，充分发动群众、组织群众、依靠群众，推进基层社会治理创新，努力建设更高水平的平安中国。

对此，绍兴“四化”警务站在新时代“枫桥经验”的指导下，遵循大平安理念，敢为人先，通过不断深化新时代“枫桥经验”发展经验，依靠群众力量，以“枫桥式”系列创建为起点，创新现代警务模式建设，在更高的起点上全面推进中国式公安现代化，积累宝贵经验。警务站从实践中不断改写和完善现代警务模式，为实现公安现代化提供有力支撑，也为绍兴的社会治安走向高质量发展道路作出巨大贡献。这不仅符合绍兴的实际情况，也为其他地区提出了可供借鉴的经验和模式。

（2）发展革新

第一，明确建立思路，推进体系建设。

公安作为“枫桥经验”的诞生点，始终把“枫桥经验”作为革新的着力点，随着我国进入发展新阶段，警务站作为新时期公安在探索基层治理方面的重要环节，在保障民生、维持社会安定、稳定推动经济持续发展方面发挥着重要作用。绍兴市着力推动“四化”警务站建设，不断探索基层治理新格局。随着现代社会经济与科技的高质量发展，绍兴在社会治安的现代化治理领域不断开拓创新，把警务站作为社会治理与群众间更好沟通的桥梁，以实现贯通城市这一“有机体”与“生命体”，依托高质量发展助力实现基层治理创新发展的目标。

走进“四化”警务站，我们可以清楚地观察到警务站内部大数据与人工智能的巧妙结合，了解到新时代“枫桥经验”在这里的传承与发扬，更加真实地体会到基层治理的便捷性与高效性。在以人民安全为中心的大平安观的指引下，两千多个警务站看似把绍兴分为大小不一的地块，却以“共治”“党建”与“大数据”这几个关键点将众多地块构建为蛛网一般的稳定结构，并赋予城市以发展的新动力，不断推进基层治理的进一步发展，增强人民群众的获得感、幸福感、安全感。

新时代“枫桥经验”、群众共治、党建引领等都是“四化”警务站建立的明确思路，在这一精神的指引下，警务站不断完善自身服务功能，为基层治理提供更多新可能，在体系完善的过程中践行自身职责，共筑平安绍兴。

第二，坚持人民主体，完善服务模式。

“枫桥经验”诞生至今已过60多年，推动新时代“枫桥经验”的发展更是党中央的重要指示。为推进这一指示的更好落实，也为营造安全稳定的社会政治环境，绍兴市公安不断推进法制工作，以群众共治参与治安管理的各阶段与全过程，不断探索治理新格局，推动法制、共治工作迈上新台阶，开辟以党建促队建、群众共治的数字化改革新格局，汇聚基层治理内生动力。“四化”警务站在构建过程中，又与时俱进融入新时代“枫桥经验”的重要内容，更加注重于激发群众的内生动力，由“管理”走向“共治”，在大平安观的指引下发展因地制宜的共治模式，并在日常运行过程中引入党建支持，贯彻了党中央对于新时代“枫桥经验”发展要求的指示，更以自身力量由“点”到“线”实现基层群众的更好治理。

“四化”警务站作为公安机关治安防控体系建设中的一部分，在近几年的发展中逐渐拓展与完善，在运作过程中仍坚持“以人民安全为中心”的理念，在辖区管理方面则具有了更多的速度优势。“枫桥式”警务站在创建过程中，坚持以人民安全为中心，以协同治理的发展模式推动“枫桥式”警务站的发展。

第三，维护社会治安，预警安全风险。

绍兴“四化”警务站始终贯彻以人民安全为中心，全面推进平安中国建设的理念，将科技与基层治理相结合，深化科技创新成果，做到了维护社会治安与科技成果的深度融合，为百姓办好一件又一件生活事。“四化”警务站始终坚持“科技兴警”，以智治引领科技赋能，着手于数据运用，树立“互联网+警务工作”的思维，搭建系统平台，提高预警效能，增强民众的安全感、幸福感。

以迪荡商圈联勤警务站为例，迪荡商圈警务站运用“线上平台+线下平台”相结合的模式，线上依托智慧处警、智慧城管等平台，线下运用社区力量通过平台派单至社区网络，两者相辅相成，实现闭环处理，切实降低了安全隐患发生的可能性。

（3）路径优化

第一，警务入驻辖区，提供平安指引。

从“进社区”到“下社区”，“四化”警务站的设立极大便利了日常工作的开展，即为群众提供了更多更好的服务，也能及时将基层问题“早发现早解决”，从根源上更好地维护社会平安，共筑基层平安线。在建设与发展的过程中贯彻为人民服务的宗旨，提高基层治理的有序性与稳定性。在实际运作过程中，各警务站根据其管辖的地理环境、管辖范围等因素，不同程度地与群众及社会各方力量进行协调合作，深化共治理念，群策群力为治理和谐社会、维护群众安全共同贡献力量。

在未来，“四化”警务站也需要继续延续优良作风，做好将警力下沉到基层，切实解决群众的忧心事。在运作过程中，也要注重理论联系实际、理论运用于实际，以实际行动代替纸上谈兵，真正为群众提供更多更好的平安指引，在大平安观的指引下恪守“四化”警务站守护辖区、保障人民利益的职责。

第二，深入基层治理，共筑平安绍兴。

安邦治国重在基层。习近平总书记强调，要加强和创新基层社会治理，使每个社会细胞都健康活跃，将矛盾纠纷化解在基层，将和谐稳定创建在基层。警务站作为负责直接管理地区的“基本点”，则更加需要重视和加强群众的力量，通过各种形式来推动基层治理的更好进行。

绍兴公安“四化”建设是“枫桥式”系列创建的“桥头堡”。新时代“枫桥经验”要求公安机关自觉转变警务观念，自觉树立大数据工作思维，把数据意识转化到自身开展警务工作的思维模式中。在警务站建设过程中，要将警务融入社区，有效整合各种力量，实现力量互补、警务协作、效能提升；在基层治理的实践中，要坚持大平安观精神指引，为平安绍兴建设添砖加瓦，使“四化”警务站与社会大众共同筑牢基层治理基本线，构建更加完善的基层治理体系。

3. 服务不缺位：党建引领促发展

（1）理论适配

民主参与理论与绍兴“四化”警务站党建引领中“公众共谋身边事”

这一理念高度契合。民主参与理论以不断满足社会公众的需求为目标，以谋取公共福利为旨意，最终实现在党的领导下让公民真正参与到公共治理中去。绍兴“四化”警务站建设由此出发，紧跟时代号召，创新开启“枫桥式”系列创建，将“党建”“共治”等因素紧密融入基层建设与管理中，在坚持以民为本观念的同时，与时俱进推动发展新时代“枫桥经验”，为城市基层治理增添了新生动力。

民主参与理论强调政府与公民之间的互动和合作，而党建引领可以作为政府与公众间的桥梁，加强两者间的黏合度，做到对上疏通民意，对下更好地传达政策旨意，从而实现党组织与公民的共参与、共合作和共决策，构建行之有效的基层治理体系。“四化”警务站在基层治理中也起到一个关键性的桥梁作用，成为公安与群众之间的沟通方式。随着时代的更迭与继承发展新时代“枫桥经验”的需要，警务站的成立改变了公安单一的执行模式，以更加亲民、便捷的方式打开公安治理新格局，开拓公安执行新路径。

与此同时，绍兴公安更加注重党在群众基层治理中的协助作用，在“四化”警务站的创立与发展的过程中，也着重强调公民参与度。在社会治理过程中，党组织始终与公众形成紧密配合的协作关系，进一步提高基层管理与治理效率，创造更加和谐的社会环境，致力于提供更加完善的基层服务，最终实现“矛盾不上交、平安不出事、服务不缺位”的美好愿景，这也是社会协同理论在基层治理中的更好运用。

此外，习近平总书记就加强和创新社会治理作出过重要指示，强调要完善中国特色社会主义社会治理体系，要更加注重民主法治、科技创新，提高社会治理社会化、法治化、智能化、专业化水平。“四化”警务站紧跟党的指示，在建设过程中更加注重党建引领，部分警务站开设党建专门板块，同时遵循党对社会治理的领导和要求，顺应高质量发展的时代背景，在基层治理中注重科技运用，通过大数据、人工智能板块的协助，将治理落实到社会的每一个角落，力求创新更加高效、和谐的基层治理模式，不断提高警务站建设过程中的专业化与智能化水平。

近年来，绍兴各地“四化”警务站的建设纷纷落地，这是公安对于更加高效与公平的基层治理的不懈追求，更将党的指示落到实处，在创新发展的过程中通过维系群众打通基层治理之路，在继承与发展新时代“枫桥经验”的过程中实现基层治理全面、系统的升级之路。同时，通过践行坚持党的领导指示，确保党的领导在警务工作中得到有效贯彻，党的路线方针政策得到切实落实，也为维护社会治安、保障人民安全提供了有力的政治保证。以下将从警务站历史沿革出发，通过存在的问题探究其内部的发展革新，在发展方式优化的过程中探寻新时代“枫桥经验”发展的更多动力。

（2）发展革新

绍兴公安积极响应党中央的指示和号召，针对前期警务站存在的问题与缺陷，结合具体实际进行了进一步的改进与更新，在组建形式及运作系统上都有了较为显著的变化，既落实了基层治理的有效性，又将“四化”警务站的作用真正落到实处。在理论与实际的具体结合中，各地“四化”警务站更因地制宜开拓新模式，切实提高了工作效率，依托新时代“枫桥经验”为警务站的进一步发展奠定了坚实的基础。

第一，合理划分警力配置，党建引领打造和谐社会。

“四化”警务站强调数字化、可视化、规范化、常态化建设的基本要求，牢牢遵循党中央和省市关于城乡社区工作建设要求的宗旨，随着“四化”建设的进一步开展，警务站模式逐步向规范化靠拢，不仅着力于提高干警的职业素养与工作执行能力，对于各项资源进行合理的分配整合，更坚持“以党建促队建”，确保“四化”警务站的政治可行性与思想正确性。以本次研究对象之一的诸暨市公安局陶朱派出所未来城联勤警务站为例，面对错综复杂的社会难题，警务站推行警种联动、部门联勤、社会联体的“三联模式”，将警务融入社区，有效整合各项力量，实现多方互补，加强警务协作，进一步提升警务站工作效能。

除此之外，诸暨市公安局浣东派出所万风广场联勤警务站、新昌县公安局城西派出所大佛寺联勤警务站等多个警务站都成立了相应的党支部，以党建促队建，在基层治理的过程中充分融入党性思想，为警务站提供正确的方向指引。同时通过党支部推动警务站的创新思想，使警务站能够融入多方力量，更好地形成警务共同体，在基层治理中持续发挥良好的作用。

坚持和发展好新时代“枫桥经验”是我们党一贯以来的追求和目标，也是推动基层治理向前发展的理论支撑，如今我国进入发展新阶段，社会环境错综复杂，社会矛盾更加棘手，而各类社会群体的呼声也更为强烈。“四化”警务站遵守党建引领，整合多方力量推动城乡社区建设工作的发展，既顺应了时代潮流，更增强了为人民服务的可行性，在基层治理中发挥着越来越重要的作用。

第二，积极探索共治合作，联动群众推动平安治理。

人民群众是基层治理的重要主体，在“四化”警务站的创建与发展过程中发挥着越来越重要的作用。新时代“枫桥经验”中更强调公民在基层治理中的重要作用，将人民群众引入基层治理中不仅能节省警力资源、合理配置各地警力，更增强了群众的集体荣誉感与责任感，在创建和谐社会的过程中，不断提高警务站的工作效率与任务的完成度。

绍兴“四化”警务站致力于打造为民“枫警线”，以新时代“枫桥经验”为起点，在尊重历史与现实的基础上推进实践探索与理论创新，一改“公安”在群众心中的刻板印象，以“警”为民，做好利民便民的每一件小事，将群众意见落到实处，通过村嫂反诈队、“警景联盟”、基础网格员队伍等形式带动群众参与到基层治理的过程中去，更加方便、高效、快捷地解决群众纠纷、安全等问题。

如今，随着“四化”警务站的发展逐步加深，“警务站”逐渐走向社会，走进群众日常的每一件小事中去。在党建引领下，“四化”警务站因地制宜，根据不同辖区范围与风土人情组织相应的社会协作，在群众共治的同时做好维护群众安全的基本线，在更加错综复杂的社会大环境中做好绍兴公安对于基层治理的基本要求，也在新时代“枫桥经验”的指引下寻找新的机遇与发展前景，建设更有利于推动社会善治的基层治理体系。

（3）路径优化

“四化”警务站的建设是绍兴公安在基层治理方面的一个崭新的突破与创新，也是继承与发展新时代“枫桥经验”的必由之路。在高质量发展的背景下，纵观绍兴警务站“四化”之路，不难发现，在革新的过程中，警务站沿着一条改革路线，由点到线、由线到面地进行了整体更新，更加顺应时代的需求，逐步构建起基层治理的完整体系。

第一，找准基本点，确定革新基调。

绍兴作为一个历史文化古城，地大物博，其特殊的地势结构造就了现今城乡的分布格局，而城乡之间又划分为多个社区与村落，复杂的组成结构为实施简便有效的基层治理带来了难题。绍兴公安立足历史与现实，纵横规划绍兴这片偌大的地区，设置2 000多个“四化”警务站，将警力下沉到村落、社区的最基层。在基层，以党建为基本同群众一起积极参与公共治理。这不但改变公安最初的工作形式，而且起到更加关注起群众的日常需求的作用，将每一个“点”的作用都发挥到极致，用警务站来守护一方地区与群众的平安。

第二，连接基本线，衍生发展动力。

“四化”警务站的成功落地与运行不仅归功于点位的分配，更得益于在发展过程中警务站与地区各个社会团体形成的合作线。为更好地落实中央与省市的指示，警务站设立党建据点，联结起“四化”警务站稳定向前的发展线，保证了警务站在运行及创新过程中的政治正确性，也给予群众以安全感和获得感。

在此基础上，“四化”警务站联结起和群众之间的合作线，让群众参与到基层治理的过程中去，正如民主参与理论中提到的“公民参与”发挥群众对于社会稳定的有益作用，在维系社会稳定的同时增强群众内心的责任感与荣誉感，更有利于宣扬良好的社会氛围。在“共治”过程中，也顺应新时代“枫桥经验”发展的需要，做好基层治理工作。

第三，形成基本面，推进理论创新。

通过点与线的结合，绍兴地区的基层治理被层层划分又联结，最终形成稳定高效、覆盖全面的城乡社区治理网络，如同蛛网一般纵横分布，为公安工作的推进带来了极大便利。在这一“基本面”形成后，警务站又同步推进技术革新，顺应时代发展潮流，顺应高质量发展的社会趋势，将人工智能、大数据等应用于日常工作中，建立起多层次、多主体、多渠道的治理网络，通过网络协调、合作和决策来解决问题，即基层治理中的民主参与理论。通过大数据构建基层治理的网络，打通多个平台之间的技术壁垒，将新兴技术运用到警务站的发展与革新中去，推进绍兴基层治理体系的初步构成。

自 2022 年至今，绍兴“四化”警务站建设格局基本形成，这是绍兴公安对于新时代“枫桥经验”的贯彻与运用，也是基层治理不断向前发展的动力与源泉。随着新时代“枫桥经验”的进一步发展，群众共治会在基层治理中发挥更为重要的作用，而警务站的“四化”建设为群众共治创立了标杆，在发挥导向作用的同时，更能不断推进共治与良治，为基层治理格局的巩固与发展提供不竭的动力源泉。

四、案例结论与总结

（一）“四化”警务站建设的启示

历史经验不只是历史的延续，未来发展也不拘泥于未来，历史经验更昭示着未来发展的方向。近年来，随着社会发展和科技进步，给社会带来了新的治安问题与挑战，也对平安社会建设提出了更高要求。新时代“枫桥经验”与警务站相结合而衍生出的“枫桥式”警务站作为一种成功的治安管理模式，得到了社会各界的广泛关注和认可。从绍兴市“四化”警务站的建设来看，党建引领、数字赋能、协同治理、人民主体等经验能为浙江省其他地区发展平安类社会组织产生借鉴价值。多种方式交互融合，同时以党建为中心，统筹组织社会力量，引领警务站的“四化”发展。通过多方协同助力发挥新时代“枫桥经验”的重要指导作用，打造为人民办实事、保障人民生活安定的新时代“枫桥式”警务站，进而形成可供全省推广的“四化”警务站建设模式，更能为全国各地基层警务工作发展提供具有可借鉴性的良好范本。

1. 深化党建引领，共建“枫桥式”新警务

党建引领是新时代“枫桥经验”的政治灵魂，反映了新时代“枫桥经验”的本质特征。“党政军民学，东西南北中，党是领导一切的”，我们应该始终坚持中国共产党的领导。绍兴市在“四化”警务站建设中坚持党建引领，发挥党组织、党员、党支部主体作用，以党建促队建，以党务促警务，统筹协调警务站工作。“四化”警务站通过挖掘党建工作深度，激发党员的先锋模范作用，并且实行“双闭环”“双监督”“双考核”等全新工作机制，调动部门工作人员的工作积极性，保障人民群众警务工作的监督权，使警务站工作人员更好地凝心聚力倾听民众心声，为民众办实事。

“枫桥式”警务站的建设，始终坚持人民主体的理念。为促进便民化治理，警务站在党建引领“三警融合”的基础上，联合各大部门进行协同合作，通过数字化的方式，快速精准收集人民群众在日常生活中遇到的困难，积极快速解决人民群众的需求，并积极编织义警网，深入群众，建设平安社区，发挥着警务站作为平安类社会组织在人民生活中的重要作用。新时代“枫桥经验”推动着党建入驻模式创新，同时开辟了以党建促队建、群众共治的数字化改革新格局，汇聚了基层治理内生动力。

因此，深化党建引领，以党建促队建的发展模式对浙江省其他地区有着借鉴意义。在警务站建设的过程中，应充分发挥党建引领的作用，通过结合新时代“枫桥经验”的理论指导，激发党员干部的先锋模范作用，提高全心全意为人民群众服务的意识，促使更多党员干部参与到基层的警务建设中，为维持社会秩序，保障人民群众平安生活，以平安绍兴经验推动平安浙江建设贡献力量。

2. 贯彻数字赋能，打造“网格化”新阵地

绍兴市在“四化”警务站建设中，数字化技术的应用使各部门联合更加紧密、合作更加方便，不仅减少人力物力投入，也使工作效率有了显著提升，促进警务人员主动了解问题，提升解决问题的及时性。为紧跟数字化改革步伐，绍兴市不断实现村域视频网络全覆盖，并且借助“浙里民情”“浙里兴村共富”等平台，使村民和志愿者及时反映需求、领取任务。通过数字智治的帮助，警务站成功实现“警力有限而民力无穷”。通过“数字智治”，也减少了警力投入，使问题得到更直接的反映，加快办事进程，让群众获得参与感，增添人民的主人翁意识。村民在实际生活中，更能体会到数字赋能参与警务站工作所带来的好处，更积极地加入基层治理的志愿队伍中，体会“共建共享”这一新时代“枫桥经验”的工作格局带来的优势。

数字赋能这一重要经验对于浙江省内警务工作效率不高的地区及部分正常秩序难以得到维护的特殊地区具有重要借鉴意义。在浙江省未来改革中，通过数字化平台，建立问题反映窗口，精准狙击群众困难，及时有效解决群众的“急难愁盼”，聚焦人民主体这一新时代“枫桥经验”的核心价值，不断实现人民的利益这一新时代“枫桥经验”的价值导向。

3. 优化协同治理，推动“共治性”新发展

为深入贯彻落实习近平总书记“把‘枫桥经验’坚持好、发展好，把党的群众路线坚持好、贯彻好”的重要指示精神，全面深入推进创建“枫桥式”公安派出所建设目标，充分依靠群众、发动群众、组织群众，推进基层社会治理创新，营造安全稳定和谐的社会环境，绍兴市“四化”警务站根据辖区特色，组织多支志愿者队伍参与到基层治理的过程中。

陶朱派出所广泛培育新城义警、惠民救援队、陶朱物联会、小区支部委员会等平安类社会组织，并让该类社会组织入驻警务站；大佛寺警务站的“警景联盟”微信群、“无警访民”以及南明先锋队、红十字救援队等平安类社会组织，“银发红袖章”、大佛寺义务消防队等社会力量积极参与辖区的巡逻防控，协助民警将巡逻防控的触角延伸至偏远景点；开元警务室村消防队、村嫂反诈队也是警民结合的典型案例。这不仅拉近了警民关系，也显示了协同治理视角下绍兴市“四化”警务站对于新时代“枫桥经验”中“服务不缺位”理念的灵活运用。

“协同治理”是“枫桥式”警务站建设中的重要内容，也是提高基层治理效率的重要路径，绍兴市“四化”警务站的建设为浙江省基层警务改革提供可借鉴的经验样板——协同治理模式不仅提高了警务站的工作效能，也增强了人们的主人翁意识。坚持和发展新时代“枫桥经验”，要健全共建共治共享的社会治理制度，畅通和规范群众诉求表达、利益协调、权益保障的通道。在警务站发展时期要积极调动民警、社区居委会、社会组织等多元社会治理主体的积极性、主动性、创造性，建设人人有责、人人尽责、人人享有的社会治理共同体，让群众享有更多的幸福感、责任感、获得感。

4. 坚持人民主体，实现“枫警线”新飞跃

社区警务站是公安机关的最前沿阵地，在维护稳定、打击犯罪、服务群众方面发挥着极为重要的作用。各相关地区派出所不断加大社区民警辖区宣传力度，提高社区治安掌控能力；各项办理业务落地警务站，为群众提供更便捷的服务——新时代“枫桥经验”向社区警务不断延伸。同时，“四化”警务站建设紧紧围绕新时代“枫桥经验”，打造“智慧型”服务警务室——未来城联勤警务站推行警种联动、部门联勤、社会联体的“三联模式”，通过落实“滴滴式”处警、反家暴联动处置机制等措施，着力解决群众“急难愁盼”；绍兴市“四化”警务站通过可视化信息平台，强化为民意识，主动“沉”入基层，贯彻落实“服务不缺位”的内涵。

治国安邦，重在基层，重在人民。在“四化”警务站建设过程中坚持和发展新时代“枫桥经验”就要坚持依靠群众，走群众路线。要坚定不移地走人民发展道路，以人民为主体凝聚起基层社会治理的强大合力，努力使“枫桥式”警务站成为凝聚人心、服务人心、化解矛盾、打造和谐的坚强战斗堡垒。以人民为主体的警务站为“枫桥式”系列创建打造好警源治理、警网协同的基层治理“桥头堡”，更为全省基层警务站建设提供了经验遵循。

（二）结论与展望：“四化”警务站在发展中迈步未来

警务站与新时代“枫桥经验”的有机结合，不仅意味着新阶段我国对于基层群众自治制度的重视，也激发了警务站模式继续向前发展的新动力。“枫桥经验”作为基层群众自治的典型案例与成功经验，为中国的基层治理提供了新思路、新方法，而“枫桥经验”在新时代中的内容革新更验证了其在实际运用中的正确性与前瞻性，这一特性与警务站有机结合，也逐步构建出绍兴公安、人民与社会之间的三条线路——“枫警线”“平安线”“基本线”。

从2022年至今，绍兴市对于“四化”警务站的构建逐步完善，在对基层进行综合治理的过程中，逐步形成党委领导、政府负责、民主协商、社会协同、公众参与、法治保障、科技支撑的社会治理体系，在社会治理中充分发挥群体的作用，重视社会监督的力量，推动构建社会基层治理的共同体。

“四化”警务站建设不仅是要求，也代表了绍兴公安在致力于深入群众方面的不懈努力，“四化”建设作为绍兴公安坚持发展新时代“枫桥经验”的创新实践，也是“枫桥式”系列创建的着力点、落脚点和突破口。从日常小事到社会矛盾，从婴幼儿到老年群体，各个警务站纵横规划，共同铸造社会“平安线”，为守护群众安全而奉献，为创建平安社会而努力，为传播党性思想而奋斗。构建维系城市、群众和党三个方面的综合基层治理体系，由点到线、由线到面共筑平安城市，共享和谐社会，不断推进新时代“枫桥经验”创新与发展。

如今，绍兴2 000多个警务站纷纷落地，在寻求发展新方向的基础上更加致力于对“共治”模式的探索。其作为“智慧公安”的组成部分，在时代发展中更加重视集体与社会的整体协调性，着力构建和谐社会，助力实现社会公平正义，在发展中不断探索新时代“枫桥经验”落地生根的新可能。

思考题

1. 绍兴“四化”警务站如何使问题在基层得到更好的解决？

2. 如何进一步推进警务站“四化”之路，打造平安社会，更好地消灭社会矛盾？

案例写作：陈金怡 陈金琦 汪 可 吕佳璐
曹楚晨 童 滢 罗艳文
指导教师：邵 青 陈伟鸿

参考文献

［1］陈有勇，林群丰．社会治理创新的“四化”意识［N］．学习时报，2017-01-23.

［2］林锦照．公共管理理论对行政管理的借鉴意义［J］．产业与科技论坛．2011（19）：249.

［3］娄峥嵘．公共管理理论在中国的适用性分析［J］．兰州大学学报．2006（02）：116—120.

［4］李图强．现代公共行政中的公民参与［M］．北京：经济管理出版社，2004：5.

［5］崔会敏．整体性治理：超越新公共管理的治理理论［J］．辽宁行政学院学报，2011（07）：20—22.

［6］边飞飞．汇聚多元社会治理主体协同合力［N/OL］．（2023-05-17）［2023-07-07］．https：//www. cssn. cn/skgz/bwyc/202305/t20230517_5638481. shtml.

［7］曹海军．论基层治理网络化的四个着力点［J］．理论探索，2021（03）：11—15.

［8］董少平，何宏斌．“街面警务站”治理理念偏误的反思及其消解［J］．湖北警官学院学报，2020（06）：141—150.

［9］马玉生．打好新形势下维稳主动仗：深入学习习近平同志关于维护社会大局稳定的重要论述［N］．人民日报，2017-01-13.

［10］唐皇风．社会转型与组织化调控：中国社会治安综合治理网络研究［M］．武汉：武汉大学出版社，2008：328—329.

［11］储建国，陈刚．政治有机体视角下的政治健康度指标体系构建［J］.比较政治学研究，2019（01）：30—49.

［12］彭知辉．论警务决策要素及其融合［J］．湖北警官学院学报，

2019（05）：3.

［13］季卫东，程金华．风险法学的探索：聚焦问责的互动关系［M］．上海：上海三联书店，2018：35.

［14］刘春荣，耿曙，陈周旺．中国城市基层治理研究读本［M］．上海：复旦大学出版社，2018：282—283.

［15］金伯中．新思想孕育新经验：对新时代“枫桥经验”的一点认识［J］．浙江警察学院学报，2018（01）：35—37.

［16］谢琦．坚持发展新时代“枫桥经验”，打造基层社会治理公安样板［C］．“公安大脑”与警务现代化论文集（下），2022－11：410.

［17］宫志刚．新时期社会治安防控体系建设研究［M］．北京：经济科学出版社，2017：41.

［18］金伯中．新时代枫桥经验论要［M］．杭州：浙江人民出版社，2022：135.

［19］谢琦．“公安大脑”建设的实践与思考：以诸暨市公安局为例［C］．“公安大脑”与警务现代化论文集（下），2022－11：251.

［20］张冰乐，陈鹏．网格化管理理论视角下大撒“110”便民警务站应用现状研究［J］．现代商贸工业，2020（29）：75—76.

［21］杨志云．民主警务与治安治理新模式：湖州“警务广场”的理论透视［J］．天津行政学院学报，2011，13（02）：87—91.

［22］常雨．社区警务建设问题探究［D］．蚌埠：安徽财经大学，2021.

［23］连永刚．以联勤警务室（站）建设推进基层社会治安协同治理的探索与思考：以海宁公安的实践为例［J］．公安学刊（浙江警察学院学报），2021（01）：53—58.

［24］李小川，苗顶荣．智慧派出所建设的探索实践与路径思考［J］．公安研究，2022（09）：22—27.

［25］陈冰．商圈物业管理有新样板［N］．浙江法治报，2023－12－27.

［26］王名，董俊林．关于新时代社会治理的系统观点及其理论思考［J］．行政管理改革，2018（03）：24—27.

［27］贾清萍，廖晓明．从新公共服务理论引发出对公民参与的反思［J］．行政与法（吉林省行政学院学报），2005（02）：26—28.

［28］深化“枫桥经验”创新社会管理［J］. 工商行政管理，2014（07）：35—36.

［29］韩彬翔 . 新枫桥经验：基层民主推进与社会和谐的制度创新［C］//中国行政管理学会 . 中国行政管理学会 2010 年会暨“政府管理创新”研讨会论文集 . 共青团绍兴市委，2010：14.

［30］杨安华 . 构建和谐社会多元参与主体的权责机制分析［C］//中国行政管理学会，甘肃省行政管理学会 . 中国行政管理学会 2005 年年会暨“政府行政能力建设与构建和谐社会”研讨会论文集 . 湖南吉首大学政治与公共管理学院，2005：9.

［31］谢佳，刘斌凯 . 绍兴：数智驱动，激活古城防控新动能［N］. 人民公安报，2022-04-29（003）.

［32］魏明 . 坚持和发展新时代枫桥经验推进基层社会治理创新［J］. 公安研究，2023（11）：63—71.

［33］周梦琪，杨迪 . 奋力谱写中国式公安现代化新篇章［N］. 绍兴日报，2023-02-27.

［34］张彩云，康杰 . 社会组织参与社会治理的前提、存在的问题与策略［J］. 决策与信息，2021（10）：33—39.

［35］陈文杰，柳新群，陈贵泽 . 警务共同体的构建及其基层治理价值研究：以永春县“村干部兼职辅警”为范例［J］. 安徽警官职业学院学报，2022，21（03）：58—63.

［36］胡云腾 . 习近平法治思想的刑事法治理论及其指导下的新实践［J］. 法制与社会发展，2022，28（05）：5—31.

［37］王俊超 . 中国暴恐犯罪的治理问题研究：以“枫桥经验”为视角［J］. 南海法学，2020，4（04）：60—68.

［38］王伟，张海洋 . 协同治理：我国社会治理体制创新的理论参照［J］. 理论导刊，2016（12）：9—13.

［39］傅淑均 . 新时代犯罪治理路径研究：以公安机关预防打击犯罪为视角［J］. 辽宁警察学院学报，2021，23（01）：45—50.

［40］潘益民，陈福连 . 创新发展新时代枫桥警务模式研究：基于新时代“枫桥经验”的视角［J］. 公安教育，2021（02）：16—21.

案例 4

什么影响了城市生活垃圾问题的解决？

——以绍兴市上虞区为例

一、引言

（一）国家战略与垃圾分类政策

自党的十八大提出建设“美丽中国”的要求以来，习近平总书记在多个场合对绿色发展内涵进行了系统阐述，如“要正确处理好经济发展同生态环境保护的关系，牢固树立保护生态环境就是保护生产力、改善生态环境就是发展生产力的理念”，“要大力推进生态文明建设，强化综合治理措施，落实目标责任，推进清洁生产”，“中国将更加注重绿色发展，把生态文明建设融入经济社会发展各方面和全过程”。

党的二十大报告指出，推动绿色发展，促进人与自然和谐共生。这进一步表明绿色发展在我国社会主义现代化建设中的重要作用。“绿色发展理念”作为“十三五”乃至更长时期我国经济社会发展的一个基本理念，体现了我们党对经济社会发展规律认识的深化，将指引我们更好地实现人民富裕、国家富强、中国美丽、人与自然和谐，实现中华民族永续发展。

为了加强城市市容和环境卫生管理，创造清洁、优美的城市工作、生活环境，促进城市社会主义物质文明和精神文明建设，我国在针对污染防治和固废处理、可回收垃圾处理和针对生活垃圾分类实施具体工作方面出台了多项政策。政策围绕生活垃圾分类需要科学管理，合理分类，垃圾分类设施设备投放类型、数量、布局，垃圾分类宣传教育，相关法律法规等方面。

2021 年我国在垃圾分类领域出台了《生活垃圾分类工作“1 对 1”交流协作机制实施方案的通知》，提出建立生活垃圾分类工作“1 对 1”交流协作机制，由19个先行省份、重点城市与19个中、西部和东北地区省份结对，中、西部和东北地区省份借鉴先行地区经验做法，推进生活垃圾分类工作，加强沟通协作、促进交流互鉴、实现互促互进。在城乡垃圾分类方面也提出了相应的政策，增强县城综合服务能力，推动形成绿色生产方式和生活方式，并明确提出要加强县城生活垃圾分类，推动我国垃圾分类和处理工作。各省市依据国家提出的垃圾分类实施方案，根据各省市实际情况，出台相关政策，进一步推进垃圾分类。

（二）当前垃圾分类现状

当前中国600多座城市，已经有2/3以上的城市“垃圾围城”，存放在这些城市周围的垃圾填埋场的垃圾总量已经超过了80亿吨，侵占了大量土地。随着人们生活水平的提高，生活垃圾产量不断增多。据统计，全国生活垃圾年产量高达4亿吨，垃圾带来的环境问题越来越受到社会的广泛关注。面对着包围城市的垃圾山到海上的“垃圾岛”，全球垃圾问题日益严峻，垃圾分类已成为摆在人类面前最迫切的任务之一。

20世纪初期，我国就开展了生活垃圾分类的尝试，截至今日，在城市生活垃圾的减量化方面颇获成效，但垃圾分类工作并未普及。从国家层面上看，我国在针对城市生活垃圾分类问题时，更注重于环境的保护，未针对垃圾分类治理工作制定出相关的法律法规，导致很多城市因缺乏统一的全国性法律，而未做到全面性的垃圾分类。同时，由于城市生活垃圾分类涉及主体较多，如国家的环境治理单位、城市管理单位等，虽然单位权责分明，但因生活垃圾分类机制的不健全，还是会对垃圾分类效果产生一定影响。从社会层面上看，城市生活垃圾分类工作是一项全民性任务，仅仅依靠国家的监督与推动是不够的。我国很多三线、四线的小城市中舆论宣传并未做到位，城市居民配合度较低，对生活垃圾分类政策的执行力不强、参与度不高，均会造成我国城市生活垃圾分类工作难以落实到位，所以我们需要对其优化对策进行深思。

（三）本案例的主要视角

第一，本文通过对上虞区垃圾分类工作推进进行史密斯模型分析，探讨出如何在垃圾分类的政策设置、合作实现、落地务实的基础上建立起“六化并举”的上虞模式，为全国各地高效推行垃圾分类工作提供了“上虞经验”。第二，垃圾分类工作应“从群众中来，到群众中去”，深入群众，发现群众内心深处对于工作实施过程中的最直观感受，政府获得意见和监督后才有利于及时改正。本次案例总结上虞经验后又深入社区，倾听居民声音，在科普垃圾分类知识的同时实施垃圾分类数字化。有利于帮助居民了解垃圾分类对于我国绿色发展战略的重要影响，以及认识到垃圾分类对我国经济社会发展的重大意义，将垃圾分类产生的回收资源运用到更多领域，促进能源可循环发展。第三，自 1992 年国务院颁布《城市市容和环境卫生管理条例》以来，垃圾分类一直是环境治理的核心问题。浙江一直处于垃圾分类前沿，其中上虞区的优质高效的“上虞模式”更是闻名全国。本次案例能够深入研讨“上虞模式”建设发展的历史进程，助力探索低碳绿色发展理念落实之路，将成功的垃圾分类领先优秀模式经验推广到浙江省内和全国各地，帮助低碳绿色发展理念的全面实现。

案例主要对上虞区垃圾分类管理改革新模式进行探究，并从中发掘经验和不足，在此基础上为今后垃圾分类政策推行提供可行建议。引言简要写了研究的背景和意义，为案例的深入研讨提供相关背景信息；案例叙述首先用历程介绍回顾了当地政府为了响应国家垃圾分类的号召所出台的一系列政策，其次探索上虞政府为推进垃圾分类政策与各主体开展的合作，最后在阐述完上虞政策推进采取的行动后，结合调研所了解到的具体情况，阐述上虞垃圾分类取得的成效与存在的问题；案例分析借助史密斯政策执行模式的视角，结合问卷调查的方法，系统展开对上虞垃圾分类政策执行的分析；改进建议部分结合理论分析部分对政策执行相关各要素分析的结果，给出具备借鉴意义的改进建议。

二、案例叙述

（一）顺应潮流，历程介绍

上虞，地处绍兴市东部，杭州湾南岸，总面积约 1 403 万平方千米。近年来随着上虞区“创新之区，品质之城”建设加快推进，城乡环境面貌日新月异，越来越多的人口涌入上虞，总人口数接近 100 万人，每天产生生活垃圾可达 800 吨，如不从源头进行垃圾分类，抓好垃圾减量，将陷入垃圾围城的困境。故近年来上虞区把握区生活垃圾分类管理研究院成立契机，办实做好垃圾分类“关键小事”，多维度推进垃圾分类工作蝶变跃升。开展源头减量、处置能力提升、回收利用、制度创新和文明风尚五大专项行动，推动垃圾分类工作向纵深发展，通过全链条发力、闭环式管理，打好生活垃圾分类持久战。

自1992年国务院颁布的《城市市容和环境卫生管理条例》指出要对生活垃圾逐步进行分类收集、运输和处理后，我国一直处于垃圾分类改革的浪潮之中。为顺应国家号召，推动文明城市建设，浙江省也在不断地出台、修改有关垃圾分类管理条例以建设垃圾分类领域新秩序，如《浙江省固体废物污染环境防治条例》《浙江省生活垃圾管理条例》《浙江省城镇生活垃圾分类管理办法》《浙江省固体废物污染环境防治条例》等。

绍兴市是全国首批、浙江唯一“无废城市”试点市，上虞区是浙江省首批启动生活垃圾分类体系建设的县（市、区）之一，拥有省级生活垃圾分类示范区2个、高标准生活垃圾分类示范小区23个，当前已基本实现城乡原生生活垃圾“零增长、零填埋”，城乡生活垃圾分类基本实现全覆盖，回收利用率约60%，资源化利用率达100%，无害化处理率达100%。

上虞区的改革颇具成效，而这离不开上虞区各部门和群众的集体努力和支持，上虞区通过《上虞区农村生活垃圾分类工作实施方案》《上虞区机关事业单位生活垃圾分类提升工作实施方案》《上虞区城乡生活垃圾分类处理三年行动方案（2020—2022年）》等政策文件，以及各街道社区举办的垃圾分类奖助活动和宣传活动，努力打造人人参与垃圾分类、共创美丽城市的氛围，显著提升了城市的环境质量，有力地推进了垃圾分类政策。

要学习上虞区垃圾分类管理改革新模式，必定要追溯上虞区垃圾分类改革历史，把握上虞区垃圾分类发展的大方向和创新点。

2015年，上虞区开始推进垃圾分类政策，此后上虞区始终坚持围绕生活垃圾“减量化、资源化、无害化”目标，建机构健机制，定方案明责任，强考核重落实，稳扎稳打推进城乡生活垃圾分类。

2019年，上虞区实现区分类办实体化办公，并于当年与浙江大学环境污染防治研究所、绍兴文理学院等浙江高校合作成立上虞区生活垃圾分类管理研究院，拉开了垃圾分类高校科研化、全民普及化、治理综合化的序幕。整合政府、高校、社会、企业等优势资源，打造“产、学、研、用”于一体、别具特色的专业型科教中心。通过理论研究、技术研讨、课题调研、活动策划、宣传推广、业务训练、社会实践等方式，对生活垃圾的分类投放、分类收集、分类运输、分类处置等各个环节进行系统研究，打造智能化、精准化、减量化、清洁化管理目标的可追溯生活垃圾分类管理模式。

2020 年，上虞引进了国内首条垃圾分类分拣自动化流水线，基本建成了“区、镇、村”三级再生资源回收网络体系，实现了“垃圾分类 + 再生资源”两网融合发展，打造了覆盖面更广、技术手段更先进、管理更规范的上虞再生资源回收体系新模式。

2021 年，上虞区城市资源再生利用绿色综合体项目建成并投入运行。该项目的投用有效填补了上虞区建筑装修、园林、大件垃圾处置空白，高质量助力实现三大类垃圾处置高效化、资源化、规范化，助力废弃混凝土块、废弃砖瓦、废弃木材等建筑垃圾实现二次利用，真正达到“变废为宝”。作为绍兴市首座“大件垃圾 + 园林垃圾 + 建筑垃圾”城市资源再生利用绿色综合体，这项投资 1.29 亿元的项目，每天处理 500 吨垃圾，承载着试点解决城市建筑装修垃圾量大幅攀升，大件垃圾、园林垃圾、建筑垃圾难收集、难储存、难处理等问题的希望。它有效降低了以回填和填埋方式处置建筑装修垃圾的比例，持续帮助上虞区改善城市生态环境，为推动上虞区“无废城市”建设试点工作，推进上虞区垃圾分类工作建设按下了快进键。

2023 年，恰逢亚运会这一契机，上虞开展“青春之城”心相融、垃圾分类新时尚——上虞区“迎亚运”越美小区创建大比拼大冲刺活动，动员各方力量积极投入百日攻坚越美小区创建中，切实提高上虞区小区生活垃圾分类质量，助力亚运城市打造。上虞区充分落实“迎亚运”垃圾分类工作，全区上下齐心协力、真抓实干，扎实推进越美系列创建、易腐垃圾收运体系建设、垃圾分类专项执法、亚运垃圾分类保障等工作，以更高标准、更实举措、更大合力打造垃圾分类升级版，推动垃圾分类知识家喻户晓、绿色生活方式蔚然成风，努力打造人人践行、全社会参与的生动局面。

（二）改革先行，合作并举

绍兴市于 2022 年全市正式启动深化生活垃圾治理“越分越美”行动，从源头减量到分类投放提质、分类收运整治、分类处置提升，科学部署垃圾分类链条的每一步。结合全市统一行动，上虞区抓紧制定出台生活垃圾治理攻坚战行动方案，进一步明确各镇街工作责任及任务目标，压实责任、狠抓落实，推进垃圾分类提质升级，打造智能化、精准化、减量化、清洁化管理目标的可追溯垃圾分类管理模式，形成多部门联动的垃圾分类管理长效机制，推动习惯养成，实现垃圾分类质量持续提升，提供特色鲜明、可复制、可推广的垃圾分类“上虞模式”，开拓了“全民参与”“人人践行”的良好垃圾分类氛围。

在政府主体层面，上虞区政府在响应国家号召扎实推进垃圾分类，绍兴上虞区分类办、区综合行政执法局落实各项政策方针的同时，经常性开展专项督查，深入乡镇街道、杭州湾上虞经济开发区等，通过暗访先行、督查跟进，查找问题短板，直击百姓身边垃圾分类难点，以精准有力举措推进生活垃圾治理工作，持续优化城乡人居环境。此外，绍兴市上虞区分类办、区综合执法局多次会同区生活垃圾分类管理研究院成员单位举办区生活垃圾分类管理研究院成果展暨垃圾分类专题研讨会，集中展示生活垃圾分类研究院课题成果，共同探讨垃圾分类的未来发展。

在街道乡镇层面，绍兴市各街道以及各乡镇全力配合上级部门战略布防，积极在各社区开展“定点投放”“志愿者监督”“有奖问答”“教育宣传”等活动，帮助督促各居民、村民实施参与垃圾分类，取得优异成效，共创美好家园。同时，为贯彻落实生活垃圾治理攻坚战行动，切实提升生活垃圾源头减量工作，上虞区各乡镇街道垃圾分类办经常性会同社会事务办、市场监督分局、综合执法中队，联合开展生活垃圾分类自查检查行动，保障生活垃圾有效分类，推动垃圾分类改革成果取得真实有效。

在合作企业层面，与绍兴市上虞众联环保有限公司、绍兴市上虞区物资再生利用有限公司、绍兴维尔利餐厨废弃物再生利用有限公司等知名垃圾处理公司相互合作，分别针对城区其他垃圾、厨余垃圾、有害垃圾等不同垃圾种类进行针对性、专业性的细致处理，帮助垃圾产生再回收利用价值，实现垃圾分类过程前端、中端、末端的完美闭环，推动文明城市、卫生城市的可持续性友好建设。

在人民群众层面，充分调动群众参与垃圾分类的积极性，以一种“全民参与”“合作共创”的氛围调动社会力量，积极成立由 100 名来自各乡镇街道、部门单位、社区（行政村）、大学人员等组成的上虞区生活垃圾分类百人讲师团，奔赴各自的部门单位、乡镇街道、社区、村居等区域，策划开展现场授课、入户宣传、抖音拍摄等形式多样的宣讲推广活动，引导辖区居民积极参与生活垃圾分类，做生活垃圾分类的宣传者、推动者、监督者。并运用垃圾分类积分兑换、数字动画展示等策略方法，让每个居民都充分意识到垃圾分类的重要性，让广大群众爱上垃圾分类，让垃圾分类真正走入家庭、走入校园。

“现在天气炎热，是细菌和病毒容易滋生的季节，大家一定要重视起来，一起保护我们的生活环境。”在三桥村，党员志愿者阮威顶着烈日入户向村民发放生活垃圾分类指导手册，详细讲解如何进行垃圾分类、怎么分类以及垃圾分类的好处，并对日常垃圾分类中碰到的问题进行解答，鼓励大家从自身做起，坚持做好垃圾分类，杜绝乱堆乱放的行为，保持村庄环境卫生整洁干净。

“垃圾分类工作的推进不能唱‘独角戏’，需要多方力量的共同努力。”永和镇相关负责人介绍，垃圾分类志愿者在助力群众广泛参与垃圾分类、熟悉最新政策、掌握分类办法等方面起到强有力的推动作用，是上虞持续深化垃圾分类，切实提高群众参与度的“武器”之一。

垃圾分类活动的开展需要多方力量共同努力，上虞区垃圾分类改革之所以颇有成效，原因之一就在于上述的多部门多主体合作机制。

同时，上虞区在保持原有“创新源头投放模式，精准推行垃圾分类”，即继续推行“四定四分、两网融合”的前提下，开展新一轮垃圾分类改革。上虞区稳中求进，借助大数据监管数字驾驶舱、垃圾分类智能设备等数字化先进设备，清楚了解居民前端的投放分类情况以及车辆收运易腐垃圾的处理情况，通过信息化手段有效获取垃圾分类各环节的业务数据和运行状态，进行全流程的监管。此外，上虞区推动垃圾分类治理过程中“六化并举”，即管理制度体系化、设置配备标准化、垃圾生产减量化、分类投放精准化、分类收运规范化、宣教形式多样化，打好垃圾分类组合拳。同时进一步加强高校合作，上虞区生活垃圾分类管理研究院作为全省目前唯一的区（县、市）级垃圾分类研究院，以校地合作的模式，在理论研究转化、分类体系构建、源头减量治理、宣传氛围营造等方面发挥了显著的作用。上虞以此为契机，进一步加快实施垃圾分类领域省级科研攻关项目，做优做强全区垃圾分类监管平台，优化提升垃圾分类体系建设，为全省垃圾分类工作迭代升级打造更多“上虞模式”，提供更多“上虞经验”。

（三）模式落地，成效显著

近年来，上虞区积极探索推进“分类投放精准化、中端收运规范化、末端处理资源化”的绿色循环分类体系，打造垃圾分类“上虞模式”，坚持政府引导、市场准入、全民参与、执法保障的方式，大力实施生活垃圾源头减量、处置能力提升、回收利用、制度创新、文明风尚等五大专项行动，在垃圾分类这件“关键小事”上取得了显著成效。

1. 硬件设施日趋完善

政府投入大量资金，相关部门严格按照标准改建中转站并更新垃圾分类清运车辆，在各乡镇统一配置垃圾分类清运车辆200余辆，建设垃圾中转站5个，推进生活垃圾收集机械化、运输密闭化、处理无害化等，防止跑冒滴漏造成二次污染。对原有垃圾中转站、分拣站进行改扩建或按规划进行布点新建，成为生活垃圾分类中心，具备垃圾分拣站、可回收物中转站、有害垃圾中转站、其他垃圾压缩中转站、可燃垃圾中转站五大功能。政府还投放分类垃圾桶约20万只，设立5个垃圾分类引领示范小区，培育垃圾回收处理骨干企业，以更好地推进生活垃圾分类处理。

2. 处理流程运行流畅

目前，上虞区将生活垃圾分为厨余垃圾、可回收物、有害垃圾、其他垃圾四大类，由环卫集团负责对垃圾进行分类回收、分类清运、分类处置。在末端处理中，政府通过特许经营、承包经营、租赁经营或与政府合股经营等模式，鼓励社会资本参与垃圾分类。厨余垃圾由宁波开诚生态技术股份有限公司收运至餐厨垃圾临时处置中心集中处理，可回收物由绍兴市上虞区物资再生利用有限公司负责收运并作资源化处理，有害垃圾由绍兴市上虞众联环保有限公司进行无害化处理，其他垃圾由浙江春晖环保能源股份有限公司进行焚烧发电处置或填埋处理。此外，居民垃圾袋“一户一卡、一户一码”、试点垃圾投放实名制管理等新型方法也正在积极探索中。

3. 监督管理逐步加强

为更有效管理生活垃圾分类，城区内设立了督导员、培训员、志愿者三支队伍，挑选了试点小区开展智能化管理，进行实名制投放积分奖励制度。垃圾分类还纳入有关部门工作目标责任制考核之中，以便进一步压实工作责任。特别是我们身边的环卫工人，背后有着一套完善的考核机制。环卫集团根据清洁情况，对各个街区的管理人进行排名，排名的高低直接决定了管理人奖金以及环卫工人的工资，考核制度有效真实。

4. 宣传教育深入开展

通过集中培训、外出考察学习等形式组织开展垃圾分类培训，增强垃圾分类意识。区环卫中心统一制作了宣传海报张贴于各个公共场所醒目位置，制发《倡议书》《指导手册》和最萌宣传绘本等，用于强化宣传、造浓氛围。各小学、幼儿园等积极响应“五大校园”的号召，认真在校园内进行生活垃圾分类教育与工作，提倡“小手拉大手”，让学生带动家庭，学校引领社区，构建学校、社会、家庭三位一体模式。

5. 垃圾分类效果初现

相关单位食堂、宾馆、饭店等产生的餐厨垃圾，以及农贸市场、农产品批发市场等产生的易腐垃圾基本纳入相应的回收渠道，城区居民垃圾分类知晓率和积极性均较高，垃圾分类有较高的群众基础，部分试点小区如新世纪花园已初见成效，城区街道和小区环境卫生状况有了显著改善和提高。

上虞区妥善应对了“垃圾围城”的尴尬局面，合理运用垃圾资源，为上虞创设成“美丽城市”添砖加瓦。上虞区城市居民代表李女士表示：“许多人认为垃圾分类是一件很难的事情，但其实也挺简单的，顺手分一分就好了。”正是因为上虞区政府及街道社区的共同努力，才使居民们不断摒弃垃圾分类“怕麻烦”“怕脏臭”的思想，也是因为上虞区城镇垃圾分类各环节的建设不断完善、垃圾分类各项设施便利全面，“上虞模式”踏实落地，切实有效，居民们才愿意自主地积极参与到垃圾分类过程中去。

2023 年 3 月 3 日浙江省生活垃圾分类工作领导小组办公室发布了《关于 2022 年度全省生活垃圾治理工作考核评估结果的通报》，经综合考核评估，全省 36 个县（市、区）获评 2022 年度全省生活垃圾分类工作考核评估优秀单位，上虞区榜上有名且已连续三年获此殊荣。

（四）发现不足，稳中求进

上虞区垃圾分类管理虽取得了一定成效，但要推动“上虞模式”可持续落实发展，建设“美丽上虞”，仍需要一定程度的努力。在实践调查过程中，仍发现不少问题需要解决，主要有以下五点。

第一，督导员缺位现象严重。在上虞区不少小区中，都存在垃圾分类督导员严重缺位的情况，督导员人力不足或督导过程中未尽力看管，都将导致垃圾分类投放过程中“乱投”“错投”现象加重，未能达到垃圾分类理想效果，导致后续在垃圾处理阶段将重新分类，从而加重人工或机械的处理负担，降低垃圾回收利用效率。

第二，监控和排污设施缺乏。很多小区“定时定点”投放点虽然已经建成，但没有按照“四有七标配”的要求配备监控和排污设施，导致无法及时有效监控或喊话以制止居民投放垃圾时“混投”的状况。故小区中有不少居民抱着侥幸心理随意投放垃圾，垃圾桶放置的周边环境极其脏臭，与干净的垃圾投放点以及卫生城市的建设要求相差甚远。

第三，告示牌公示内容不齐全。部分小区及农村的告示牌未详细标明垃圾分类详细流程或流程和用语过于枯燥严肃，其易导致居民和村民理解存疑，对垃圾分类产生抵触心理和产生“怕麻烦”的心理。也存在部分告示牌未标明垃圾分类督导员姓名、联系方式，导致村民在遇到垃圾分类难题和疑问时，无法及时解决，导致“错投”“混投”“乱投”现象的普遍发生。

第四，垃圾桶本身不符合规范。在部分商贸地区调查发现，部分垃圾桶桶身标识模糊，“混投”现象和垃圾满溢极其严重，且有部分垃圾桶桶身脏臭、桶盖缺失。商贸地区本就为繁华地段，做好垃圾分类工作应是重中之重，垃圾桶本身存在问题将导致垃圾分类受到阻碍，影响商贸地区卫生环境，导致商贸地区人流减少，影响商圈经济提升。

第五，问责机制不够完善。在垃圾分类工作出现问题时，经常会出现社区乡镇负责人、垃圾分类督导员、人民群众三方推脱的情况，导致垃圾分类流程混乱，效率极低。因此，明确各环节问责机制有十足的必要性。

除上述五项问题之外，垃圾分类管理过程中或多或少还存在着其他问题，如定时定点投放时间为图方便而延长或限缩、垃圾桶设置地点不符合规定等，这些问题都需要在实践中加以解决。无论哪类问题的出现，都将容易导致民众对垃圾分类产生抵触情绪、降低垃圾分类效率、加大其他连续环节的负担，从而导致垃圾分类环节闭环出现缺口，无法达到垃圾分类实施的理想效果，造成各种资源和人力的浪费。

三、案例分析与思考

（一）理论概述：史密斯政策执行模型

美国学者托马斯·史密斯于 1973 年在《政策执行过程》一文中提出了公共政策分析的经典模型——史密斯模型。该模型首创了分析政策执行过程及其影响因素的基本理论框架，成为政策研究领域最为经典的理论模型之一，在该领域得到了极其广泛的应用，以后的政策执行研究者大多都是在这一框架内进行分析的。

该模型认为，政策能否取得理想化的效果取决于理想化的政策、执行机构、目标群体和政策环境这四大要素以及要素之间的相互作用（见图 4－1）。

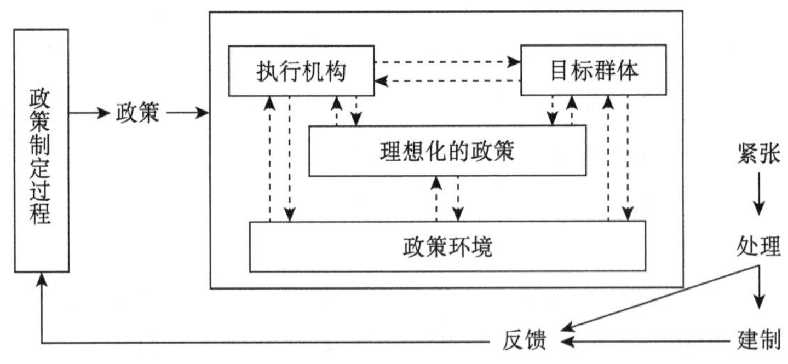

图 4－1　史密斯政策执行模型

其中，理想化的政策主要指由决策者制定的合法、合理、可行的政策方案，包括政策的合理性、可行性等；执行机构主要指负责执行政策的具体机构，包括与政策落实相关的组织架构、人员配置等；目标群体又被称为“政策对象”，主要指的是受政策影响而必须采取反应的那些人；政策环境主要指政策发生的环境，其内容涵盖政治、经济、文化等环境中影响政策执行的各种因素。

史密斯指出，在政策执行过程中，“这四大因素间会通过互动形成一种张力，这种张力会导致政策执行没有按决策者所预想的进行，这就会引起机构的注意并把信息反馈给执行者和制定者，支持或反对政策进一步的执行”。

（二）上虞区垃圾分类分析——基于史密斯政策执行模型

本文将上虞区垃圾分类工作的推进视为一项政策的执行过程，综合分析执行过程中的政策本身、执行机构、目标群体和政策环境，着眼于影响政策效果的各个要素，寻找推进上虞区垃圾分类的“推力”与“拉力”，以此探寻推动上虞以至于更多正在由政府推进垃圾分类工作的城市，更有效推进垃圾分类事业的方法，为他们强化“推力”、化解“拉力”、提供“动力”。

1. 上虞城市生活垃圾分类的政策

（1）政策合理性

《“十四五”城镇生活垃圾分类和处理设施发展规划》指出：“加快推进生活垃圾分类和处理设施建设，提升全社会生活垃圾分类和处理水平，是改善城镇生态环境、保障人民健康的有效举措，对推动生态文明建设实现新进步、社会文明程度得到新提高具有重要意义。”

垃圾分类能够改善人居环境，促进资源的合理配置，是与每个人的日常生活息息相关的民生实事，而随着城镇化进程加快，上虞区常住人口近年来提升趋近至 100 万人，这意味着上虞区每天产生的生活垃圾将突破以往最高点，推动上虞区垃圾分类活动开展、防范“垃圾围城”的任务迫在眉睫。上虞区政府此时积极推出垃圾分类政策既符合未来发展要求，也响应了现实需要，是兼具前瞻性与现实性的合理之举。

（2）政策可行性

在衔接上级部门制定政策，发布自身政策的过程中，将具体政策针对化、详细化、保障化，有效地提升了政策的可行性。

下发的政策执行方案内容实现了政策针对化，围绕源头减量、居民小区“定时定点”投放清运、易腐垃圾收集量占比、主题活动频次等短板指标，紧抓主要矛盾，明确工作目标；落实了政策详细化，在要求清单中明确各项工作具体指标、责任单位和牵头单位，在工作表中明确责任部门、责任人、完成时限，让政策推进看得见，有底气；坚持了政策保障化，从强化组织保障、强化示范引领、强化评估填报、强化督查考核四个方面“四管齐下”，明确政策保障，为政策的持续推进提供有力保障。

2. 政策执行机构与执行过程

在政策执行方面，本文通过对上虞区居民开展问卷调查的方式进行了评估，问卷共回收 147 份，基于问卷数据的统计分析，本文认为上虞区在垃圾分类的政策执行上主要存在以下两个方面问题。

（1）落实存在问题

问卷结果显示，有 30.48% 的人表示在垃圾分类时没见过垃圾分类督察员，有 23.81% 的人表示小区内的定点定时投放垃圾未按时实施。而在近期市分类办进行的“迎亚运”垃圾分类百日攻坚行动的暗访中，上虞区也暴露出了相关方面的问题。这表明上虞区垃圾分类的相关设施、制度虽然已初步建立，但其实际落实依旧存在问题。

在政策的宣传上也存在一定的问题。问卷结果显示，有 23.81% 的人不知道当前上虞正在进行“迎亚运”垃圾分类百日攻坚行动，在亚运备受瞩目的背景下，该比例已经较高，说明上虞垃圾分类相关宣传工作存在盲点。

（2）群众工作不到位

在谈及为何不进行垃圾分类的问题中，57.14% 的人表示是由于时间匆忙。而通过进一步追问得知，时间匆忙指的是由于不习惯定时的垃圾分类投放点，或者由于工作没有太多合适的时间，总是踩着点去丢垃圾。这说明上虞区的撤桶并点工作虽然推进良好，但在过渡环节缺乏一定“缓冲”措施，而这容易导致群众在日常生活工作中对垃圾分类感到麻烦，抵触垃圾分类，影响总体垃圾分类工作的推进。

从群众的具体态度来看，81.9% 的人认为垃圾分类有必要，85.71% 的人表示会主动去了解垃圾分类相关知识。说明居民在情感上，对垃圾分类事业的认可度较高，对于与自己息息相关的垃圾分类活动参与的积极性较高，垃圾分类的先决条件较好。然而在实际的垃圾分类政策推进的过程中，情况却并不完全与这种积极的态度相符。

从群众的垃圾分类知识看，问卷调查中对于“牙膏属于哪一类垃圾”这一问题，49.26% 的人认为牙膏皮属于可回收物，而实际上牙膏皮属于其他垃圾，选择其他垃圾的人仅占 37.14%。经过对该部分人群的进一步追问可以得知，选择该选项的人认为牙膏皮是其他垃圾，是受到了 20 世纪 80 年代前后收购牙膏皮历史的影响。而实际上，随着牙膏皮的材质由曾经的铝变成当前的塑料，已经无人会专门回收牙膏皮，这说明传统观念对当前的人们的垃圾分类观念依旧存在影响，侧面反映人们当前对垃圾分类相关知识认知不足，现代化的垃圾分类认知还没有完全建立。

在后续关于为什么不进行垃圾分类的问题中，选择不习惯进行垃圾分类的人高达 60% 也论证了这一点。此外，在该问题当中，48.57% 的人表示不分类是由于不知道如何进行分类，说明人们在垃圾分类的能力上存在问题，40% 的人选择认为分不分问题不大，后续清洁人员会分，说明人们对垃圾分类的责任感不够强烈。

总体而言，对于从 2015 年前后才开始推行垃圾分类政策的上虞，虽然居民对垃圾分类也持积极态度，但群众垃圾分类知识掌握还不够到位，垃圾分类的习惯尚未完全养成，居民垃圾分类的能力和素养都还处于起步阶段，有待进一步提高。

3. 政策环境

（1）经济与政治环境

上虞早在 2020 年就是一个地区生产总值超过千亿元、上市公司多达 17 家的地级区，在同级别区中拥有较好的经济水平。上虞区政府高度重视垃圾分类政策，积极为垃圾分类工作提供财政与政策方面的支持，始终坚持按照省、市关于生活垃圾分类工作的统一规划，稳扎稳打地完成生活垃圾治理各项任务指标，在垃圾分类的投放、收运、回收各环节采取综合手段稳步发力，积极把握各类能够帮助上虞提升垃圾分类政策效果的契机。例如在亚运会这个特殊时期，适时提出“迎亚运”垃圾分类百日攻坚行动，对标“办好一个会，提升一座城”的要求积极推进垃圾分类工作。政府借助本身的经济基础积极对垃圾分类加大投入，为上虞垃圾分类政策的推进提供了良好的经济与政治土壤。

（2）社会与历史环境

我国在 2000 年 6 月启动垃圾分类试点，而上虞在 2015 年前后才开始推进垃圾分类政策，垃圾分类起步较晚。居民对于垃圾分类很多时候停留在分类出“废品”拿来卖钱这一层次，甚至于对废品回收也停留在回收眼前被认为有经济价值的东西，如易拉罐、报纸、塑料瓶、啤酒瓶、废旧电器等，而其他具有资源价值或容易造成污染的东西，如废电池、废塑料、废纸片、废玻璃和大量生物垃圾则不在废品收购范围之内。人们的垃圾分类观念受传统的垃圾分类模式影响较深，垃圾分类在社会意识层面变革不够显著，垃圾分类人人参与且正确参与的氛围尚未形成。

四、案例结论与总结

城市垃圾分类是城市建设中一项极为复杂的系统性工程，想要有效推进垃圾分类政策需要政府部门不断学习借鉴先进经验。本案例在对上虞区城市生活垃圾分类治理现状、困境和问题原因分析的基础上，提出针对垃圾分类政策执行的优化建议，希望能够为更多城市垃圾分类政策推进提供有益借鉴。

（一）政策制定：建设合理可行政策体系

地区要想提升垃圾分类的治理效率，就应完善形成全套合理可行的垃圾分类政策体系。上虞区自实施《浙江省生活垃圾管理条例》三年来，兼具前瞻性与现实性，不断根据地区实际情况变化，细化相关规范，如在《2022 年上虞区生活垃圾治理攻坚战行动方案》中提出更加具体化、针对性的要求，始终紧盯减量化、资源化、无害化的目标，坚持垃圾分类全流程精细化管理、强化基础设施建设的基础，持续推进垃圾分类工作落实落地，牢牢把握住宝贵的“上虞模式”。

如何提高一个地区垃圾分类的治理效率，关键在于是否有合理可行的政策体系支撑。垃圾分类本质是为人民创造一个干净舒适的生产生活环境，因此，在相关政策的制定过程中，必须始终将群众的利益放在首位，广泛听取社会大众的意见和建议，不断强化主人翁意识，让公众明白垃圾分类不只是政府的事，而是与自己切身利益相关的事，从而形成一种上下联动的高效治理模式。一个地区唯有合理可行的政策体系支撑，才可让政策推进有章可循，方能够形成生活垃圾分类的良好氛围，不断督促居民自觉树立、自发进行生活垃圾分类的意识。

（二）政府执行：推动执行能力系统优化

地区要想形成良好的垃圾分类秩序离不开积极地推进、执行与落实。在实践层面，上虞虽已经建立起了全套的垃圾分类政策执行机制，但在机制建立后落实、宣传等方面依然存在不少盲点，而这无疑导致了政策推进受阻，进而导致垃圾分类效率的下降。

对此，政府应强化相应监督。想要有效地治理好垃圾分类，政府应当进一步优化基层工作机制，明确执行要求，落实主体责任；同时设立具体的相关指标，将其纳入相关部门工作目标责任制考核安排中，并以相应的奖惩机制保障政策落地。

政府还应重点抓好垃圾分类政策的宣传工作。加大走访入户力度，增强垃圾分类宣传的广度和密度，如将《生活垃圾分类指导手册》分发到户，让垃圾分类的科学意识真正步入千家万户；加强学校教育，通过教学实践结合培养学生垃圾分类意识，内化于心、外化于行，从而改变一代人，甚至影响到每个家庭，将生活垃圾分类的习惯渗透到每个家庭；在垃圾分类宣传过程中融入垃圾分类模拟投放游戏等富有趣味的环节，增强群众对参与宣传工作的积极性，提高群众的参与度配合度，在潜移默化之中，帮助群众提升垃圾分类的水平和能力。

在执行垃圾分类政策的过程中，政府方面的步子不可过大，诸如“撤桶并点”等工作虽仍需推进，但不可步调过快，要具体问题具体分析，分区分点逐步推进，并且在推进前需要宣传先行，让群众明白相关政策的重要性，养成一定的适应能力，以免改变的“阵痛”过于剧烈，影响群体参与、配合的意愿。

（三）目标群体：帮助居民提升参与水平

在垃圾分类政策推进的过程中，上虞区政府采取了各类手段推进垃圾分类，帮助居民改善人居环境。然而，一个政策是否能够真正符合目标群体现实诉求，不能依据政策制定者本身的逻辑进行判断，居民才是垃圾分类政策的直接利益主体，政府在推进政策的过程中，必须以他们的思维逻辑思考，充分发挥居民参与政策执行的作用，如此才能让垃圾分类政策推进有效。

政府应进一步向居民介绍垃圾分类，详细解读当前政策，帮助居民了解每一件日常小事背后的意义、每一件生活垃圾背后的价值，让公民切实意识到垃圾分类的重要性，让居民对政策的解读不停留在“这是一个麻烦的好政策”层面，激发居民自觉投身于垃圾分类的内生动力。政府应为居民提供更多学习垃圾分类相关知识的途径，例如在分类站点安放每日更新的宣传栏，编写垃圾分类歌曲、剪辑相关视频循环播放，让居民在潜移默化中接收到垃圾分类知识。政府应以活动促行动，打造一个个贴近居民日常生活的活动，例如二十一条垃圾分类打卡活动、定期垃圾分类积分换购活动，帮助居民养成垃圾分类的习惯。

当然，对居民的手段需要把握“刚”与“柔”的尺度，不可一味地依靠呼吁，也应采取一定的惩罚手段，倒逼居民学习相关知识养成分类习惯，例如可逐步将居民垃圾分类纳入信用管理体系，对于一些不遵守相关规定、拒绝分类要求而乱扔垃圾的居民，相关机关应将违规记录纳入信用管理体系，根据体系内累计的违规记录限制其实名制购票、贷款、消费等，以此强化责任落实机制、明确分类要求，帮助形成垃圾分类的良好氛围。

（四）环境因素：促进垃圾分类环境变革

史密斯认为，政策执行的环境因素是政策执行的重要路径依赖。政府的政策推行需要营造一个良好的政策环境。对此，基层政府一方面要理顺自身运行机制，确保政策推进的各环节运行流畅；另一方面，政府应重视传统垃圾分类模式、理念对当下依旧不可磨灭的影响，营造一个人人重视、人人参与且正确参与垃圾分类的社会氛围，消弭原先的垃圾分类环境对当前垃圾分类政策推进的影响。

（五）结束语

近年来，国家一直将垃圾分类作为推进绿色发展的重要举措，浙江省也提出以垃圾减量化、资源化和无害化处置为突破口，推动形成绿色生产生活方式，计划到2022年城乡生活垃圾分类基本实现两个100%覆盖。上虞区乘着政策的东风，自2015年开始积极推进城乡生活垃圾分类工作，已经基本建立起科学合理的生活垃圾分类体系。同时，在“创新之区，品质之城”建设加快推进的当下，上虞城区也投入大量财力用于垃圾分类，如设立垃圾分类引领示范小区，培育垃圾回收处理骨干企业，建立督导员、培训员、志愿者队伍，试点垃圾投放实名制，着力构建学校、社会、家庭三位一体模式，大力推广上虞城市生活垃圾分类。通过多年努力，上虞区城市生活垃圾分类工作已取得了初步成效，但在研究过程中，通过走访考察、问卷发放与查阅资料等方式着重进行调查，也逐渐发现，上虞区推进城市生活垃圾分类的工作任务仍然艰巨，仍旧面临着困难和挑战。因受限于自身理论水平和实践经验，难以深入对上虞区城市生活垃圾分类政策执行情况进行研究，对于发现的问题及问题的分析等都具有一定的局限性。对如何加快城市生活垃圾处理步伐、提高垃圾处理质量、促进循环经济发展，正如习近平总书记指出的，推行垃圾分类，关键是要加强科学管理、形成长效机制、推动习惯养成。要达到垃圾的资源化、能源化和无害化的长远目标，这注定将成为一项长期而艰巨的工程。

思考题

1. 上虞区为推进垃圾分类采取了哪些举措？

2. 按照史密斯政策执行模型分析上虞区当前各方面问题所在，结合相关资料分析原因并提出对应的解决之策。

案例作者：胡美雯　徐飞扬　李梦瑶　王佳苗

指导老师：罗志文

参考文献

[1] SMITH T B. The Policy Implementation Process [J]. Policy Sciences, 1973, 4 (02): 203—205.

[2] 谭文柱. 城市生活垃圾困境与制度创新：以台北市生活垃圾分类收集管理为例 [J]. 城市发展研究，2011，18 (07)：95—100.

[3] 乡村振兴战略下基层政府农业政策执行困境与破解之道：基于史密斯模型的分析视角 [J]. 农村经济，2018 (11)：9—16.

案例5

鉴水画卷 未来快阁

——打造智慧·安居·幸福新场景

一、引言

社区作为居民生活的基本单元，它的良好管理与运营对社会和谐、居民幸福感的提升至关重要，而社区建设作为居民享有多元服务与安居生活的有力保障是新时代基层建设的重要组成部分。但是，近年来，随着城市化进程的加速和社会的不断发展，人民对社区治理的各方面都提出了更高的要求。社区居民的不满越来越多，老旧社区治理问题愈演愈烈，社区居民矛盾尖锐、社区治理效率低下、居民参与社区事务少等问题都接踵而来，不断督促着社区作出改变，为建设更好的基层生活场域而努力。“未来社区”这一全新概念就在这样的社会大背景下，在“社区”的基本概念基础上提出了，被视为浙江“十三五”规划期间最具比较优势、最能带动全局的重大创新举措，在政策的支持下，在社会的推动下，在群众的响应下，未来社区应运而生并不断蓬勃发展。

自未来社区建设开始以来，其建设目标就被确立为创造一个智慧、安居、幸福的社区，以满足居民日益增长的美好生活需要，提供多元的社区服务，聚焦“基层所愿”“群众所盼”推动社区治理，以实现居民共建社区、共享发展成果的理想效果。快阁苑社区为老旧社区基层治理现代化提供全新视角和独特思路，通过党建引领下的“契约化”共建、“枫桥式”智治、“精准化”改造、多元化建设，形成独具快阁特色的地标性社区，实现从“一地之计”到“一城之策”的蝶变，打造了城市基层社会治理共建共享的新标杆。

本案例以快阁苑未来社区为研究对象，深入研究快阁苑未来社区在社区治理方面近年来建设中的优秀成果与社区改造中所实施的有效措施，探讨未来社区的基层管理模式并创造性地提出符合全域老旧小区改造的策略，总结归纳其优秀经验，提出其他社区可供借鉴的建设方案和策略，以促进基层社区的发展和改善，从而创造一个更美好、更智能、更幸福的未来社区，进一步在全国范围内做好“快阁样本”。

二、案例叙述

（一）追本溯源：快阁已难赋本意

悠悠鉴湖水，姣姣快阁苑。“快阁”之名源于北宋文学家黄庭坚的七律《登快阁》，“痴儿了却公家事，快阁东西倚晚晴”。陆游爱其名，便取二字作名，在鉴湖边筑起“快阁”。由此，快阁之名，一直闪耀在绍兴的历史长河中。以“快阁”命名的“快阁苑社区”从有名到出名，它经历了不过短短几年；从出名到闻名，它华彩蝶变。“快阁”故事是历史长河中的“沧海一粟”，更是老旧社区蜕变的“华丽一章”。

快阁苑社区位于越城区西南部，是北海街道的下辖社区，占地面积 35 万平方米，居住人口高达 15 000 余人，共 5 860 户，是越城区最大的社区，也是人口组成部分最复杂、建设历史最悠久的社区。快阁苑社区通过几十年的发展，并没有成为无数人幻想中的风水宝地，反而由于时间推移以及前期发展问题的堆积，变成了名副其实的老旧社区。当时社区治理能力有限，传统治理压力大，社区与居民的关系变得冷淡，社居联系不够密切，居民与社区的矛盾也越来越暴露出来，矛盾逐渐激化，社区治理成为社区亟待解决的重要问题，诸多困扰层出不穷，快阁苑迫切地等待着解决。

1. 社居关系：冲突矛盾生

随着时间的推移，社区治理能力逐渐落后，社区各方面发展多停滞不前，社区与居民的矛盾冲突也越来越多，二者间关系日趋冷淡。近年来社区甚至街道接收到的居民投诉信件只增不减，市长热线也多反映快阁苑社区的社区与居民矛盾问题。2022 年小区居民信访件有 1 500 件左右，居民来电来社反馈问题近 1 300 起，单日打市长热线最高日近 30 件。一封封投诉信件，字字句句写满了对社区的不满，一次次的民意调查，清晰地反映着居民对社区的不满之情。社区与居民矛盾的产生与关系的恶化绝不是一蹴而就的，而是日积月累、聚沙成塔的结果。

快阁苑社区人口组成复杂，老龄化严重，老龄人口占比超过30%，老年人的服务需求满足对于社区的建设至关重要，社区里的绝大多数退休老人都想拥有一个集棋牌室、书法室等各种休闲娱乐设施于一体的公共建筑，能够在那里放松娱乐，与同龄人互相交流，但是在快阁苑社区建设初期，快阁苑并没有能够提供这类服务的综合型建筑，社区里也没有安排老年活动室。社区的服务建设无法满足老年居民的休闲娱乐需求，老年人时间充裕但生活相对单调，因而休闲娱乐场所必不可少，可想要的服务与现实差距太大，让老年居民们对社区提出质疑。

除了老年人的需求无法满足之外，对于“上有老，下有小”的青年居民来说，白天上班时，家中行动不便的老人和年幼的孩子都是放心不下的牵挂，所以青年居民们对于社区的婴幼儿托育服务和养老服务需求非常大。但是快阁苑对于婴幼儿托育服务是相当缺乏的，社区中并没有建设相关的机构场所让青年居民托管孩子，对于他们家中的老年人的服务也只停留在最基础的固定医疗站点服务上，对于残疾、行动不便的老年居民也未提供上门服务或是建造统一的老年照料中心。随着青年居民们的此类服务需求增多，与社区提供的服务之间的矛盾越来越大，居民们反响声不断。

居民与社区之间关系冷淡，社区无法提供给居民满意的服务，社区整体治理能力低下造成了服务的缺位，使得居民满意度下降。供给与需求之间存在巨大的错位落差，社区与居民的意愿背道而驰，致使居民积怨增多，再由于投诉无果，居民越发气恼，与社区的关系降至冰点。

2. 民主参与：居民发声难

社区居民政治素质参差不齐，缺乏民主参与意识，且社区也没有做好询问和引导工作，通过投票、居民代表和社区会议等机制来实现民主决策的情况少之又少。出于居民发声渠道不够多样化和居民主人翁意识不强，民主参与度较低，社区中少有开展座谈会、民意收集会，对重大项目的公示、听证等也未作好大面积宣传，居民对社区规划及生活需求更多是抱怨而非建议。每当居民有问题希望向社区反映时，总会感到深深的无力感，因为居民到底和社区怎样反映、反映什么都存在疑虑，问题逐渐堆积下来，变成了社区治理问题的隐患。

社区缺乏社区事务公示的平台，也缺乏民意收集平台。居民对于社区建设、社区公共事务管理等问题均不了解，在参与社区事务方面，居民们的参与度低，不愿意自发地加入社区事务，认为社区的事不过是社区工作人员的事，与自己无关，忽视了自己在社区的主人翁作用，很少有居民加入社区协商与民主活动中，民主参与率低下。居民对社区规划及生活需求更多是抱怨而非建议。

又因居民自治体制存在缺陷，自治组织结构不合理，管理缺乏统筹，无法很好地利用基层群众的力量来治理社区。居民对于社区的决策多不理解不认同，政策执行困难，许多社区内的政策及活动都是以告知而非征求的形式被居民了解，有些甚至不予通知，组织运转不够高效。例如：在土地用途规划上，社区认为询问居民意见效率低而效果不好，只咨询了相关单位的专业人员而忽略了民意民声；在年度预算和资金支配方面，社区没有做好公示工作，居民普遍并不知情；在社区活动及项目安排方面，逢年过节少有组织大家一起参与的欢庆活动，但据悉老年人渴望举办这种活动，他们对传统节日有深厚情结，并希望借此拉近邻里关系。

以上诸多问题都体现了社区居民没有办法很好地参与到社区治理中来，一部分居民由于个人政治素养低而失去了很多参与的机会，还有一部分居民则因为社区没有民意反映的平台与完善的居民自治体制而参与无门，诉求无法被获知，民声无法被听见。

3. 社区效率：效低民心寒

社区公共服务效率不高。教育方面，社区内建有学校而缺乏图书馆、教育培训中心、托管中心等场所，同时成年人没有得到继续接受教育的机会。医疗保健方面，社区内缺少自助办理的简易医疗中心、卫生中心，居民无法获取基本的医疗服务如急救、家庭医疗、疫苗接种和卫生检查。交通方面，社区内停车位规划不合理、车位难找、道路狭窄、公共交通不便利。基础设施方面，设施生锈老化。公共安全方面，社区未公示负责区域安全的保安同志信息；消防和应急设备也不够完善，甚至出现灭火器压力不在安全使用范围内的情况。文化和娱乐方面，社区内缺乏正式的休闲娱乐区域。

社区工作效率不高。社区领导层没有完善合理的管理机制，服务工作难免懈怠，缺乏监管机制和责任追究机制，使得一些社区工作人员可能存在不负责、玩忽职守等行为。有居民反映其早早就提出设施生锈、垃圾堆积、监控系统老旧致社区安全得不到保障等问题，但是过了几个星期也没有回音，又在前往询问后得知，工作人员只是向上级提交相关工作报告，并没有真正地把居民的问题放在心上，多做表面工作而不为居民办实事，导致说好给予居民的回馈迟迟未到，问题久未解决，成为积攒下来的困难点。

社区内人事管理欠佳。首先体现在社区缺乏人力资源管理的专门人才，这导致社区的事务管理方案不明确，且无法面面俱到致使漏洞百出。由于没有合理的人员分配进行管制和服务，即便是出于便民的邻里中心，无论是数字化医疗服务还是免费图书馆使用方面，都没有专人提供及时服务，进而出现了无人可问和设施摆放混乱等现象，最终导致居民实际参与度和享受到的福利并没有达到预期效果。同时，社区缺少强有力的激励机制和福利保证，作为一个亟待转型的老旧小区，在服务人员管理上本就松懈，况且社区服务人员日复一日的枯燥工作导致部分社区服务人员失去了应有的归属感，抱着混一天是一天的心理，对于一些求助者则是含糊其辞、互相推脱。

因此，如何完善社区治理？如何提高居民参与社区事务的积极性？如何弥补社区治理的缺陷，引入全新主体为快阁苑老旧社区向未来社区转型助力？诸多问题横生，亟须解决。快阁苑的探索未来社区建设之路，由此开始。

（二）因势利导：忽如一夜“春风”来

社区居民满怀着对美好生活的憧憬，期盼着社区作出改变。忽如一夜“春风”来，随着治理能力现代化工作的进行以及基层治理逐渐受到重视，未来社区建设的相关政策出台落实，政策所指、居民所盼、社区所需三个维度层面不断呼唤着“未来社区”从概念层面落地到实际层面。

1. 政策所指，探索治理蓝图

民众需求的多样化以及对于生活水平的高质量化要求推进治理能力的现代化，也要求治理体系相关主体的参与和能力的提升。基层治理是国家治理体系的重要组成部分，而社区作为国家治理的重要基石，是市域社会治理现代化的基本单元，协调社区基层治理，是推动城市治理能力现代化的必然选择。快阁苑社区作为绍兴越城区人口最多、占地面积最大的社区，因其建设历史较为悠久，经过三十多年的发展，社区基础设施已变得老旧破败，加之其社区居民人口组成复杂等多种原因，总体社区治理能力以及治理成效不尽如人意，亟待提高。

2020年，由国务院发布的《关于开展城市居住社区建设补短板行动的建议》提出合理确定居住社区规模、落实完整居住社区建设标准等在内的社区建设补短板行动五大任务，同时文件指出健全社区共建共治共享机制。因此，在新时代高质量发展与治理现代化的时代政策与背景之下，如何提升快阁苑社区治理效能，如何改革快阁苑社区基层治理机制，成为当下对快阁苑社区治理能力提升与突破的一次大考，也是对于快阁苑社区如何调和居民与社区问题，满足居民日常生活需求的巨大考验。

党的二十大报告强调，要完善社会治理体系，在社会基层坚持和发展新时代"枫桥经验"。坚持"小事不出楼栋，大事不出社区，矛盾不上交"，以打造新时代"枫桥经验"的城市社区样本为目标，突出治理智慧化，构建更可感知的智治体系和更有成色的智治"获得感"。

快阁苑社区紧跟时代与政策之脚步，以老旧小区改造、建设未来社区为社区治理目标与行动指南，探索社区治理蓝图。

2. 居民所盼，期待共建共享

随着经济社会条件不断提高，人们开始追求更高水平、更高质量的生活，传统的基础社区服务已经无法满足大部分居民的现实需求。

一方面，社区居民强烈希望能够改变现状，提升自己的生活品质，并且都愿意为社区发展贡献自己的力量，为了提高社区居民的生活质量与生活幸福感，亟须升级老旧社区，拓造实景式未来社区。大部分社区居民强烈希望能够改变当下较为传统的社区服务模式，提升社区服务的质量与效能，提升社区环境以及自己的生活品质。但由于快阁苑社区建立于20世纪90年代，历经三十多年的变化发展，部分社区规划存在不合理之处，社区基础设施例如社区健身设施、水电管道设施也由于年久失修而老旧破败，"三天一小修，五天一大修"成为老旧小区的常态与头疼之处。

另一方面，社区整体人口结构偏老龄化，居民社区养老服务需求较高，养老负担和压力重，社区服务功能不健全，康养需求也无法得到很好满足。快阁苑社区老龄化水平较高，65周岁以上的老年人口达五千余人，人口占比超30%，且大部分社区家庭都为"一老一小"型家庭，家庭支柱又需要承担上班工作的责任，大部分社区家庭的养老与托育压力较大。而原先快阁苑社区又难以为老人与小孩提供养老或休闲娱乐场所，导致居民对于社区生活感到枯燥，对于整体社区服务的满意度较低。

在上述基础设施破败、维修服务不到位、养老托育需求无法得到满足等多方原因下，快阁苑社区居民对于社区服务投诉案件多，对于社区治理满意度较低，同时居民又对于社区的建设与治理抱有较高的需求与期待。快阁苑建设未来社区，调和居民与社区之间的矛盾关系，解决社区治理问题迫在眉睫。

3. 社区所需，提升服务质量

快阁苑社区虽然历经了三十多年的发展，但在这三十多年的发展历程中，快阁苑社区的管理人员却在不断更换改变，许多社区工作人员任职时间较短，大部分工作人员仅仅是因为工作调动，才走进快阁苑社区，对于社区并不了解，更不要说对于社区的归属感。也由于社区工作人员的调动调整，面对年轻的外来社区管理人员，社区居民对于社区的治理以及管理认可度并不高，甚至有时对于社区人员的管理存在不满。

同时，由于快阁苑社区面积较大、社区人口组成较为复杂，社区整体的治理工作难度较大。众多社区管理人员又是初来乍到，对于社区整体情况并不了解，为民众所设计的治理方案也难以得到群众的认可，或是满足群众的需求。社区居民与社区管理人员之间的矛盾，居民对于社区工作的质疑，社区工作人员在工作时无从下手的情况时有发生。因此，创新社区治理模式、改变现有的治理方法、调和居民与社区之间的矛盾问题成为快阁苑社区在新时代由老旧小区走向现代化居住社区的关键所在，也成为快阁苑社区在未来社区建设过程中的工作重难点。

快阁苑社区在发展的过程也注意到了社区治理各方面的问题越来越明显，社区工作越来越难以开展起来，社区居民的信访件与日俱增，社区投诉电话每天不断，社区也感受到了居民对社区的不满意，居民开始不信任社区，抵制社区的管理，快阁苑社区意识到了问题的严重性，亟须寻找一个适合社区发展的方法来解决社区的诸多问题，让社区治理问题得到更好的解决。

（三）别出心裁：一书二圈七队伍

自快阁苑社区进行未来社区建设以来，着力于解决社区诸多的治理问题，围绕“打造智慧、安居、幸福的快阁苑未来社区”目标，积极构建未来社区治理发展的“127”体系，不断推动社区治理能力提高、社区居民关系改善、社区治理服务效率提升，探索健全“一书二圈七队伍”社区特色治理机制，完善社区治理，平行推进快阁苑未来社区建设，高标准打造“127”体系下治理有效的未来社区。

1. 纸短情长：诚挚沟通矛盾解

一封“家书”寄深情。老旧小区改造，几家欢喜，几家愁，赞成者有之，反对者更甚！快阁苑社区旧改，涉及面广、时间跨度长、经费紧张，这让原本就居社关系紧张的快阁苑社区更加雪上加霜，众多质疑扑面而来。面对着众多的反对质疑之声，良性沟通是解决问题的最好方法。一封承载着北海街道党工委、街道办事处深情厚意的“特殊”家书通过社区党员、志愿者、楼道长传递到小区的家家户户中。家书中完整描述了未来社区的美好生活蓝图和目前所处的施工阶段，字里行间流露出满满的真情和深切的期盼。此次家书发放活动，共计走访居民家庭 3 300 余户，发出家书 3 500 封。通过家书的发放，形成了社区与居民之间的良性沟通，居民纷纷表示愿意相信目前社区治理方面的问题都是短暂的，当下的不便是为了日后的方便，大家都会全力支持社区改造。

一份“问卷”清底数。众口难调！旧改究竟改什么，如何真正改到老百姓心里，是快阁苑社区改造过程中一直在思考的问题。因此，为了让改造更加贴合于社区治理问题，解决目前治理方面的困扰，启动改造前，快阁苑社区党委发放超过 4 700 份问卷，回收率高达 93%，从问卷中社区获悉了居民的诉求主要包括“增加停车位”“加装电梯”“建设老年食堂”“建设多样化健身设施”“给予居民参与社区工作的平台”等。民有所呼，社区必有所应、必有所为，自开始社区改造后，社区收到居民来电 1 300 次，开展小区业主座谈会 30 次，让广大群众积极参与老旧小区改造方案制定、施工监督和工程验收，保障群众知情权、提高满意度。在加装社区新一批雨棚时，社区秉承充分与居民进行沟通，居民的事由居民解决的理念，通过居民亲自现场监督见证，让合格的雨棚安装在自己屋檐下。

快阁苑社区从改造方案落地，到施工项目监督，紧紧抓住“人”这一关键因素，让居民成为紧密团结的伙伴，形成政府推动、社区调解、居民自治的良性格局，成为社会治理体系和能力变革的有益尝试。

2. 圈圈相扣：服务治理提效率

快阁苑社区坚持以变革理念健全基层组织架构，推动社区组织体系和治理体系下沉延伸，促进“党建、治理、服务”三网融合，以党建为引领，以居民为“网格员”织起紧密的社区治理与服务网，建造出一个全面深入的社区治理圈，让党建组织成为社区治理圈的红色旗帜，引领社区治理更上一层楼。

人在网中走，事在格中办。快阁苑社区积极组建“1 + 3 + N”网格团队，改进基层治理模式，聚焦工作中暴露出来的网格过大、负荷超载等问题，积极发挥“支部建在小区上”“支部建在网格上”的优势，持续优化网格设置，重新定义网格职能。建立网格党组织，以“两地报到，人人契约”为抓手，深度挖掘在职党员、退休干部、居民代表等进入社区治理网络，成为社区治理圈网络中的兼职网格员或红色微网格员，由书记兼任网格长，鼓励楼幢党员亮身份、做表率，整合基层党员干部、志愿者等工作力量负责每个社区微网络的治理服务，形成“微网络—网格—社区”的链接，层层传递社区治理问题，实现治理网络化，确保平时看得见、战时豁得出。

为了实现社区美丽宜居的目标，为居民营造良好的社区人居环境，让居民享受更好的社区服务，快阁苑社区倾力打造出了以社区为中心，以不超过 15 分钟路程享受各类服务为目标的快阁苑未来社区 15 分钟便民生活服务圈。在服务圈中心也就是社区内部中心，建设了邻里中心这一社区多功能性建筑，整个建筑包含了养老、托幼、便民食堂、活动场所、老年大学等功能。从邻里中心开始 5—10 分钟路程的内部生活圈内，在小区边缘区域，增设足球、篮球、羽毛球、乒乓球等体育休闲设施和百姓健身房、儿童游乐设施，适合不同年龄段居民运动休闲。社区外沿的沿街商铺、快阁苑市场能够满足居民的各种购物需求。从邻里中心出发 10—15 分钟的外部生活圈内，有绍兴市第七医院、阳明中学、元培中学、钟堰禅寺等各类生活站点，满足了居民的医疗、教育、娱乐需求，形成内外大小圈层紧密相接，各类服务配套设施丰富齐全的便民服务圈，让居民在 15 分钟内，用最快捷的速度享受到最齐全的服务。

3. 七彩斑斓：志愿服务心相融

快阁苑社区创新提出了“七色共建”的思想，让辖区居民从“观众”变成“主角”，组建了快阁苑社区以社区党委为核心的“七色”服务队，其中包括“白天使”逆行队、“蓝精灵”巡逻队、“橙彩飞扬”俱乐部、“红管家”物业、“金招牌”商铺联盟、“绿卫士”服务队、“银龄先锋”宣讲团等，现已有成员 250 余人，均由党员担任队长，与社区党委签订治理契约。“七色”服务队伍接过社区治理的“指挥棒”，活跃小区治理一线，以实际行动传递着社区正能量。

在社区的日常工作中，“七色”服务队各司其职，积极为营造良好的社区治理环境而努力，通过依靠居民自己的力量，更好地协调社区与居民的关系。“白天使”逆行队以“健康”为主要理念，注重增强社区居民关注健康的意识，引导居民树立健康观念、培养健康行为，医务人员进驻社区，与社区工作人员一起上门入户为社区居民提供医疗服务并定期开展义诊。“蓝精灵”巡逻队旨在发挥群防群治作用，在辖区主要路口每天义务巡逻，不定期开展夜巡，进行平安宣传排除安全隐患，有效维护了辖区的平安和谐稳定，切实提升了居民群众安全感和满意度。“橙彩飞扬”俱乐部建设有多个社群社团组织，各社团均制定了明确的工作机制和活动计划，帮助社区各类活动常态化开展。“红管家”物业成立“红色调解队”，面对邻里琐事、家庭矛盾，他们总是热心参与，主动介入，积极调解。“金招牌”商铺联盟定期在社区内开展食品安全走访、安全生产专项检查，并且监督社区经营户文明经营。“绿卫士”服务队身着红马甲，志愿巡逻辖区主干道，劝导阻止车辆乱停乱放、乱丢垃圾等不文明现象，或拿上扫帚、铁钳等工具，清理辖区内垃圾，美化社区环境卫生。“银龄先锋”宣讲团负责宣传越地，营造社区浓厚文化氛围，给居民宣讲惠民政策，为居民做好疑问解答工作，确保符合条件的居民都能及时享受政策，并且宣讲党史，在社区内营造听党话、跟党走的浓厚氛围。

“七色”服务队将为社区居民提供治安环保、矛盾调解、邻里活动、五水共治、营商服务、健康养老等多方面的共建服务，引导各方力量积极参与，形成睦邻友好的幸福生活共同体，为有序开展社区治理活动与服务贡献力量。

（四）踔厉奋发：波澜须臾平地起

鉴水画卷，乐享快阁。自开始进行未来社区建设以来，快阁苑社区面貌发生了翻天覆地的变化，一幅充满现代城市感又兼具老绍兴味道的市井画卷缓缓铺开。快阁苑社区于 2021 年 12 月 15 日入选老旧社区改造类未来社区，成为绍兴市首个未来社区建设旧改示范项目，又在 2023 年 1 月开始进入试运营阶段。快阁苑社区以“高质发展，治理现代”为总体规划理念，打造幸福快阁蓝图美景。

1. 关系融洽：供需对接矛盾解

为实现社区安居、智慧、幸福的目标，满足居民需求，缓和两者关系，快阁苑社区在核心地段建设了邻里中心这一以服务人民为目标的社区功能性建筑，打造若干宅间活动空间，并对全体居民全天候开放，空间环境宜人，整个建筑涵盖了养老、托幼、便民食堂、活动场所、老年大学等功能，满足了老年居民对放松娱乐场所的渴求，更是为他们搭建起了邻里互相沟通交流的桥梁。社区以“社区营造”为切入点，将各类生活场景融入邻里中心，并布局多个功能区块，扩大了居民的活动范围，增加了社区服务供给，提升了社区服务品质，落实了社区建设为民、便民的目标，居民们可以明确知道自己的社会活动在哪个场所进行，像喜欢打牌、麻将的老年朋友可以直奔邻里中心的棋牌室，不用再满小区找牌友、棋友，节省了不少时间。

此外，社区以“+绿色”“+智慧”，倾力打造出快阁苑小区15分钟便民生活服务圈，服务圈内设置了居民日常生活所需的商业服务设施、文化教育设施、公共服务设施、医疗服务设施、体育休闲设施等各类服务点，让居民在以邻里中心为圆心的15分钟服务圈里，能够以最便捷的方式最大限度地享受到社区提供的最齐全的服务，这极大方便了带着孩子的居民和腿脚不便的老年人，方便他们在照看孩子的同时也能娱乐自己，使他们真正感受到了改造后社区的便利与周到，大大提升了居民对于社区的归属感。

除了综合性的邻里中心，快阁苑社区还以鉴湖为邻，遵照景观为环的设计理念，以“五园六坊”为蓝图，打造了悦水园、闲乐园、乐活园、书香园、撷趣园等五个特色户外活动中心，各具特色的“五园”坐落在“六坊”之间，向所有社区居民开放，以健身活动、文化宣传为主要功能，兼具生态、美化等作用，为居民提供获得感、安全感、幸福感的公共服务配套设施。许多爱跳广场舞的阿姨、奶奶们将此作为舞台，爱打太极、柔力球的居民也找到了场所，这不仅使居民们结交了更多志同道合的朋友，更使全民健身的氛围调动了起来，居民有了新的场所可供日常娱乐，需求得到切实满足，矛盾自然得到了进一步的缓和。

2. 管理优化：渠道拓宽发声易

为了更好地体察民情、了解民意、科学发展，社区党组织先后组织召开意见征求会 3 次、民意纠纷协调会 20 余次，发放调查问卷 4 700 余份，为居民量身定制“旧改套餐”，上到社区领导及工作人员，下到不识字的老人，均为访问对象，居民们感受到了前所未有的尊重与关怀。居民们前期提出的问题也一一得到了反馈：楼房外立面翻新，停车场设置了智能停车系统，监控系统加装升级……居民的声音被社区听到，并得到了及时回馈，这极大激发了居民共同参与社区建设建言献策的积极性，鼓励更多居民参与到社区公共活动中来，在解决社区与居民矛盾的同时，也拉近了邻里关系，使居民们感受到更多温暖与归属感。这一举动不仅促进了基层党组织组织力的提升，充分发挥了党员服务群众带头示范作用，更使居民对党组织的信任度大大提升。

更暖心的是，在居民们的真实心声被社区听到后，社区将一封封言语恳切的、饱含真情的“家书”送到了近 3 000 户社区居民手中，让居民信任且支持社区的改造工作，并开展了针对居民各种需求的深度访谈，深入群众，在不同的需求被提出后，积极做出了相应的措施，力求让每一位居民的服务需求得到满足。一份份“家书”中饱含对前期不作为的歉意、希望群众原谅的真诚以及渴望居民支持信任的表态。

3. 体系优化：助推基层精治理

未来社区建设是社区改造的机遇，更是对社区治理能力的要求，围绕未来社区建设过程中的主要问题进行热烈讨论，发现问题又解决问题，让问题在基层得以解决，面对矛盾对症下药，坚持做到矛盾不上交，积极完善基层矛盾处理与问题发现机制，为社区高效治理保驾护航。力求落实以人民为中心的发展思想，践行党的群众路线，使党的领导贯穿社区服务体系建设的全过程各方面，促进提升了基层党组织的组织力，充分发挥了党员服务群众带头示范作用。

居民自管自治是实现社区事务高效管理的必要条件，是在未来社区建设中打造未来治理空间的必然举措，发挥居民的能动性会在社区治理中获得别样的收获。“互联网 + 政务服务”已向社区延伸覆盖；政务通用自助服务一体机，完善了社区政务自助便民服务网络布局；“互联网 + 基层治理”行动，发挥社区信息为民服务实效；团结社会力量参与社区服务，推动社区与社会组织、社会工作者、社区志愿者、社区公益慈善资源联动开展服务，坚持共建共治共享的基本原则，利于充分调动社会力量，引导市场力量，更好发挥政府作用，构建多方参与格局，让全体人民共享发展成果。居民参与社区治理的积极性越来越高，自管自治的素质极大提高，不仅能够从生活中发现更多问题，也能从对方角度相互体谅，邻里纠纷越来越少，和谐社区成效显著。

快阁苑社区建立“微治单元”，推出“幸福快阁”微信小程序，通过“快阁邻里”“快阁教育”“快阁创业”“快阁服务”“快阁治理”“快阁交通”等模块，畅通居民信息获取、预约以及问题反馈渠道，形成线上线下高效的闭环处理机制。居民可以通过线上查询了解到书籍相关信息、创业相关条件、交通运行情况等信息，也能提前预约书籍借阅，提前规划公交路线。

目前，快阁苑社区已划分为22个基层网格、75个楼宇微网格，建立了“社区—基层网格—微网格—户”四位一体工作体系，每个微网格建立群众自治群，实现点对点沟通、面对面服务，促进矛盾纠纷就地发现、就地调处、就地化解，以网格员的小脚步守护小区群众大平安。该社区还先后斩获了绍兴市示范型“协商驿站”、绍兴市第二批“乐活驿站”、绍兴市高质量就业社区、绍兴市民主法治社区、绍兴市“五星达标”社区、绍兴市越城区先进基层党组织等殊荣。

三、案例分析与思考

（一）案例理论概述

1. 概念阐释

社区作为城市与乡村生活的基本单元体，承载着多项社会功能，连接着公共生活的各个环节，相较于社区所提出的未来社区，在治理和服务方面提出了更科学、更完善的要求。一方面指的是立足于未来视角下，引入新兴的科学技术，注重用高新技术来推动社区治理现代化，运用整体观念和行动来解决当前社区所面临各式各样问题的单元；另一方面指的是满足人民群众美好生活需要，提高服务的精准度和服务的便民度，注重居民高质量品质生活建设，从基础层面上提升社区居民的基本生活质量，打造有归属感、舒适感和未来感的新型城市功能单元，成为有效治理城市暗斑块的重要途径。

2019年，浙江省政府工作报告首次提出“未来社区”这一概念，是在“社区”的基本概念基础上提出的全新概念，被视为浙江“十三五”规划期间最具比较优势、最能带动全局的重大创新举措。自该概念提出后，经过多个省级文件发布、多批试点及创建项目实践，将其作为“美好家园”的浙江方案加以贯彻落实，同时，其概念和内涵也深化迭代。总体来看，未来社区是基于“139”系统理论架构，以人民美好生活向往为核心，以“三化九场景”为指引，坚持“以人为本”的基本原则，从社会关系、生活方式、人居环境维度出发，致力于满足人的安居需求、生活需求、社交需求的社会综合体、生活共同体、有机生命体（见图 5－1）。

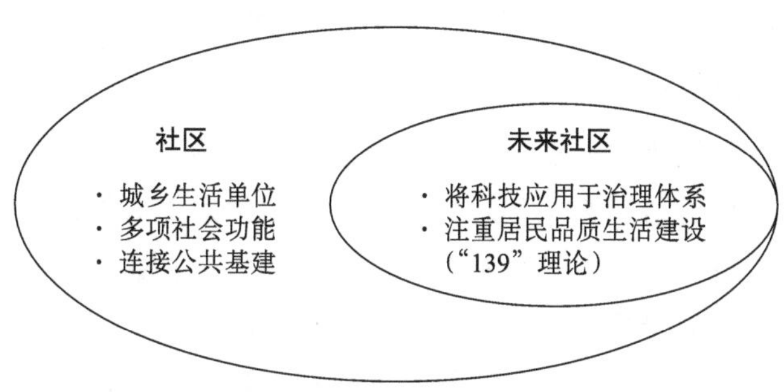

图 5－1 社区与未来社区的关系

2. 理论基础

协同治理理论是强调动员多方主体参与以达成多元主体之间的协同合作，充分发挥各主体作用，整合多方资源和力量以实现多元主体下的优化治理格局与创新建设体系。

协同治理理论的核心思想是社会问题的解决需要各利益相关方之间的协同努力，而不仅仅依赖于政府的单方面决策和行动，其理论内涵包括了四个方面的要素。一是治理主体多元性。政府部门作为社区治理的主体，要充分利用其优势，同时吸纳多元主体共同参与。二是治理目标一致性。社区治理强调各主体之间目标、行动的一致性，建立政府与社会力量、居民之间的新型合作关系，协调各主体间行为。三是治理资源共享性。社区协同治理通过协商合作等方式，实现资源共享与整合，合理配置各个主体掌握的资源，真正发挥协同优势。四是治理过程协同性。社区治理过程中利用多种方式治理社区公共事务，维持与促进协同治理体系的高效运转。

本案例将协同治理理论运用于对快阁苑社区建设未来社区的有效措施与发展蓝图的研究分析，框架如图 5－2 所示。

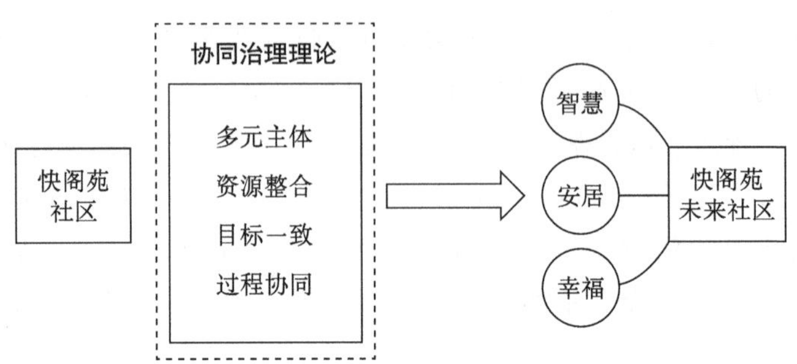

图 5－2 案例分析框架

在本案例研究中，以协同治理理论为主体分析理论，贯穿全文，以多元主体和数字赋能为切入点，强调动员多方主体参与到未来社区的建设过程中，以完善社区治理为一致目标，与多元主体建立有效的合作关系，充分利用各主体自身资源并积极整合多种资源和力量，通过协同治理的方式实现多元主体的力量最大化。在协同治理理论的指导下，本案例根据实际调研情况，围绕主体多元、资源整合、目标一致、过程协同四个方面，梳理快阁苑社区在未来社区的建设中所采取的一系列富有创新性的措施并合理分析，尝试在现有基础上提出优化路径。

（二）分析与归纳："快阁"靠协同"出众"

1. 主体多元，合作焕发生机

快阁苑社区着力解决社区治理方面面临的问题，通过多元主体之间的合作，将政府、社区、居民、志愿组织、企业等主体都联结起来：纵向联动，在政府和街道等具有直接领导职能的单位管理下，助力未来社区治理高质量发展；横向协调，引进社会层面其他团队，力图打造未来社区治理新场景；居社自治，将社区建设的平台让出来，让居民来进行社区建设，多元主体合作为快阁苑社区快速的蜕变提供强有力的支撑。

政府部门是社区治理的主体，有责任在各个方面提供支持和开展相关工作。在未来社区建设过程中，政府对社区的土地、建筑进行了合理规划，提出交通成网、景观成环、建筑成圈的核心"三成"理念。在基础设施建设和维护方面，政府投资和管理社区的基础设施：拓宽小区道路、楼房外立面刷白美化、社区监控系统更换升级。在公共服务提供方面，政府对快阁苑小学内的基础设施作了相关完善，支持社区内自助医保驿站的建设，进一步提高社区福利。在保障居民安全方面，政府派遣警察部门全力配合。同时，政府部门协调各利益相关方的需求，倾听居民的声音，并寻求解决方案来提高社区和提升居民的生活质量。

快阁苑社区在探索治理层面的未来社区建设道路上，不仅依赖于政府的主导作用，同时也同样关注到志愿组织的重要支撑和推动作用。为了更好地为居民提供优越的居住环境与良好的邻里空间，快阁苑社区联合志愿组织积极开展各种志愿服务活动和主题社区活动，并由志愿者对社区居民进行技术培训。例如：如何在医保驿站实现自助购药、查询账户余额等；给居民提供咨询服务，解说社区建设的相关安排等；利用线上互联网与"幸福快阁"小程序，以线上预约线下参与相结合的形式，丰富了居民的生活，同时也使社区与居民关系进一步得到缓和，治理有效局面正在慢慢产生。

不仅如此，快阁苑社区通过与绍兴市北卫物业管理有限公司签订一体化运营服务合同的形式，由北卫物业作为运营统筹方，协调社区其他第三方合作主体，提高了社区总体工作效率。其中，绍兴绿康越州家园医养服务有限公司作为多家运营主体之一，在老年群体的康养中发挥了重要作用。为了更好地改善老年群体的生活品质，快阁苑社区为老年群体提供医养护康一体化的"公建民营、医养结合"养老服务项目，以邻里中心的日间照料中心为活动阵地与体验原点，辐射整个社区老年群体居民，为社区居民康养提供了便利条件，缓和因康养需求不对称而产生的社区矛盾。

居民也是社区依靠的重要力量，在社区建设中发挥着不可或缺的作用，只有得到居民群众的支持与配合，社区建设才能顺利展开。在"家书"抵达家家户户之后，反对的居民逐渐理解并积极加入建设行列中来，尽量克服社区改造过程中带来的困难。此外，居民们还积极参加社区会议、座谈会和讨论活动，表达对社区建设的需求及建议，社区组织的活动也得到了大家的积极响应，不管是从改造方案落地、施工项目监督，还是最后项目成型，每一个环节都有居民参与。这一次并不是社区强制，而是居民积极主动参与社区事务，不仅是对社区治理阶段性成果的总结，也是居民与社区关系缓和的表征。

2. 资源整合，凝聚集合力量

快阁苑社区在建设过程中重视各类资源的整合，通过与各主体之间合作，实现资源的共享与整合，合理配置利用各个主体掌握的资源，真正发挥协同优势，缓和居民与社区之间的矛盾，打造资源优势型的未来社区。

快阁苑社区牢牢把握社区教育资源，与元培幼儿园、城区内各小学进行合作，以跨区合作办学、名校集团化办学、联盟式发展等方式来扩大优质幼小资源覆盖面。在小区内建设了快阁苑幼儿园、元培幼儿园红苹果园区，为居民提供最便捷的教育环境，并且为促进学前教育健康发展，社区引进面向大众、办学规范、收费合理、财务公开、质量较高的托育机构，向社区居民提供普惠性托育服务，促进学前教育健康发展，极大程度地满足了社区居民幼小教育需求。

除此之外，快阁苑还与各教育机构进行合作，基于对社区居民结构及需求的分析，开设幸福学堂，提供青少年“四点半课堂”、职业人员“乐学课堂”、老年人“常青课堂”等多种类的教学服务，建立分时段课程制度，让居民从幼到长的教育需求都得到满足，营造了浓厚的学习氛围，优良教育资源集合于快阁，让快阁苑社区更富有书香气。不仅如此，社区还配备有社区书房、共享书吧等阅读场所，为社区居民提供一站式阅读公益空间，丰富社区居民文化日常，让居民对社区更有归属感。

快阁苑社区也积极引进多方的医疗资源，北海街道社区卫生服务中心快阁苑卫生服务站与三级甲等医院绍兴市中医院在政府主导下建立医联体，可提供医疗数据共享互认、就医流程优化、双向转诊、远程医疗等服务，并依托绍兴市社区卫生服务信息系统，完善健康电子档案系统与签约责任医师机制，为不同类型需求的居民提供具有针对性以及个性化的医疗救助方案。此外针对高龄、失能等行动不便的重点人群，提供多样的医疗服务，让健康医疗服务渗入居民生活，让居民感受到社区的关心，缓和居民与社区之间的矛盾。

3. 目标一致，合力共赢发展

在快阁苑社区改造的过程中，不管是社区居民，还是政府、社会组织都有着同一个目标：建设一个智慧、安居、幸福的社区，让社区治理井然有序，缓和社区与居民的关系，满足居民美好生活的需要，提高社区治理效率与服务效能，建设一个便民利民、美丽温暖的社区，以满足居民美好生活的需要。

智慧社区是社区建设追求的目标之一。为了满足社区实际需求，快阁苑社区充分结合数字科技，与街道政府相互协作，以建设城市信息模型（CIM）数字化建设平台为基本方式，实行全社区空间要素数字化、虚拟化，全状态实时化、可视化，让居民利用此平台便可了解到整个社区的具体数据，并且助力社区治理，保障社区的治理满足居民实际需求。此外，快阁苑社区还进行了空间的集约开发，邻里中心根据实际需求，以数字化手段模拟建筑建造形式，三维成像打造虚实交融、万物互联的数字孪生空间，实现了单栋建筑集休闲娱乐、康体养生、文化教育等功能于一体的宏伟目标。快阁苑社区在建造与治理过程中，积极配合政府政策与政街领导，又将数字技术融合到社区建设当中，打造了景色优美、宜室宜居的快阁家园。

提升社区居民的幸福感与营造安居的社区环境是社区一直以来的追求，快阁苑社区为了更好地开展社区活动与管理社区事务，成立了社区居民委员会。在维护社区居民共同利益和合法权益的同时，也承担了社区共治共建的责任和义务，参与社区的日常管理与活动组织，定时召开居委会会议，制定快阁苑社区居委会工作制度，也有利于明确职责边界、管理制度、经费管理制度等相关内容，规范居委会职责行为，让居民委员会的成员更好地投入未来社区建设的事业当中。居民委员会自创立以后，就积极与社区进行沟通，为社区工作排忧解难，做好社区工作的坚实后盾，让居民委员会成为居民与社区工作沟通的桥梁，为居民创造了更安居幸福的社区。

居民委员会自创立以后，就积极与社区进行沟通，为社区工作排忧解难，做好社区工作的坚实后盾，让居民委员会成为居民与社区工作沟通的桥梁。并且努力与社群社团组织联系，形成6个以上的线上线下邻里社群社团组织，开展常态化活动，为社区生活增添一抹色彩，成为社区生活的广阔舞台。

4. 过程协同，携手奔赴未来

快阁苑社区在老旧小区改造、建设未来社区的过程中，通过沟通交流、协作协同，以居民自治、社区居民联动等方式，从治理方式和治理规则方面展现快阁苑在过程协同方面所作出的努力，通过一系列的措施促进整体社区治理能力的提高与现代化。

创新居民自治模式，丰富居民自治形式。快阁苑社区在老旧小区改造过程中，由于改造过程复杂，工程量大，不少改造措施使社区居民对于老旧小区改造工作极具怨言、投诉不断，而社区工作人员由于不熟悉居民的具体需求以及各项工作的繁杂，无法高质量处理居民投诉、满足居民需求。在居民自身需求以及社区工作的支持下，快阁苑社区诞生出“七色”服务队，旨在发挥热心群众力量，依靠居民力量，与居民建立良好的沟通合作关系。他们在老旧小区改造过程中走遍了社区的每一栋居民楼，记录下居民的生活诉求，积极进行沟通对接，写满了工作记录本二十余本。快阁苑社区通过居民自治，以居民力量，拉近社区与普通民众之间的距离，并且了解各居民的具体生活诉求，借助居民自治组织，快阁苑社区的治理工作更加落到实处，“七色”共建，促成幸福快阁。

快阁苑社区在未来社区建设的探索中，深入研究治理模式，创新居民参与民主生活的方式，发挥主人翁精神，为社区发展贡献自己的力量。快阁苑社区居民自发组织讨论并通过公众号、居民群、楼栋群、宣传栏等宣传渠道进行了意见征集并优化，集中民智又反映民意，制定了社区居民自治章程，形成了邻里公约。为了时刻检验自治成效，快阁苑社区依托智慧服务平台“幸福快阁”，建立线上线下联动的积分体系，在居民公约签订完成后定期对居民行为进行抽查与核对，根据积分规则进行奖惩。快阁苑社区通过激励制度与规范制度相结合的方式，鼓励社区居民参与共建共享，建立了有效可行的社区居民自治机制。

社区同居民交流联动，平息居民不良情绪。在老旧小区改造过程中，虽然有“七色”服务队的调解缓和工作，但是由于居民对于社区部分工作的不理解，仍对社区部分工作持反对态度。为了让居民了解社区工作，理解并支持社区工作，快阁苑社区联合街道向全社区居民发表《致快阁苑社区家人们的一封信》，以家书的形式，做好社区改造工作的宣传工作，走进老百姓的心里，让老百姓理解社区工作，平息内心的不良情绪。同时，快阁苑社区针对整体治理改造工作开展意见征求会 3 次、民意纠纷协调会 20 余次，发放调查问卷 4 700 余份，整体治理方案以及治理过程充分反映民意、体现民智。

在整体社区治理过程中，通过街道力量与居民自治组织力量，快阁苑社区缓和了社区与居民的矛盾问题，以居民社区交流联动模式，促成社区治理工作高效协同运转，打造鉴水之岸的幸福社区画卷。

四、案例结论与总结

（一）经验与启示：未来社区以创新“出彩”

从快阁苑未来社区建设的情况归纳与实施措施分析来看，以主体多元、资源整合、目标一致、过程协同四个角度展开，分析协同治理理论指导下快阁苑社区为建设未来社区所作出的努力，总结归纳出三个方面的创新亮点，为其他社区建设和发展未来社区起到一定的启示作用：数字赋能，推动社区智理，促进未来社区现代化；协调合作，保障社区发展，助力未来社区一体化；立足实际，精准施策，着眼未来社区人本化。三者平行共建，打造出创新性社区发展格局，形成可供推广的未来社区发展路径，最终为各地未来社区发展提供具有可借鉴性的良好范本。

1. 数字赋能、整体智治——未来社区“智”起来

未来社区之所以称为“未来”是因为其在数字化发展与数字化转型方面下足功夫，通过数字赋能的方式，不断推动社区治理向社区智理转变。快阁苑未来社区在实际的建设中，将数字化转型作为社区建设的核心措施，从利用城市信息模型数字化建设平台构建新空间，到建立“幸福快阁”小程序满足便民利民新需求，再到创立智慧服务平台成为和谐邻里关系、支撑创新创业、鼓励居民参与新途径，依靠多种数字化技术与措施，激发社区发展活力。

数字赋能是重要举措，更是发展的基本思想，以数字化发展来推动未来社区建设对其他社区有着借鉴意义。对传统治理模式占主导地位的社区而言，进行数字化转型显得尤为重要，打破传统治理的束缚，引入数字化技术，搭建数字化平台，提供数字化服务，实现智慧发展。

2. 联动协同、互利共赢——未来社区“和”起来

沟通协调方能凝聚多方力量，合作互助方能团结多元主体，未来社区的建设与发展仰赖于主体之间的共赢思想与合作理念。快阁苑社区始终坚持以合作来助推发展，自开始进行未来社区建设以来，不仅切实做到社区事务保质高效，居民共建共享，站稳基层治理的根基，而且致力于纵向协调，加强政街、事业单位等对社区全方位、多领域的支持，强调横向合作，与志愿组织建立合作关系，和公司企业结成伙伴关系，为快阁苑发展成为综合性、全面性的未来社区筑牢了基石。

因此，多元主体之间的合作成为未来社区建设与发展必不可少的战略性对策。社区单方面的力量总是有限的，将多方力量集聚起来，以合作助力发展，才能真正将未来社区打造成社区居民共同体。同时在选取合作对象时，讲求术业有专攻，引入真正富有竞争力且对社区建设有帮助的主体，不为了合作而合作，不拘泥于既定的主体，怀着开放的心态与创新的思维面对积极力量的加入。

3. 因区制宜、精准施策——未来社区“靓”起来

立足实际，不仅要关注到社区的基本情况，明确社区现状与存在的问题，也要聚焦于居民需求，了解居民真实需求，为居民提供更好的人居环境。在未来社区建设中，快阁苑社区作为一个典型的旧改类社区在实施建设时一切以实际为重，从社区本身出发，建设多种具有本社区特色的实体建筑与数字化平台，弥补社区不足，贯彻落实社区管理制度与居民参与机制，让社区的资源得到最大化利用，使社区建设更上一层楼。加之，快阁苑社区始终坚持“以人为本”的理念，在建设时处处体现为民、时时思考利民，坚持走群众路线，了解居民所需。

所以，立足于实际，看到社区亦看到居民，是未来社区建设与发展过程中可供借鉴的重要举措。一方面，在发展前充分考虑社区实际情况，制定细致完善的社区规划与设计方案；在发展时做好社区现实情况的检测与反馈，建立健全监测与评估机制。另一方面，根据居民的需求，提供精准化的社区服务和资源配置，了解居民需求的差异性，针对性给予多元服务，让居民享受到个性化的服务。

（二）总结与展望：未来社区凭实力“出色”

未来社区是社区改造的过程中一个富有创造性和生命力的选择，就快阁苑未来社区而言，其以绍兴城区里最大的老旧小区的身份展开未来社区建设旧改，成为未来社区建设系统性工程的突破口，为其他社区建设未来社区提供了借鉴。

快阁苑社区在社区治理方面存在着严重的问题，社区与居民关系冷淡矛盾尖锐、居民参与率低下、社区治理效率低等难点堵点凸显。然而，经过快阁苑社区的不断努力，对其自身的治理难题进行深度剖析，巧妙运用社区内原有资源与数字化科技，加强线下各主体之间的纽带联系，从主体多元、资源整合、目标一致、过程协同等多方面创新治理之路。优化原有管理途径，催生出令居民生活幸福感大幅攀升、社区治理水平显著提高的未来社区发展模式，以两年的社区治理路径探索以及经验积累，在促进社区治理有效方面取得了显著成效。同时，多元主体，提升社区整体的管理效率与治理水平；资源整合，将社区的众多资源集合起来，进一步增强了民生福祉，为社区治理贡献力量；目标一致，一起将社区建设成智慧、安居、幸福的未来社区；过程协同，多主体沟通协调将实现治理成效最大化。快阁苑未来社区宛如一座承载幸福生活憧憬的城市花园，用更优秀的发展与治理成果惠及社区居民。

快阁苑未来社区建设始终步履不停。回顾快阁苑社区的发展路径，快阁苑社区以未来社区的治理模式为指导，以数字化和多元化为方向，以满足人们对美好生活的向往为中心，注重“一书二圈七队伍”等治理新亮点，关注居民，聚焦社区治理改善，紧密结合数字化、人本化和生态化三个维度坐标，不断创新并探索治理模式，构建多方面多层次的服务空间，推动社区“智”起来、“和”起来、“靓”起来，向高质量、高层次的社区治理发展。

虽然未来社区在快阁苑已然成为一道“美丽风景”，但快阁苑社区的脚步仍然不会停止。未来快阁苑将继续建设更高质量的治理模式，并在交通规划、低碳生态方面继续探索，持续优化未来社区的管理与服务体系，坚持围绕浙江提出的“139”顶层设计，实现居民幸福、低碳绿色、科技高效、平衡协调的社区发展新格局。

岁月流转，丹心如一，快阁故事，也仍在谱写。

思考题

1. 结合快阁苑社区的实际情况，简述快阁苑社区建设未来社区的主要措施，并谈谈对社区治理有哪些突出成效。

2. 从协同治理理论的角度，谈谈未来社区的发展路径。

案例作者：章楚翊　王　烨　何天鱼　上官薇婷　陈雨乐

指导老师：罗志文

参考文献

［1］浙江省人民政府办公厅关于全域推进未来社区建设的指导意见［J］. 浙江省人民政府公报，2023（Z1）：37—41.

［2］蒋一德. 基于“未来社区—居民需求”的老旧小区公共设施更新策略研究［D］. 杭州：浙江大学，2023. DOI：10. 27461/d. cnki. gzjdx.

2023. 000208.

［3］张艺媛．未来社区建设中的协同困境及其化解策略［D］．杭州：浙江财经大学，2023. DOI：10. 27766/d. cnki. gzjcj. 2023. 000110.

［4］陈信，金剑，钟华，等．浙江省未来社区建设的规划管理适应性研究［J］．浙江园林，2022（04）：8—11.

［5］黎欣．探营越城区首个省级未来社区［N］．绍兴日报，2023－02－23（005）．DOI：10. 28747/n. cnki. nsxbr. 2023. 000351.

［6］林宏伟，王少波．浙江民企抢抓“未来社区”新机遇［N］．中华工商时报，2023－02－15（005）．DOI：10. 38311/n. cnki. nzhgs. 2023. 000494.

［7］陈信，金剑，丁兰馨，等．多方联动视角下的未来社区创建探索：以衢州礼贤未来社区建设实践为例［J］．浙江园林，2022（03）：53—56.

［8］朱红缨．建设未来社区实现居民美好生活愿景［N］．中国社会科学报，2022－12－15（011）．DOI：10. 28131/n. cnki. ncshk. 2022. 005540.

［9］余正，上官宗珊，周丹丹，等．基于时空影响因子的未来社区生活圈公共服务设施优化配置［J］．测绘通报，2022（08）：143—148＋154. DOI：10. 13474/j. cnki. 11－2246. 2022. 0247.

［10］邵献平，袁漫兮，冯婧，等．韧性社区数字治理的协同机制探析［J］．武汉理工大学学报（社会科学版），2023，36（02）：65—72.

［11］潘建新，王园佳．数字化转型视角下未来社区建设模式初探：以杭州瓜山社区为例［J］．建筑与文化，2023（02）：152—155. DOI：10. 19875/j. cnki. jzywh. 2023. 02. 049.

［12］李茂松．城市社区协同治理动力机制的构建与培育：以绍兴市北海街道社区为例［J］．生产力研究，2015（10）：57—60＋156. DOI：10. 19374/j. cnki. 14－1145/f. 2015. 10. 014.

［13］佚名．“浙”里将推进未来社区全域覆盖［J］．信息化建设，2023（02）：30—31.

［14］曹康，林惠慧，王艳侠，等．未来社区：多路径共襄下的城市住房政策在地创新［J］．现代城市研究，2021，36（10）：6.

［15］宋维尔，方虹旻，杨淑丽．基于“139”理念的浙江未来社区建设模式研究［J］．建设科技，2020（23）：16－21.

［16］胡轶敏，刘志斌，何金道．未来社区顶层设计为老旧住区智慧更新提供思路［J］．浙江经济，2022（06）：54—55.

［17］张睿．浙江省“旧改类未来社区”邻里中心可持续营建机制研究［D］．杭州：浙江大学，2023. DOI：10. 27461/d. cnki. gzjdx. 2022. 001310.

［18］叶浩翔，沈秀梅，袁浩，等．基于居民需求的旧改类未来社区一体化建设：以宁波鄞州惠风社区为例［J］．城市建筑，2023，20（08）：12—16 +32. DOI：10. 19892/j. cnki. csjz. 2023. 08. 04.

［19］杨沛然，沈洁，陈舒婷，等．旧改类未来社区运营思考［J］．建设科技，2022（13）：24—28. DOI：10. 16116/j. cnki. jskj. 2022. 13. 005.

［20］王晓宏，李颖．安置小区居民享受“数字生活”［N］．绍兴日报，2023 -05 -19（A03）．DOI：10. 28747/n. cnki. nsxbr. 2023. 001101.

［21］王晓宏．社区节能展示中心成网红点让低碳节能融入生活［N］．绍兴日报，2023 -08 -15（A03）.

［22］粟爱平．筹建临时市场 取代马路市场［N］．绍兴日报，2008 -07 -28（001）.

地方发展篇

案例6

贻韵致富：解锁离岛渔村一、三产业融合“共富密码”

一、引言

近年来“海洋强国”战略布局持续推进，海洋经济已成为我国经济发展的“蓝色引擎”。浙江省海岛众多，海岛产业集聚度低，产业结构单一，产业链尚不成熟，同质化竞争严重。但海岛又是浙江省开发与经略海洋经济的“桥头堡”，如何实现海岛产业发展，将资源优势转化为经济发展优势，是未来推进海岛高质量发展共同富裕的工作重点。

党的二十大报告指出，中国式现代化是全体人民共同富裕的现代化，强调要“着力推进城乡融合和区域协调发展”，“鼓励东部地区加快推进现代化”。这赋予了浙江探索东部海岛产业融合发展、积累经验的时代意义和典范价值。2015 年 5 月，习近平总书记在浙江省舟山市考察时指出：“美丽中国要靠美丽乡村打基础”，“绿水青山就是金山银山，就是科学发展、可持续发展”。在《中华人民共和国国民经济和社会发展第十四个五年规划和 2035 年远景目标纲要》中也明确提出要“积极拓展海洋经济发展空间”，“协同推进海洋生态保护、海洋经济发展和海洋权益维护，加快建设海洋强国”，海洋经济将成为区域经济发展的新增长点。

海洋产业及经济的驱动离不开良好的海洋生态环境，但当下海洋生态环境的脆弱性及复杂性又要求我们不能仅以经济利益为主而盲目开发。我国海岛法律制度的逐渐完善为海岛旅游开发提供动力，但是目前海岛旅游的发展远不如其他类型的旅游开发，许多海岛资源没有得到有效利用，且许多项目片面追求短期的产业开发效益，这对海洋生态造成了不可逆转的伤害。从“两山”理论内在辩证统一的逻辑内涵来看，海洋生态环境与海洋经济是可同步兼得的。

枸杞乡“一岛一韵”共富创新模式对浙江海岛高质量发展、实现海岛产业融合、大力发展海洋经济、探索生态产品价值实现机制、促进海岛人民共同富裕具有重要意义。

二、案例叙述

（一）背景缘起：边缘海岛蝶变记

1. 东海“贻”珠枸杞乡

枸杞乡位于东海之上，是浙江省舟山市嵊泗县第二大岛，陆域面积为 6.62 平方千米。枸杞乡地理位置优越，临近上海，海岸线长、海口岙口多、渔用养殖物资多。全乡下辖龙泉、奇观、东昇、干斜、里西 5 个村，2022 年底户籍人口为 7 741 人。

由于枸杞乡水域宽阔、水质洁净、水温适宜、饵料充沛，海洋生物种类繁多，渔业资源丰富，素有“天然鱼库”和“海上牧场”之称，更是被誉为“中国贻贝之乡”，是海产养殖、外海捕捞的重要基地。枸杞以旅游业与贻贝养殖两大并驾齐驱的产业作为主要经济收入来源。枸杞乡坚持科技创新，推行生态养海，围绕“蓝海牧岛，自在枸杞”主题 IP，打造贻贝产业岛，打造旅游新名片。2023 年枸杞乡入选“和美海岛”，顺利创成浙江省 4A 级景区镇，还凭借贻贝产业入选“浙江省首批国家农业产业强镇”。

枸杞乡的先民大多来自宁波、温州，在长期的海岛生活中，独特的生存习惯、艰苦的生活环境、不断的人口迁徙孕育了独特的海岛文化。

2. 边缘孤岛蝶变历程

（1）孤岛求索，重寻出路（1950—1990 年）

从前的枸杞乡岛民养海带等海产居多，但是规模小、产量低，与其他海岛的海产品相比较，没有任何竞争上的优势。乡政府为解决这一问题，开始养殖其他海产品，但海岛经济始终不得起色。

1958 年枸杞乡石浦村渔民徐金福尝试在岩礁上人工移植野生幼贝成功，随着人工养殖面积扩大，贻贝养殖成为枸杞的新生存技能。20 世纪 50 年代后期，中共嵊泗县委、县人民政府提出“以捕为主，捕养并举”发展渔业生产方针，倡导、扶持发展海水养殖业。1973 年枸杞乡又在浙江省内开启了紫贻贝人工养殖先河。20世纪七八十年代，枸杞乡出现海域鱼类枯竭现象，“渔汛”开始消失，海岛经济又陷入迟缓发展困境，许多岛民外出求业，造成了人口的极大流失，共同富裕的概念对于当地居民来说遥不可及。枸杞乡被迫摸索脱贫道路。

（2）瞄准贻贝，明确方向（1991—2010年）

1990年前后，贻贝养殖技术取得巨大进步，实现第一波海岛“致富”热，许多贻贝养殖户脱贫摘帽。2001年枸杞乡正式被命名为“浙江省贻贝之乡”，次年通过了“省级万亩贻贝养殖示范园区”的评审。岛上的贻贝产业链基本形成，贻贝也被列入“国宴名单”，顺利冲入国际市场，远销日韩俄等地。

乡政府在贻贝产业中发现致富的可能性，与当地水产公司、省内科研机构合作，投入十年多的心血，成功培育品质更佳、养殖更快的厚壳贻贝，贻贝产业成为枸杞乡焕新的“金名片”。但好景不长，贻贝产业相关市场监管力度不足，导致贻贝养殖市场混乱，贻贝质量无法得到保证，贻贝的养殖空间有限，养殖户市场出现桁地区划纠纷。与此同时，相关企业、岛民为了实现自身利益最大化，不惜牺牲海岛生态环境，从而造成了渔村环境脏乱，于是枸杞乡政府开始海岛生态环境整治。

（3）初步整治，破局造势（2011—2016年）

随着海洋污染加剧，乡政府开始采取严格限制的保护措施，修复海洋生态环境迫在眉睫。随着“五水共治”等政策出台，枸杞乡更加积极推进海上环保工作实施，在政府大力支持下，许多岛民也自发投入其中。枸杞乡也因独特的自然景观与人文风貌，在此期间名声大噪。2016年前后，枸杞乡游客数量激增，短短三年，岛上民宿经济飞速发展，从零星几家演变成二十多家，游客纷至沓来，枸杞乡的第三产业也在此时蓄势待发，吸引了许多外地企业投资。枸杞乡开始思考一、三产业如何持久续航平衡发展。

（4）稳步发展，携手共富（2017年至今）

特色养殖业经历了四十余年的发展，枸杞乡现已在后头湾、干斜岙、李西岙海域建成了三座巍巍壮观的“海上牧场”，养殖规模居华东地区首位。枸杞乡的旅游业发展如日中天，基础设施建设同步发展。近些年来，枸杞乡蓄力践行“绿水青山就是金山银山”的“两山”理念，坚持将贻贝产业发展与海岛生态环境保护紧密结合，持续改善海岛环境，修复海洋生态，控制贻贝养殖规模与区域，提高贻贝养殖质量。2018 年，枸杞乡打造“一岛一韵”格局，在一、三产业融合发展的同时，定位贻贝产业岛，创建共富工坊、贻贝工厂等，在贻贝全产业链中凝聚群众共识，探索产业融合致富的奥秘，携手共进奔向共同富裕。

3. 产业融合发展困境

目前小岛正在积极破除海岛发展缓慢且产业单一的困境，其最大阻碍便是产业融合发展的困境。

（1）产业结构布局不合理

产业链不完善。枸杞乡的产业链得不到充足延伸，渔民增收渠道狭隘。第一产业的育苗选种仍在攻关环节，贻贝加工等第二产业仍旧停留在去壳、冷冻等初级处理阶段，品质、冷链物流体系等方面存在弱项，一、二产业的未来发展是道阻且长的。同样，贻贝销售方式比较单一，产业链较短不够完善，线上线下“双线并行”模式还需要进行长期的摸索。贻贝养殖保险骗保乱象层出不穷，贻贝养殖带来的环境污染并未全部褪去，目前养殖空间有限仍旧是一大难题。

枸杞乡在发展旅游业时，海岛旅游资源未得到系统整合，服务处于初级阶段，旅游产品的经营管理不到位，缺乏有效的市场监管，这在一定程度上会缩短枸杞乡旅游的生命周期。岛上旅游服务还停留在“吃农家饭”“品海鲜”等初级阶段，服务业态单一、层次低，部分第三产业从业者态度懒散、服务意识薄弱，未能将服务植根于心底。同时，旅游产品缺乏核心竞争力，陷入同质化竞争困境，缺乏创新性。

海岛产业割裂。作为边缘海岛的枸杞乡，一、二、三产业互动演化是经济发展的内在要求。由于枸杞乡政府缺乏产业区块建设的合理划分，产业融合协同度不足，一、二、三产业管理部门不同，存在着产业融合壁垒，短时间内难以打破。枸杞乡的产业结构分为渔业、贻贝养殖业与旅游业三大产业，其中贻贝养殖产业产值占海岛总产值的 60% 以上。这类渔业资源往往得不到有效利用，与二、三产业脱轨，导致岛上经济一直停滞不前。由于海岛地理位置及规划特殊性，枸杞乡的第二产业业态非常单一，以海产加工为主，无法发展重工业。第二产业与一、三产业之间最大的问题就是信息的滞后性与不对称性，融合存在较大的风险。岛上居民数量不断减少、人才流失，生产经营主体老龄化，海岛第三产业与一、二产业融合发展潜在发展空间较大。

（2）利益共享机制不完善

政府财政投入少。对于人才引进及渔业捕捞、养殖技术革新，政府给予的帮助较少，许多人因为当地高物价而选择背井离乡。同样，由于资金投入少，相关政策的落实也受到阻碍，如贻贝养殖需要新型浮球的替换，成本较高，而政府给的财政补贴较少，增加了养殖户的成本负担。政府对海岛乡村旅游缺失资金和政策支持，加之地方性的旅游企业规模普遍不大，导致海岛乡村旅游形式处于低级状态，未能及时转型升级。

村庄发展新阻碍。枸杞乡在探索产业融合过程中，面临的最大阻碍是村庄、企业、养殖户等多元主体的利益分配不明确。在养殖户个体发展过程中，第一产业发展兴旺，但参与其中的村企收益分配不均，各村庄的集体经济力量更是薄弱。根据调研情况，像干斜村、龙泉村则是以贻贝产业为经济支柱，村民主要以贻贝养殖与加工为生。而奇观村因地理位置优越，以旅游业等第三产业为经济支柱，村庄居民多开民宿、饭店为生。两类村庄村集体经济薄弱，发展受阻严重，难以对村庄进行详细的定位及未来展望。

岛民生产生活艰难。作为边缘海岛，枸杞乡老龄化严重、结构失衡，人才引进难度大。枸杞乡总人口约为6 308人，60岁以上老人约为2 193人。现在，很少有年轻人选择留在本岛海域上进行渔业捕捞。据统计，全乡劳动力人口仅为4 340人，也就是说非劳动力人口（老幼残）人口占了全乡的近一半，其中还有1 706位剩余劳动力。这些劳动力人均收入水平层次不齐。2023年枸杞乡居民人均纯收入的最新调查显示，收入差距较为明显（见图6－1）。

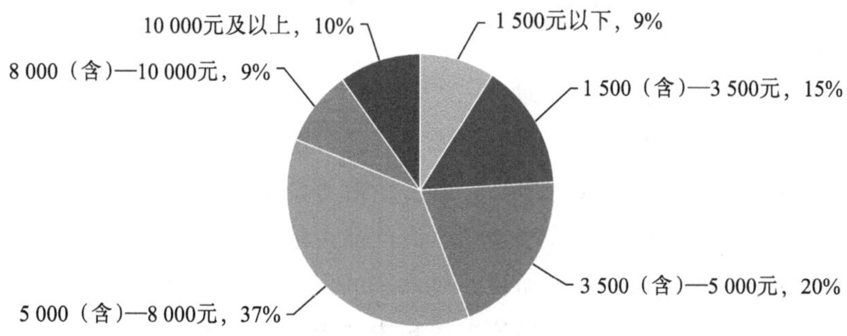

图6－1 2022年枸杞乡不同层次年收入人群占比

数据来源：嵊泗县人民政府。

由于外部环境与支撑条件不同，会导致资源整合与配置的过程和结果存在差异，从而使产业融合在影响农户收入差距方面产生差异。

旅游旺季交通堵塞，市场价格抬高，生活在岛上的居民由此会产生排外的心理情绪，容易引起舆论，这种不适的情绪带给游客必然会对旅游业发展带来不好的影响。

岛上居民大多数的劳动力从事渔业工作，渔业劳动的风险性相对较大，传统经验养殖与销售逐渐跟不上其他地区的生产水平，同样整个枸杞乡缺乏对旅游综合体有管理经验的人才。像民宿经营，当地居民也缺少相关管理经验，这直接导致了当地海产品质量下降、服务体系不完善。而当地景区管理服务人员及其他第三产业经营者多为渔民转化而来，由于海岛居民的文化水平有限、经营能力较低，渔农民转产转业路径狭隘，贻贝的养殖及旅游业发展处于被动位置。

企业同质化竞争。“嵊泗贻贝”品牌已经走入国际市场，但仍旧存在恶性竞争，由于贻贝产业经济发展的主要障碍是市场信息滞后，市场价格不稳定，令一些中小型水产公司陷入同质化竞争。内陆旅游市场几近饱和，许多旅游公司将势头瞄准海岛，但大型企业为打压中小企业，不惜垄断市场，影响恶劣。

消费者权益无法保障。岛上的第三产业也同样缺乏市场监管，消费者权益无法得到保障。像海钓等娱乐项目，经营户为了牟利不断压价，甚至在出海海钓时超载，存在极大安全隐患的同时也降低了服务品质，影响当地海钓市场。为了保护游客安全，当地政府明令禁止游客骑行电瓶车，因此公交与出租车成为出行的唯一途径。公交班次较少，游客出行大都选择打车，许多没有营业资格的“黑车”乘机混入其中，进行“宰客”行为，影响了枸杞乡口碑。

（3）海岛规划治理不合理

乡村基础设施不完善。岛上交通方式为公交车和出租车两种，但出租车收费标准存在问题，收费虚高，容易给游客造成不好的游玩体验。由于海岛地形原因，道路大多狭窄陡峭，海产品运输与岛民出行不便，海岛车辆又极易受海风侵蚀，报废加快，机动车的保养与维修也成为大问题。也因为岛上交通不便，蔬菜水果等多依赖宁波等地运过来，所以日常消费水平较高，许多消费者不愿来旅游。除此之外，海岛上基础设施薄弱，尤其是景点内的公共设施数量不足、卫生不佳，再加之海岛居民生活垃圾难以处理等因素，这就在一定程度上严重地影响了海岛旅游。海岛安全问题日渐突出，缺乏整体性规划，部分地方没有安保人员，重点区域没有相关安全指示标志，形成了极大隐患。

海岛环境治理缺位。大量贻贝养殖生产导致海洋生态被破坏，过多渔用物资沿路乱堆乱放，废弃船只何去何从，一度成为枸杞乡亟待破解的瓶颈问题。捕鱼淡季闲置的渔船会随意摆放在路边，导致环境不美观。过去，由于粗放式的养殖方式，导致枸杞乡的海水富营养化越来越严重，枸杞乡在发展经济的同时牺牲了海洋生态，使海水浑浊的天数增加，赤潮现象日渐频繁。生态环境的恶劣导致贻贝质量下降，旅游资源也遭到损害。枸杞乡海域及海滩面积较大，受近几年全球气候变化、洋流等不确定因素的影响，每年五六月藻类植物就会大量繁殖，海域及海滩打扫难度较大，处理人员工作任务繁重。

（二）发展契机：小小贻贝启新程

为扭转产业融合发展的困境，在各级党政机关的支持下，枸杞乡干部群众走上了“一岛一韵”模式的探索之路。历经半世纪之久，枸杞乡不断创新养殖育种方式，革新贻贝管理方式，不仅搭乘数字化东风，建立起了“数字化养殖管理平台”，而且成立多个共富工坊，拓宽销售渠道，用小小贻贝谱写枸杞乡海岛的华丽乐章。

1. 养殖路漫漫

（1）贻贝启新程

贻贝在枸杞乡俗称“淡菜”，是驰名中外的海产食品。枸杞乡是著名的“中国贻贝之乡”，其贻贝海上养殖业在全国都占有很高地位。枸杞乡的历史源远流长，自古以来枸杞乡以渔业为主要支撑产业。枸杞乡自古就有野生贻贝，在唐朝时还被制成贻贝干，被当时的舟山官府选作进贡产品，史称“贡干”。到明代，嵊泗列岛的贻贝采集业已具雏形。

20 世纪 50 年代，枸杞乡政府就开始探索贻贝养殖，走上了漫长的养殖技术求索之路。在 2010 年，枸杞乡被认证为“中国贻贝之乡”，枸杞贻贝享誉国内外。目前形成“合作社 + 养殖户”的模式，全乡已经有大大小小近十家养殖专业合作社。枸杞乡适宜的海域面积、海水的营养和温度等为开展贻贝规模化养殖提供了得天独厚的自然条件。目前，全乡共有渔业生产渔船 153 艘、养殖户 511 户、增养殖船 1137 艘，且已全面开展增养殖渔船登记造册工作。岛上 60% 的贻贝养殖户以养殖厚壳贻贝为主，紫贻贝的养殖占少数，贻贝产业化程度较高。全乡贻贝生态养殖规模发展达 1 466.67 公顷，年产值为 8.4 亿元，户均收入可达 30 万元。

枸杞乡的贻贝养殖与捕捞较为烦琐。2023 年，枸杞乡贻贝养殖技艺正式被列入第五批嵊泗县非物质文化遗产代表性项目。当地贻贝养殖是采用海湾自然海域浮吊式生态放养的，养殖育种以浅海内湾为佳，要选择合适的水域，水流通畅盐度适中，水质洁净没有污染，水底以泥沙为优，自然饵料多的水域。这些厚壳贻贝从芝麻大到收割要在海上生长 2 年，每值贻贝成熟期、开渔期，当地居民就会开始提前准备要用的渔网与渔具。

（2）管理“三二一”

枸杞乡适宜的海域面积、海水的营养和温度等为开展贻贝规模化养殖提供了得天独厚的自然条件，贻贝养殖面积已占到全县养殖面积的 60% 以上。枸杞乡政府从 2020 年起全面推广“三权分置、二级发包、一证到底”政策。不断建立健全贻贝养殖行业标准体系，逐步推进贻贝养殖的规范化与科学化。

枸杞乡养殖用海三权分置，海域所有权、经营权和承包权分离。充分借鉴内陆农村土地的三权分置改革思路，将枸杞贻贝养殖海域划分为五大区域——干斜海域、后头湾海域、龙泉海域、里西海域和石浦后龙舌海域。通过五线并行，积极推进绿色养殖，同时治理破解养殖规模无序发展困境，实现贻贝养殖可持续发展。

“二级发包”是指由枸杞乡属国有公司、枸杞乡各个行政村、养殖户三者签订养殖租赁协议，乡属国有公司作为一级发包主体行使政府所有权，将养殖海域按照面积发包到行政村集体，村集体成为二级发包主体，再发包给养殖户，养殖户才能获得村集体承包海域的承包权。

一证是“养民证”，该证的推出能帮助养殖户解决资金难题，通过一本小证书即可申请相关优惠利率贷款，这些贷款能够帮助养殖户的养殖创业、灾后治理。除此之外，“养民证”还能使贻贝养殖桁地上的作业有序，清楚标注养殖经纬度、面积及详细信息，避免出现邻里养殖户的海域、海产纠纷。

（3）养殖数字化

嵊泗县坚持“以渔稳县”战略，探索“数字渔场”管理模式，打造智慧养殖平台，开发了“嵊渔通”与 2.0 版数字化养殖管理平台，打造贻贝养殖、育苗、生产、加工与销售等贻贝产业一条龙数字管理流程。贻贝产业从传统粗放型养殖到智能生态管理，2022 年全乡的厚壳贻贝产量达 14.6 万吨，户均收入超 20 万元。

“嵊渔通”在 2021 年上架“浙里办”，主要提供市场工序信息，发布专业贻贝养殖知识、地理标志申请及产品宣传等多种服务，其养殖管理数字平台——“海上数字牧场”也随之推广上线。随着功能的拓宽，“嵊渔通”还承担金融贷款、渔业智库等多种作用。其中嵊渔通还推出“抵押贷款+信用贷款+其他贷款”多种模式及数十种信贷产品助力养殖户贷款需求。

2020 年，枸杞乡开始探索“海上数字牧场”数字化管理模式。在数字化管理之前，枸杞乡的养殖桁地管理粗放，养殖船只繁多复杂难以统一管理。但是目前当地劳动力流失严重，环境保护迫在眉睫。枸杞乡形成覆盖全岛的“数字地图”，打造了集海水监测、海上监控、无人机航拍、5G 传输、数据分析于一体的数字化管理平台。

2022 年，升级后的 2.0 数字化养殖平台更新了“数字地图”，将所有桁地、船、养殖户全部编号进行了配对，实现了动态全覆盖，可以实现科学化精细化养殖，能够对水温、pH 值等自然要素进行全天候环境动态监测。通过数字赋能，养殖渔业数据资源会进行整合、共享、开放与利用，运用科技创新，形成嵊泗渔业渔村大数据全覆盖网络，同时联合“养民证”赋予养殖户“数字身份证”，实现 24 小时全天候监管。次年，枸杞乡贻贝养殖产量同比增长 8%，产值同比增长 5.6%。这一数字化场景项目入选了浙江省数字经济创新发展十大标志性成果运用。

2. 育苗路更艰

贻贝的育苗之路非常艰难，贻贝的繁殖是体外受精的，在海水中出生的贻贝苗个头比芝麻还小，需要人工附着在麻绳上育苗，3 米的绳子上可以附着 1 万颗小苗。把苗绳放到海水中放养 1 年，才能出苗。出苗后的贻贝只有海瓜子大小，一根绳上约有一万多个，这就需要人工将苗剥下来，按一条麻绳 1 000 颗的配比，让贻贝重新附着到新的麻绳上，再用海水放养 1 年才能等到贻贝成熟。因此枸杞乡也为贻贝育苗作出了不少努力。

（1）寻苗新探索

20 世纪 50 年代，枸杞乡开始进行贻贝人工养殖，但当地贻贝的野生苗并不充足，当地岛民开始从青岛、大连采购贻贝苗，并开始独立育苗，自此枸杞乡贻贝的育苗也开始不断正规化。1958 年野生厚壳贻贝养殖成功，1974 年枸杞乡引进大连紫贻贝，1980 年当地人工育苗贻贝已经达到国内先进水平。自 1998 年起，历经三年，枸杞乡于 2002 年在 10 立方米水体中得稚贝 200 万颗，经海区保苗后得幼贝 100 千克，第一次大规模人工养殖实验成功。

2005 年，枸杞乡开始了厚壳贻贝的育苗研究，时隔一年，厚壳贻贝的培育取得成功。相较先前个体小、价格低的紫贻贝，厚壳贻贝因其个体大、养殖方便，所带来的经济效益更大，更适合出口。

2008 年，枸杞乡成功地进行了规模化育苗，厚壳贻贝养殖迈向产业化与规模化。当厚壳贻贝刚开始育种时，岛上养殖规模并不大，因为养殖成本较高，生长周期长，收购商家不多。枸杞乡大力推广贻贝育苗技术，引进专家一整套完整的技术流程，同时积极申报厚壳贻贝国家级良种。

强村公司与共富工坊已经成为枸杞乡贻贝发展的重要支柱。干斜村通过与景晟水产公司等企业开展村企结对，通过党建引领，联合打造的贻贝产业协同创新中心不断提升养殖技术。枸杞乡打造“蓝海牧岛·共富工坊”，联合科研机构、知名院校等院所，攻克厚壳贻贝人工养殖中遇到的难题。目前工坊已经指导近 200 户养殖群众开展科学养殖，促进贻贝年产量提高至 5.4 万吨，年均增长 6%。

（2）孕育新保障

每年 3—5 月是贻贝生长的季节，出台禁售管理制度，让养殖海域得到充分的休养生息。在此时一根苗绳上最多可产 30 千克贻贝，但若等到七八月，一根苗绳上贻贝产量可达 50 千克。为了实现贻贝产业更高的经济效益，让贻贝养殖可持续发展，枸杞乡实行了休养管理制度，设置“贻贝伏休”期的可持续发展管理。枸杞乡政府设立协同创新中心，邀请各大高校贻贝养殖及其他海产育种方面专家下沉渔村，为第一产业渔业养殖奠定基础，惠及海岛养殖户，提高渔民收入。

针对养殖用海现状，枸杞乡创新探索实施养殖用海积分管理办法，制定了《枸杞乡养殖海域管理实施细则》《枸杞乡养殖户积分管理办法》等相关政策。枸杞乡将“海域使用金”与信用贷款利率、海域日常管理、养殖保险等惠民政策相挂钩，不断提高养殖户的参与积极性。

其中，养殖保险是“共富工坊”为了降低养殖桁地面临台风等自然灾害时带来的经济损耗联合保险企业所设置的保险。枸杞乡政府大力推进养殖保险，不断提升养殖户参保积极性。目前，养殖户的用海观念大大转变，抗风险能力进一步提升。

3. 加工再升级

当地的主要工业是水产品加工，很大部分是贻贝的脱壳、制干等粗加工产业。枸杞乡以“龙头企业 + 基地 + 养殖户”的模式，不断增加水产品附加值。枸杞乡加工企业多达 10 余家，工业格局以贻贝精深加工为主，贻贝加工产品如贻贝干在热销国内市场外还远销海外 26 个国家。

随着贻贝育苗选种的改进与养殖技术的创新，对于贻贝的加工技术也屡屡升级。其中，贻贝主要加工技术为剥壳、冷冻、物流冷链处理、贻贝再加工等流程。共富工坊也会在加工环节设置岗位，为当地待业人民开设贻贝加工岗，日均工资达 300 元。

（1）技术屡迭代

枸杞乡劳动力本就不足，年轻劳动力十分短缺。剥壳是贻贝加工最基础的工序，停留在最初的原始方法。当地乡贤於定华与大陆的机械制造企业合作，在 2006 年推出了蒸煮剥壳机，可以分离壳肉，其副产的卤水更是制作蚝油的极佳原料。2011 年，枸杞乡又成为改革试点，华利公司因地制宜引进并改造国内首创的贻贝脱壳自动化生产设备，实现了枸杞乡贻贝加工的全自动化。时隔八年，公司又引进了国内首台全自动（厚壳）贻贝剥壳机。

同时，流通技术也不断改善。成熟的贻贝大部分给当地的贻贝加工厂，经过清洗、蒸煮、拉丝、去壳冷冻，包装成箱后会出口海外。同时相关贻贝快递的冷链技术一直都在攻坚克难，枸杞乡已经迈出包装处理“机器换人”的第一步。装货、称重、封口、打包全流程作业仅需机器便能完成，大大缩短了人工处理的时间。

2020 年疫情暴发，防控管理严格，贻贝的物流出口受限，贻贝运输成为大难题，乡纪委通过与海事部门、交通运输部门的调节合作，开通了物流专线，疫情期间的出口量不但没有减少反而增加了 30% 左右。

2022 年，枸杞乡的贻贝加工企业大都采用双螺旋单冻机、自动打包机和包冰机等现代化新设备，不断攻克保鲜技术。目前枸杞乡共有冷冻生产线 7 条，依托流通管理数字化场景，对水产品的运输状态进行动态监管，运用大数据监测源头到客户端的全过程。

（2）产品巧焕新

枸杞乡在贻贝副产品生产制作时不断创新，迄今为止已经创造了多种贻贝食品，许多贻贝制品还远销海外。

1999 年，当地的贻贝被加工成贻贝制品开始售卖，2001 年，当地乡贤联合浙江海洋大学、浙江大学等高等院校，依托自主科研，对贻贝进行深加工，推出了“速冻贻贝”制品，将市场从嵊泗县拓展到浙东沿海。时至今日，速冻贻贝远销海外。随着技术的升级迭代，速冻颗粒贻贝、全壳贻贝、熟食等系列产品也成功打入上海、广东、北京等各大超市、酒店。2020 年，贻贝主题餐厅的创始人与其厨师共同发明了“贻贝辣酱”，旅客将其当成伴手礼，“贻贝辣酱”火爆全岛。

4. 销售辟蹊径

近年来枸杞乡聚力贻贝产业发展，在干斜村——枸杞乡贻贝养殖面积最大村上打造了“蓝海牧场·共富工坊”，在其他几个贻贝养殖村也设立了规模大小不同的“共富工坊”，拓宽销售新途径。

（1）线上焕生机

受疫情影响，枸杞乡贻贝寻找不到新的销路，出口也受到阻碍。于是枸杞乡创立了“两进两回创业创新基地”，由新乡贤对枸杞乡贻贝养殖数字化管理平台、贻贝产品研发等展开相关工作。还将枸杞本地的海鲜产品上架到本土电商平台“淘嵊泗”。同时销售管理层接入了东京、淘宝等电商平台的数据，动态分析电商交易数据与价格走向，合理进行引导与干预，为养殖户提供有效市场参考数据。

同时设立枸杞乡贻贝直播平台，汇集了东海渔嫂，进行网络直播带货，还聘请了专业团队对其进行授课，发挥“共富工坊”力量，挖掘本土优势产品，集思广益拓宽贻贝销路。建立了品牌化营销体系，在疫情过程中，枸杞乡通过线上的“网红营销”模式，将“嵊泗贻贝”这个品牌通过直播平台，拓宽销售渠道。同时，枸杞乡贻贝作为嵊泗“金名片”登上国宴菜单，托起枸杞乡的贻贝致富梦。“共富工坊”借助互联网优势，组织枸杞乡参加线上国际性会展 8 次，在青岛国际渔博会展会上取得 144 吨成交量，约 37 万美元的好成绩。2022 年，“共富工坊”帮助枸杞乡实现养殖总产值 6 亿元，户均收入 30 万元。

（2）线下创共富

枸杞乡原先的销售模式是通过当地渔民驾船前往县城兜售，因为贻贝难以保存，因此从出海到售卖的保存环节受到挑战。嵊泗县打造渔旅融合的“共富工坊”，联合高校与企业的力量，以村企抱团，在第一产业上不断规范养殖，推动育种技术更新，提高贻贝品质。

“共富工坊”还应岗位需求，聚焦渔民增收，工坊积极开展“共富合伙人”计划，设置“共富岗位”，与30多家贻贝养殖户签订“养殖共富协议”。工坊以共富学堂、共富直播间为依托，带动群众增产致富，缓解剩余劳动力带来的压力，为农闲时期的闲散劳动力提供技能培训、孵化项目等服务，实现带动就业增长、畅通村企合作。目前“共富工坊”已吸纳劳动力近500人，其中本地居民占半数，累计总收益达1 200万元。

“共富工坊”持续推进养殖保险，如遇到台风情况，渔民也不会损失惨重。在贻贝成熟之际，工坊会调集人手，对渔民及养殖户进行安全培训教育，逐个击破，推进隐患排查；组织养殖群众进行抢收，协调村企收购与加工。

（三）绿色转型：海岛生态巧治理

随着贻贝养殖规模不断扩大，贻贝养殖过度快速发展，出现了环境脏乱、管理弱、收益下降等问题。人们将视野聚焦贻贝壳——大量废弃的外壳出现了。与此同时，枸杞乡是汪洋之上的一片孤舟，许多闲置渔船、渔具等物品无处安放，上百万只白色泡沫浮球也成为飘荡在海上的“白色定时炸弹”。在“绿水青山就是金山银山”理念的支持推进下，枸杞乡走上了以“生态健康”为导向的绿色之路。

1. 贝壳新妙用

贻贝取肉制成食品后，剩下大量的贻贝壳，经过研究发现，贻贝壳含有丰富的矿物质元素，可以用来制成许多产品。嵊泗县绿贻贝壳生态开发有限公司对贻贝壳无害化处理后，粉碎加工成饲料添加剂，主销上海等地。2007年，公司与宁波一家科研单位合作，利用贻贝壳粉研制土壤改良剂，其功能可与进口的各类泥炭材料媲美。此外，贻贝壳产品还可作为保湿层介质和疏水层介质，转化为微纳米果蔬净、纳米防冻剂等生物材料，年产值超500万元。贻贝壳的开发使用，不仅使贻贝壳“价值化”，还有效解决了贻贝壳随意倾倒所产生的环境污染问题，以此发挥了“蓝碳”经济的作用。

2. 浮球利环保

枸杞乡海水资源丰富，以贻贝养殖业为特色产业，而粗放式的养殖模式也给当地的环境带来危害。过去，枸杞乡采用泡沫浮球养殖贻贝，白色的泡沫长期浸泡在大海中，容易被海水分解产生微塑料，这些微塑料漂浮在海面上，对海洋环境的美观造成影响，同时有些微塑料还会嵌入贻贝肉里，产生食品安全问题。为此枸杞乡全面替换200万颗新型浮球，以探索产业兴、生态美、百姓富的转型之路。

历时两年，枸杞乡在2022年底全面完成了新型环保养殖浮球的替代工作。枸杞乡政府在淘汰原有泡沫浮球的同时与科研机构合作，实现技术产业在养殖产业的渗透。新型浮球在兼顾美观、环保的同时，做到了不易碎、更耐用，不仅节约大量人工整理费用，还大幅提高了养殖经济效益。

为了督促养殖户加快浮球替换，枸杞乡政府将泡沫浮球替代与养殖户积分管理办法相挂钩，按期完成的养殖户予以减免下一年度海域使用金的奖励，未按时完成替代任务的对养殖海域使用费进行加收。此外，还出台了新型环保泡沫浮子替换财政补贴政策，推出积分管理制度，参与浮球替换的养殖户可获得12个积分，总积分12分以上的能够减免次年海域使用费。

3. 海上强环卫

从城市到农村，从陆地到洋面，枸杞乡建立了城镇生活垃圾分类、渔农村垃圾分类、海上环卫三项机制。陆上，城乡垃圾分类覆盖面积资源化利用率达100%，每个村庄都会设有环保宣传栏。海上，枸杞乡的渔船及公共客船已全部完成垃圾分类设施配备。海洋渔业部门采用政府购买等形式建立专业清污团队，开辟垃圾回收热线，巡航收运航行船只上的生活垃圾，减少了垃圾入海的行为。

枸杞乡将文明健康绿色环保理念延伸入海、覆盖全域，秉持“绿水青山就是金山银山”的“两山”理论，以维护海洋生态文明为宗旨，不断完善“海上环卫”机制，推进海上垃圾定期清理打捞、分类处置工作，开展“垃圾不入海”文明实践。开展无盲区、去死角、除漏洞，统筹海上垃圾清运处置及船舶垃圾分类处置等工作。

（1）作用范围清晰，责任分工明确

枸杞乡生态环境部门剑指陆源污染治理，海洋与渔业部门负责海漂垃圾打捞清运，交通运输局负责所有水上交通场站、客运船只、港口、货运码头垃圾分类收集工作，综合行政执法局全面负责终端处置，海事、文旅、水利等多部门及所有乡镇在港区水域、商船、海岸景区、入海沟渠等范围确立主体责任。政府牵头、治水办统筹、部门乡镇齐抓共管的责任链条被全面拧紧。

（2）源头管控严谨，处置流程明朗

枸杞乡重拳开展近岸海域“两面一线”污染整治行动、“五水共治”找短板寻盲区查漏洞挖死角专项行动，全面实施海水养殖泡沫浮球整治替换工作。海上垃圾被纳入严格的分类处置流程，无缝对接陆上环卫机制，实施专线收运、统一分拣、外运处理。

（3）监管整改闭环，监督考核长效

为确保海上垃圾分类工作无盲区，减少清运漏洞，剔除卫生死角。枸杞乡采取定期、不定期和日常巡查相结合的方式，并设立 48 处远程监控视频，以无人机巡视等技术手段辅助，对全县海湾海滩和 428 个入海排污口进行巡查监测，建立巡查日志，提升清海净滩保洁效率。发现问题由乡镇属地协调处置，以季督查、不定期抽查和点位销号等情况为主要依据，实施年终考核，确保闭环整改得以落实。

4. 物业巧管理

枸杞乡坚持“生态立乡”首位战略，将“绿水青山就是金山银山”理念融入各项工作中，积极破解环境难题。投资 3 500 万元新建渔用码头 5 座，有效解决捕捞渔船靠泊和物资装卸难题；针对农地“小、散、乱”等情况，统一改造建成总计 800 余平方米的梯田式一米菜园，原先杂乱的自留地成为一道道新风景；投资 1 500 万元修建停船场、打船场等 6 处，避免随处停修船乱象；枸杞乡抓好“五好”农村公路提升改造工程，累计白改黑道路 10 余千米，村庄面貌更加精致。

嵊泗县发布《嵊泗县渔用物资集中整治专项行动实施方案》，一场白色污染整治战役在县域内打响。乡政府牵头新建渔用养殖物资场地，组建成立养殖服务有限公司，借鉴城市物业管理经验，推出养殖物资小物业化管理模式，创新实施“一格一笼一船墩”制度，通过政府购买服务的形式，引导渔用养殖物资有序放置，并斥资 2 000 万元建设了一批“旱坞长城”“收纳魔方”等景观化物资场地，实现了生产便利、取用便捷、产景融合。

（四）引领共富：文旅建设亮“枸杞”

枸杞乡具有得天独厚的“渔、港、景”资源，拥有江浙沪少有的蓝色大海，风景优美，自然景观丰富。作为“中国贻贝之乡”，蔚蓝海域内的万亩贻贝养殖区是一道独特的风景，吸引了无数游客慕名前往。枸杞乡的“一岛一韵”共富模式是围绕贻贝开展民宿、休闲渔业等相关文旅项目，这些文旅项目就像东海之上的灯塔微光，照亮枸杞乡前行的共富之路。

1. 精品民宿拔地起

2012 年左右，岛上的旅游业兴起，许多岛民开始做起民宿生意，相继出现了“阡陌”“素若”“牧岛山庄”等不少具有特色的精品民宿。在贻贝养殖、加工生产旺季，岛上民宿经常出现“一房难求”现象。

民宿的快速发展，为贻贝提供了新的发展路径。截至 2020 年，枸杞乡已有渔家民宿 160 家。2022 年端午期间，枸杞乡进岛游客总计 5 497 人，累计在岛游客 5 142 人，民宿平均入住率达到 62%，且年产值每年平稳上涨，几乎未受疫情影响。枸杞乡针对民宿的开办也严格把关，限定民宿开办资质，提高民宿行业准入门槛，从源头上改观。通过民宿“扩中提低”，更多普通民宿向精品美宿转型升级，岛上现有省级银宿 5 家、市级最美民宿 6 家。

近几年开发“离岛 E 宿”进行综合指标考量，评定民宿享受优惠力度。同时出台以“公平、择优”民宿报名准入制度，以法律约束民宿经营。目前枸杞乡 164 家民宿均开展“离岛 E 宿”数字化综合服务平台项目建设。平台项目的搭建有利于提高民宿经营管理效益，同时便利游客。

对于民宿提质，枸杞乡配套周边设施，大力支持餐饮业发展，在奇观村为游客打造了“海鲜一条街”，街上提供食宿、海钓等服务，交通也更加便捷。

2. 蓝海牧岛兴渔乐

2013 年，枸杞乡首次旅游人次破万，第三产业在当地开始迅速发展。枸杞乡属于嵊泗列岛国家级风景名胜区，旅游资源丰富。枸杞乡的山海奇观摩崖石刻是目前嵊泗发现最大、刻工精良的摩崖石刻之一。星空村、三礁江大桥、干斜交通码头、彩虹公路、贻贝观景平台等新公共景点相继建成，为“和美海岛”建设添上了浓墨重彩的一笔。

如今打造的枸杞—嵊山“山海奇观”正在创建省级新时代“富春山居图”县域样板。在每年旅游旺季时，执法人员积极开展海洋特别保护区内渔家乐休闲渔船的执法检查，对休闲渔船搭载的游客数量、安全员配备、游客救生衣穿戴等情况进行突击检查，以保障游客的安全。

除此之外，当地正积极推动旅游3.0版升级改造，深度挖掘“夜经济”。枸杞乡拥有“海鲜一条街”、沙滩酒吧、咖啡馆等特色商业街区，同时还打造了特色文化广场吸引了不少游客。枸杞乡致力于海岛全域旅游的发展，将资源劣势转变为资源优势，找准当地人文底蕴、海岛景观等特色资源，实现蓝海牧岛的三产兴旺。枸杞乡还进行村庄立面改善，均设置了蓝海牧岛导览图。

3. 因地制宜新规划

（1）便民建设

枸杞乡通过党建引领，因地制宜推进15分钟高质量生活圈建设。在建设多样化设施的同时，内嵌医疗、教育、出行等多类别服务，这不仅便利了当地居民，同时也为外来游客提供了更舒适的旅游体验。岛上还建设更新了文化服务中心，通过组织开展贻贝手工品自己动手（DIY）制作等活动，进一步提升海岛文化内涵。

（2）旅游优惠

舟山逐步实施了“小岛迁，大岛建”的发展战略，进一步加快了不同类型海岛渔村的整合发展与社区化管理，使海岛地区渔村产生了生产生活方式行为改变与人口流动。嵊泗县文化和广电旅游体育局为了促进嵊泗县旅游业进一步复苏，提振市场活力，增强县内旅游产品竞争力，充分发挥县内旅游企业、景区、民宿动能性，面向全国普通团队游客提供优惠政策。一些文旅公共场馆在活动期间免费开放。

（3）鼓励创业

政府鼓励企业自主营销。县内旅游企业、民宿协会自主开展各类旅游营销活动，或积极参加文旅系统组织的省内外宣传推广活动，按照旅游营销经费支出额度，给予每家旅游企业、民宿协会50%的补助，每家补助最高1万元，鼓励企业开展联合营销活动。枸杞乡引导新乡贤、民宿业主、渔民等群体大力发展海岛经济，出台了人才贷款优惠政策，鼓励返乡大学生在枸杞乡创就业。对贻贝养殖、渔业捕捞等第一产业提供就业补贴，推动海岛招商引资、乡村振兴等项目推进落地，累计营收8 250万元。

三、案例分析

（一）研究背景与理论基础

1. 研究背景

本案例基于共同富裕背景及“两山”理论支持，对枸杞乡“一岛一韵”共富模式展开分析。共同富裕不可能是同步的、同等的，因此共同富裕的实现是一个阶段式、渐进式的过程。海岛要实现共同富裕，就要激活渔村独特的生态、文化和经济功能，阶段性突破发展困境。舟山市“小岛你好，打造生态产品价值实现升级版试点”入选省高质量发展建设共同富裕示范区，为海岛共同富裕勇蹚新路。“以满足人的合理需要为目标、以自然资源承载力为约束边界”是实现共同富裕的两个自然尺度，“天人共富、人人共富、心身共富”是实现共同富裕的三大空间维度。为此，舟山市政府发布了《舟山市人民政府办公室关于印发高质量打造乡村振兴海岛样板地推进共同富裕示范区先行市建设行动计划（2021—2025年）的通知》，在共富观念下，枸杞乡寻着“贻贝”一路向前发展，抓住小众海岛旅游风口，不断提升自己特色产业——贻贝及相关衍生产业，尤其是促进一、三产业融合发展，走生态经济可持续发展道路，打造了富有特色的贻贝之乡，从而有力推进枸杞乡海洋经济发展、共同富裕进程。

2005年，时任浙江省委书记习近平初次提出“绿水青山就是金山银山”的“两山”理论，“两山”理论正是体现了生态环境与经济发展之间的相互关系。“两山”理论是在深刻认识和解决中国式现代化进程中日趋严峻的生态环境问题时提出来的，是在面对中国式现代化建设难以避免的经济发展与生态环境保护的冲突时提出的解决方案和中国智慧。践行“两山”理论对于变革人们生产生活方式和社会功能起到重要作用。2021年4月，《关于建立健全生态产品价值实现机制的意见》首次以制度化表述提出“生态产品价值实现”，更加契合“两山”理论的实践，为枸杞乡海岛深入探索海洋文明建设奠定基础。

2. 理论基础

（1）产业融合理论

产业融合是由于分工的专业细分和不断深化，产业之间通过技术渗透、模式创新、产业集聚、产业联动等方式，使各种要素跨产业重新配置，产生新技术、新业态、新模式，从而实现产业协同联动发展、生产效率提升、供需契合度提高等全新发展，以出现新的产业或新的增长点为最终结果。

产业融合可分为产业渗透、产业交叉和产业重组三类。其中，产业渗透具有选择性特征，更多体现在第三产业向一、二产业渗透，产业交叉则是指通过产业间功能的互补和延伸实现产业融合，往往发生于高科技产业链自然延伸的部分，案例所在村正面临技术产业全方位的产业渗透及产业交叉，前者主要代表为“海上数字牧场”技术向渔业进行的产业渗透趋势，后者则以渔业为基础，使渔业与旅游业相交叉形成休闲渔业新业态。

基于此，一、三产业融合则是指农业突破传统第一产业界限，与第三产业形成交叉融合，这类融合通常以农业生产为核心，依托农业生产自然条件及景观资源，将第三产业的生态和旅游等元素融入农业发展中，进而开拓出休闲、观光、农耕体验和田园采摘等农旅一体化融合发展形态，如今产业融合已经成为重要的经济发展战略体系。

为平衡一、三产业均衡发展，2016 年以后，枸杞乡政府推进“一岛一平台一公司”的旅游管理模式建设，在政府角色定位上，由原来的管理型向服务型转变。培育贻贝品牌，让技术产业渗透至渔业，升级贻贝品质，实现旅游业与渔业的产业交叉，打造精品渔宿，不断发展第三产业。从中可以得知产业融合内在持续的内驱力不断发挥作用，缓解海岛经济利益相关者之间的冲突，制定相关产业融合对策，实现了海岛一、三产业融合，让贻贝成为产业融合的润滑剂、群众共富的助推剂。产业融合发展体系构建如图 6 - 2 所示。

（2）利益相关者理论

利益相关者理论涉及管理学、社会学和伦理学等多个学科，逐渐发展成为企业及公共管理研究的重要理论和工具。利益相关者是指影响组织行为及组织目标的实现，或是受到组织目标实现及其过程影响的个体和群体。而农村产业融合发展的政策着力点在于建立产业链与农民的利益联结机制，就是要充分挖掘农业内部增收潜力，积极发挥农业的多功能性，深入挖掘探索如旅游业和服务业等新兴融合产业功能。

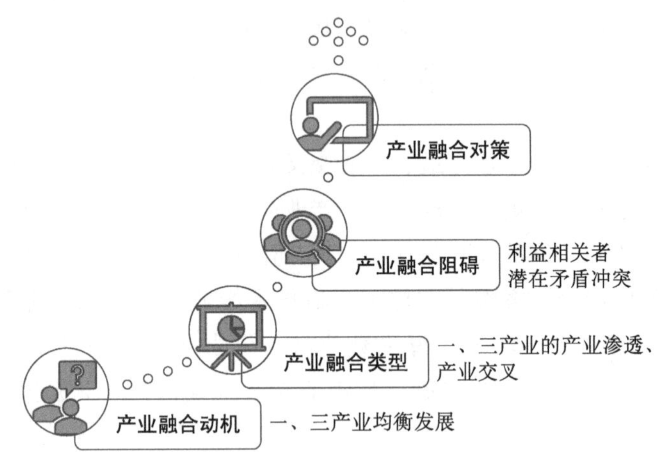

图 6－2　2022 年枸杞乡一、三产业融合体系构建

在基层探索中，就需要让农民、企业、社会组织等积极参与地方管理的实践，因地制宜提出符合地域特色的意见，尤其是要反映当地农民的利益诉求。根据利益相关者的利益需求大小和影响权力高低，可以不断调整利益相关者对社会生活、生产活动等的参与，从而协调各方利益，促成相对平衡的利益共享机制。枸杞乡海洋经济发展进程中，最大的产业融合困境是利益相关者的利益划分。在枸杞乡，以贻贝养殖为代表的第一产业、水产加工为代表的第二产业及民宿、旅游等服务行业为代表的第三产业，三产各方利益相关者形成利益共享机制，主要参与对象包括政府、村集体（合作社等）、岛民（渔民、民宿经营者等）、企业（强村公司、保险公司等）、消费者五方。海洋生态与海洋经济息息相关，需要通过各方利益，才能推动一、三产业融合，实现海岛可持续发展。

3. 分析框架

本案例基于共同富裕背景，围绕枸杞乡“蓝海牧岛、自在枸杞”的发展主题，旨在探索破除海岛经济发展缓慢及产业单一的发展困境，立足海洋一、三产业融合视角，深入剖析海岛经济利益相关者利益协调机制，促进海洋生态可持续发展。枸杞乡“一岛一韵”共富模式以“贻贝”为产业底色，实现“贻韵致富”，该模式探索历程分析框架如图 6－3 所示。

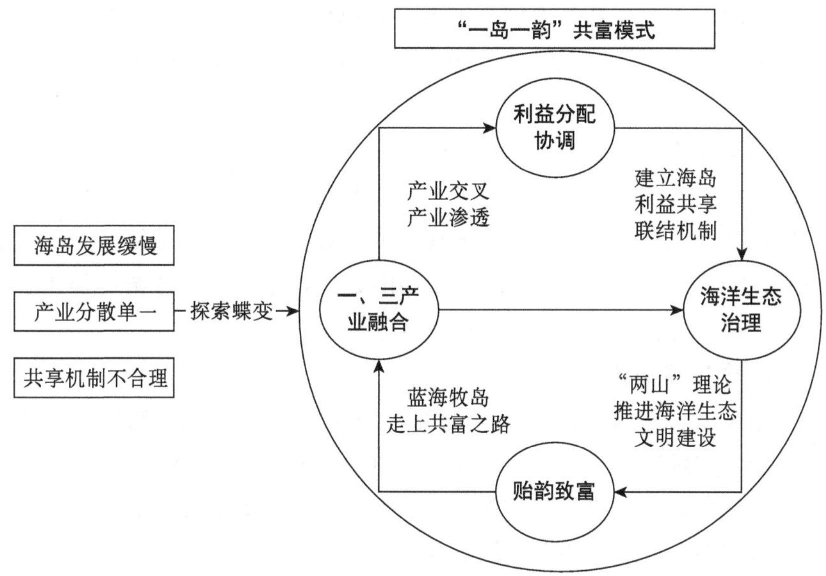

图6-3　枸杞乡“一岛一韵”共富探索历程分析框架

（二）小贻贝融合大产业

产业融合的本质是将产业间分工转变为产业内分工。枸杞乡像内陆农村一样，将第一产业纳入整个社会分工合作中，分享全社会发展带来的红利，实现经济发展和农民增收。枸杞乡深度挖掘了特有的海岛经济、生态及文化价值，促进一、三产业均衡发展，使产业交叉、产业渗透的“化学反应”在一、三产业发展过程中续航前行，破除产业融合阻碍，形成渔旅一、三产业新业态，实现产业增值，加速向数字化、绿色化转型，最终成功构建枸杞海岛产业融合发展体系。

1. 贻贝全产业链提升

近年来，枸杞乡以当地特色贻贝产业为基础，以海岛生态环境保护为大背景，紧扣一、三产业，创新贻贝产业发展新模式，投入数字化设备，提高养殖质量，择优育种，延长产业链，将资源实现利益最大化。

（1）全线标准化建设

枸杞乡瞄准贻贝养殖标准化建设，实行“管理三二一”制度，全面推广海域的三权分置，多元推动贻贝养殖高质量发展。以法律、管理办法，规范企业与岛民的日常经营行为。枸杞乡依托线上信息收集与线下车间实体空间，为剩余劳动力创造了更多就业机会。为达到贻贝加工标准化生产水平，全面升级第二产业，由“粗加工”向“精深加工”转变，实现一、二产业联动。

（2）全链数字化改革

技术创新是产业融合的内在驱动力，枸杞乡将技术产业渗透至第一产业，形成“海上数字牧场”，将管理贯穿于从源头育苗至最终客户端销售的全过程。开发“嵊渔通”等应用，用技术渗透养殖、育苗、加工、销售全产业链，使枸杞乡搭上数字化快车。

（3）全程精细化管理

枸杞乡以“三大制度”链接起全过程的精细化管理，制定贻贝养殖保险制度，鼓励养殖户参保。保险公司在此过程中与政府及养殖户个体达成协议，为贻贝养殖户保驾护航，大大降低了养殖户在不可抗力因素下产生的经济损失。并利用积分制度，规范水产公司与养殖个体户行为，以积分为养殖经营准入门槛，将养殖、生产、加工、销售等各个环节相扣。对海洋实施休养管理制度，改变渔民固有观念，实现海洋可持续化发展。

2. 海岛产业结构优化

产业结构是指一个地区中农业、工业和服务业所占比重。产业结构决定了一个地区的发展方向，在寻求产业结构优化过程中要立足地区发展现状。枸杞乡海岛产业发展融合趋势势不可当，因此迫切需要产业结构的优化。

产业融合是指不同产业或同一产业不同行业相互渗透、相互交叉，最终融合为一体，逐步形成新产业的动态发展过程，是实现产业结构优化的不二选择。

当下一、三产业是枸杞乡主要的经济支柱，发展倾向于第一产业，第三产业也紧随其后，通过党建引领，数字化管理平台支撑，渔村产业整体布局得到优化，全力加速一产与三产的有机渗透与多元融合。枸杞乡第三产业包括服务和旅游两部分，它具有资源消耗低、环境污染少、就业弹性高等特点，是促进高质量产业融合的重要因素，相对一、二产业来说，第三产业增长波动较为平缓，可有效减轻区域范围整体经济波动幅度。从经济发展的普遍规律来看，经济增长的绝大部分增加值多发生在第三产业，随着产业链的不断延伸，将会出现新经济增长点，形成新产业类型，融合发展新业态。

随着海岛旅游业的发展，第三产业占海岛经济总产值比重上升，枸杞乡推动一、三产业融合，不断提升贻贝文化美誉度。产业兴则乡村兴，搭乘数字化东风，枸杞乡凭借“海上数字牧场”“嵊渔通”实现技术产业与渔业的产业渗透，而“离岛 E 宿”实现了技术产业对民宿业的产业渗透。枸杞乡还通过深度探索海洋文化展示、多元渠道销售，打造蓝海牧岛综合体，推进“贻贝进民宿”、贻贝主题餐厅等一、三产业交叉创新模式，优化贻贝产业结构。

3. “以渔促旅”新业态

产业融合是指由于市场经济不断发展，不同产业或者同一产业不同行业之间相互渗透相互交叉，产业或行业界限越来越模糊，形成融合。由于枸杞乡地理位置独特，受地形限制，产业发展问题较为突出，难以发展种植业等传统农业，因此只能聚焦于一、三产业发展。贻贝养殖业和枸杞乡旅游业凝聚成共富路上的一股强大力量，互相扶持、互相促进。枸杞乡明确提出创新旅游业态、提升旅游生态文明价值、打造全域生态旅游海岛的建设目标，不断延长贻贝产业链，使渔村产业增值增效，打造“宜游宜居宜乐”的三宜“贻旅”新业态，实现岛民共富。

（1）宜游

为打造休闲渔业共富新样板，枸杞乡在经济发展的同时不断加强海岛文化建设与海岛生态文明建设。海岛第一产业形成集聚优势，以海洋旅游及海岛文化为需求导向，通过体现还原海洋文化的特点，深入挖掘海岛文化资源，动态捕捉游客猎奇心理，满足消费者对文化消费及物质享受的需求。

通过生态产品价值实现机制，集合海岛资源优势，实现海洋生态与海洋经济协同可持续发展，突出一、三产业融合发展。以市场为导向，枸杞乡在许多海岛中打造独树一帜的贻贝品牌，吸引来了更多的第三产业开发商，挖掘海产资源及海岛景观。政府也支持海洋生态资源的转化，打造“青山蓝海”的“宜游”海岛。

（2）宜居

枸杞乡全面开启民宿 3.0 时代，健全管理服务体系，实现质量把控。在枸杞乡经济发展中，旅游民宿在海洋经济转型过程中占重要地位。在疫情后的旅游复苏期，枸杞乡迅速扩大宣传，做好服务体系的建设及完善，主推民宿经济发展。“离岛 E 宿”数字化综合服务平台的出现，技术产业对服务产业的渗透，使枸杞乡实现了“政府—民宿—游客”数字联动模式，弥补了民宿监管平台的缺陷，智慧驱动护佑产业升级标志着枸杞乡民宿正式步入新时代。民宿经营者借助数字化平台，在各大网站上宣传，为枸杞乡吸引来了众多客源，不仅提升知名度，也带动了海岛第三产业经济发展，实现一、三产业增收。

（3）宜乐

产业融合是一种复杂的产业创新发展方式，旅游产业与文化产业要获得更大的发展空间，提高自身的附加值，就要延伸产业链，利用二者天然的关联性，加强两大产业融合发展。枸杞乡将贻贝文化从第一产业中分离出特色 IP，激发主导性融合产品的活力，创新文化娱乐产品，与当地合作，将部分产业重组，制定优势产业长期发展规划。游蓝海牧岛所激发的观览、游钓、采风、文创、商洽等文化娱乐相关产业不断扩大，正成为助推枸杞乡社会、经济、生态全面发展的新增长点，发挥好旅游业高质量发展对收入分配的调节作用。枸杞乡能够充分挖掘自身的潜在优势，将传统乡村元素与现代经济要素、市场经济紧密结合，发展休闲渔业，培育出文娱新业态，实现自身的高质量发展，从而走上共同富裕之路。

（三）小角色铸就大舞台

在“和美海岛”的建设过程中，单一主体参与海岛经济发展显得势单力薄，产业融合最大的阻碍就是多元主体之间的利益关系不平衡。在政府引导下，分散的政府、企业等五方利益主体各取所需慢慢汇聚，相继投入分工扮演“小角色”，最终得以构建海岛利益共享机制，将枸杞乡铸成欣欣向荣的共富“绚烂大舞台”。

如果各利益相关者将目光锁定于自身利益得失，那么将无法深度挖掘当地产业的经济价值和生态价值，就会陷入利益相关者之间关系不协调的困境。利益相关者理论可将产业融合与生态可持续发展融入其中。在一、三产业发展过程中，枸杞乡从“贻贝”角度入手，积极探索村庄集体、企业、岛民、政府、消费者等多元主体之间的利益诉求，进行利益平衡，以人为本共建共享，帮助各类参与主体获得相对公平的收入。

1. 政府：海岛产业可持续化

枸杞乡政府一方面扮演引领者的角色，另一方面扮演管理者的角色。引领海岛扎实推进高质量发展的重点项目，管理并深入挖掘海岛潜在资源，倡导各利益主体共享共建，不断促进海洋产业衍生，为共富资金建起“保障”。

政府作为公共利益的代表，其利益诉求涵盖了全民对海岛产业发展的期待，以及增加枸杞乡的知名度和美誉度。运用政策手段引领岛民表达利益需求，让企业困境得到解决的同时，还考虑到长远利益，坚持“两山”理论，走出一条“绿色发展”的共富之路。深化浙沪海上合作和长江三角洲区域一体化合作，为枸杞乡贻贝发展打开了通往内陆的新途径，寻求更大的市场与更强的贸易伙伴。

在枸杞乡政府的努力下，贻贝智慧养殖云平台已经成功被纳入全省首批重要农业文化遗产资源名单。通过政府统筹规划，枸杞乡已全面形成了以渔业生产为基础、以贻贝加工为抓手、以第三产业从业者为重要角色、以乡村旅游为核心的一、二、三产业融合未来乡村发展模式。

政府发挥自身公信力与威信，给予企业、养殖户等政策扶持，搭建统一的信息服务平台，投入资金及技术，提高各方积极性，为海岛人才储备与其他相关部门做好联动。除此之外，政府支持养殖保险全面覆盖及海上环卫制度全面实行，通过建立海洋生态补偿机制，有效改善海洋生态环境，塑造了“和美海岛”的景象。

2. 村集体：壮大集体经济

村集体作为村庄利益的分配者，主要诉求表现为将村集体经济收入惠及全民，在与企业等经营者合作时，实现村集体经济的壮大。

枸杞乡各村庄连接起“强弱”之间的桥梁，主导“一产”村庄抱团发展步入共富“快车道”，通过“强村带弱村”“先富帮后富”帮助薄弱的村庄提升贻贝养殖技术，渔民及经营者交流经验，提高了集体经济收入。同时针对多村发展方向的不同，组建强村公司等模式，发挥“三产”优势，明确利益分配，实现渔民、村庄集体、公司三方分红。全乡对集体资产进行股份制改革，村集体以自然资源入股旅游公司，同时投入固定资产的改造升级。

枸杞乡各村庄因地制宜，以村庄优势产业为导向，积极探索“合作社＋养殖户”的模式、“闲置农房＋村级闲置土地＋村级集体经济”模式，使之纵向一体化向着产业链的上游或下游延伸，市场竞争力不断增长，生产更高效。诸如奇观村一类第三产业兴旺的村庄就大力支持民宿经济高质量发展，丰富乡村经济业态，发展民宿经济、海岛旅游等新产业；

干斜村、龙泉村、里西村一类养殖产业为主的渔村，就加大资金投入、择优育种，着重第一产业的加码。

3. 岛民：提高收入水平，维护生活环境

作为主要利益相关者的岛民主要分为两类，一类是渔民及服务业经营者，另一类是普通居岛群众。渔民及服务业经营者诉求为获取更加便利惠民的政策，拥有良好的生产生活环境，提高收入水平。普通居岛群众诉求为获得更多的就业机会，同时维持原有生活秩序，不破坏原有环境利益。

凭借数字牧场与“养民证”，依靠数字化改革，养殖户之间减少了不可避免的养殖桁地纠纷，保护了他们的财产安全。通过养殖、加工、旅游全产业链串联海岛，依托线上信息收集与线下车间实体空间，为贻贝加工标准化生产，为当地岛民提供更多就业岗位，将用工荒变为创收热。同时，海上环卫制度推行，推广贻贝养殖保险，为发挥贻贝产业优势保驾护航，实现品牌引领，走上共富之路。

渔民积极参与休闲贻贝、创意贻贝和贻贝体验等新型业态发展，为当地开拓旅游市场，一部分从事第一产业的渔民渴望转型投入第三产业，成为当地饭馆、民宿、海钓等服务行业的经营者，以更积极的态度消化一、三产业融合业态。

虽然旅游业的火爆使岛民生活不便、产生排外心理，但在发展第三产业的同时，岛上的基础设施更加丰富，饮食娱乐等商铺层出不穷也满足了居民们日益增长的文化需求。

4. 企业：经济利益最大化

从利益相关者理论统筹考虑，企业主要角色为海岛产业的开发者，参与强化了自身社会责任，能实现多方的长远利益。在挖掘潜在商机后，企业作为“理性经济人”乘势介入。

水产企业联合科研机构、知名高校等院所，攻克厚壳贻贝人工养殖中遇到的困境，再进行贻贝贸易。合作企业在得到政府及岛民支持后，协同发展一、三产业，岛民扮演养殖的主力军，企业扮演技术和贸易的主力军，两者直接对接，降低了生产经营成本，能获得高额利润，同时也能满足企业利益最大化的诉求。如景晟水产公司与干斜村的合作，是当地龙头企业引领企农利益紧密合作的典范。龙泉、里西与干斜村作为枸杞乡贻贝养殖大村，与强村公司合作，与其进行利益分红，为贻贝养殖户搭建了更加广阔的产业平台。企业利用机器换人，降低人工成本，提高贻贝处理作业效率，使贻贝产业结构更加稳定。同时联合高校创新贻贝养殖技术，做好贻贝的精细加工处理，为第二产业的发展提供可能性。另外，保险企业借助政府平台与养殖户们签订养殖保险合同，立足新商机，开拓了保险覆面，是对新保险领域的一次勇敢探索。而旅游企业能够联结渔村与消费者，为当地第三产业发展提供技术支持，形成良性保障机制，在企业利益驱动下，协同岛民、政府开发枸杞海岛特色文化资源。在开发过程中，企业能最大限度地进行资源优化整合，实现海岛高质量发展。

5. 消费者：服务和产品最优化

枸杞乡的消费者主要分为旅游者和水产消费者，其主要诉求为高质量的海洋生态旅游环境和海洋生态旅游产品，基本的生态旅游设施设备，以及亲近海洋的服务体验。消费者消费过程中，枸杞乡针对不同的消费群体创造个性化的消费环境，如通过市场渠道满足水产消费者，制定充满人文关怀的旅游海岛规划，与当地居民和当地文化产生更多互动，尊重了旅游者的体验诉求。在此过程中，枸杞乡也不断收集消费者的反馈，加强政府监督作用，维护消费者合法权益。同时开发出“贻贝 + 民宿”“贻贝 + 餐饮”“贻贝 + 文创”等“贻贝 +”新型模式，转变一、三产业发展模式，走向产业交叉之路。通过打造特色鲜明的休闲贻贝观光点，提升消费者的旅游体验。

6. 利益共享大舞台

枸杞乡政府从利益协调角度出发，将村集体、岛民视作海岛内部发展主体，分别进行直接管理与间接管理，内部主体之间互相监督。政策支持下，内部主体因地制宜以合作社、强村公司、共富工坊等合作平台为载体，向外伸出“橄榄枝”。内部主体向企业提供水产品与劳务，外部主体则是为当地带去经济效益，通过解决就业、提供报酬手段，与当地群众达成合作。各合作方均欲通过产业融合、生态治理的途径实现利益最大化。枸杞乡通过强化产业内外部的协同合作，对内以市场机制为导向，实现内部主体之间合作，以科技创新为依托，实现贻贝产业融合；对外整合资源，以自身优势吸引企业、消费者等外部主体参与海岛经济建设，最终达成各利益相关者互惠合作，促成海岛各产业兴旺发展格局。枸杞乡利益共享机制如图 6 – 4 所示。

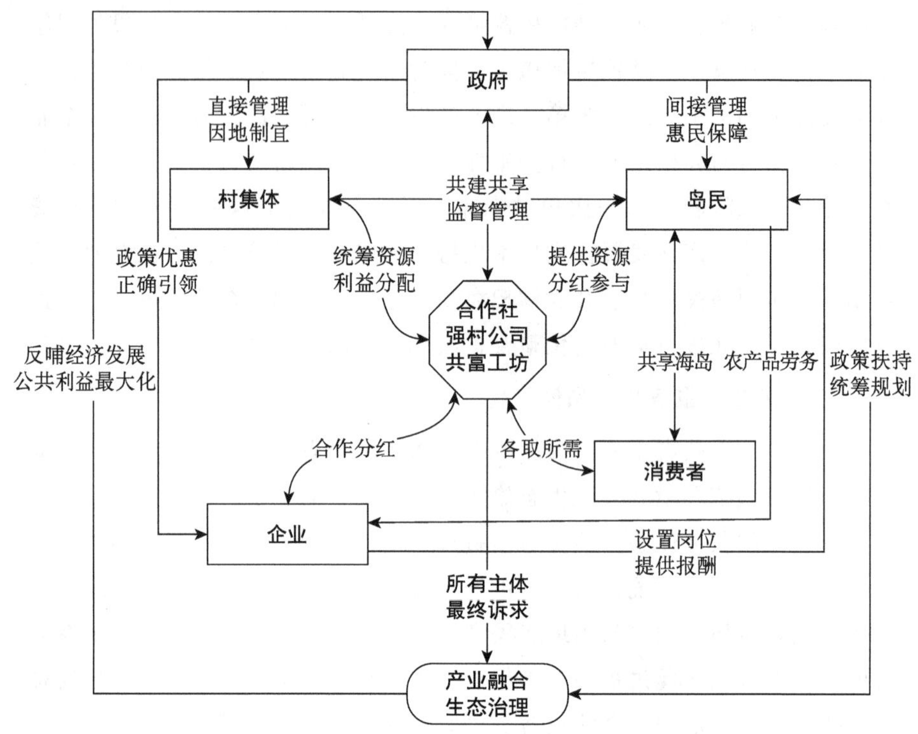

图 6－4 枸杞乡利益共享机制

（四）小切口描绘大文章

枸杞乡为走上生产发展、生活富裕、生态良好的文明发展道路，将一、三产业融合发展和利益共享机制构建作为海洋生态治理的“小切口”，号召全体利益相关者共建共享。但海洋生态治理涉及居民生产和生活转型，想要实现海岛渔村绿色转型，就必须抓好产业、生态两个关键要素，同步推进产业融合与利益共享，在产业融合中推行生态产品价值实现机制，实现产业收益反哺生态治理参与主体。枸杞乡通过协调利益共享机制，使生态治理的成果惠及岛内外群众，实现从“单兵行动”到多元主体共同参与“联合作战”，最终描绘海岛治理升级的“新画卷”。

1. 政企村产业共建，实现海洋生态治理

海洋生态环境治理已经成为海岛产业融合发展的必要前提。企业开发海洋资源，岛民开展生产、生活等活动时，陆源垃圾入海、船舶垃圾倾倒、海水养殖浮具废弃在海面……这些行为不可避免地破坏了海洋生态环

境，海洋生态环境的脆弱俨然成为一种新形式的“生态贫困”，并且“贫困”治理的实现路径较为狭隘。针对这些破坏海洋生态的源头问题，枸杞乡深入践行海上“两山”理论，因地制宜实现了“生态精准扶贫”，形成政企村共建产业融合的“和美海岛”大格局。

枸杞乡政府推进“蓝色海湾修复”“一格一笼一船墩”制度等项目，管控海岛建筑风貌的同时，直接带动了海岛治理提升、旅游发展和渔民增收。与此同时，出台贻贝伏休制度缓解海洋富营养化，使得渔业资源获得了有效的保护。相关企业也积极探索新路径。枸杞乡水产企业将一、二产业进行融合发展，力促传统渔业转型，回收利用贻贝壳，有效解决贻贝壳随意倾倒所产生的环境污染问题，进行集约化养殖，实现海洋产业可持续发展。各个岛上渔村，在政策引导下，以“强村”带“弱村”，联合成立强村公司与共富工坊，进行一、三产业融和，形成“村企共建”新格局。通过立足美丽海岛建设，村集体积极盘活村庄闲置土地资源，精美民宿也如雨后春笋般涌现。村庄还实现闲置渔业资源优化配置，通过“一格一笼一船墩”制度实施，引导渔用养殖物资有序放置，在治理环境的同时，为海岛新添了一道道极具海岛风情的风景线，吸引了不少外来游客。

生态环境和经济发展是边缘海岛发展的薄弱环节，美好的生态环境本身就拥有无穷无尽的经济、社会价值。枸杞乡坚守环境质量底线，在保护好原生海洋生态环境的同时，将生态效益转化为经济效益与社会效益，深入挖掘一、三产业融合，实现产业与生态融合治理。

2. 岛内外群众共享，促进利益协调互惠

海洋生态环境修复已经成为海岛利益共享机制完善与可持续发展的内在要求。枸杞乡通过改善偏远海岛的海洋生态环境脆弱与恶劣现状，从而提高居民生活的舒适性与安全性，实现绿色发展、生态富民，形成人与自然和谐发展的产业融合新格局。枸杞乡倡导以“两山”理论的以人为本、和谐共生、责任担当等生态文明建设理念作为发展的重要价值遵循，号召群众构建共建共享格局。

生产过程中，村集体、岛民等岛上群众积极响应政府号召，在“生态立乡”政策的引领下，齐心协力、开拓创新，践行了一系列措施，诸如闲置渔船统一管理、新型浮球替换、积分养殖管理制度落实等，减轻经济发展中对海洋生态产生的影响。生活中，当地群众积极监督实践垃圾分类，游客消费者及外来企业也深受影响，积极遵守环境保护要求，共同创建海岛“绿水青山”。岛上群众的需求促成了15分钟高质量生活圈的建成，便利了游客，带来了更多的客流量与经营收入，促进了岛内外互惠共享格局的形成。

枸杞乡坚持“良好生态环境是最普惠的民生福祉”的人民至上的理念，为岛上居民提供更舒适宜居的生活环境，为外来旅游者提供更美好的服务体验，实现海岛内外互惠共享。

3. 人才共筑海岛可持续发展“金字塔”

部分开发经营者作为发展主体力量却提供低质的产品及服务，为追求经济利益最大化不考虑长此以往会给海洋资源、环境及社会文化造成的负面影响，因此只有引进高质量且具责任感的人，以此为基础，才能更好协同一、三产业融合发展，描绘海岛共富新篇章，筑牢海洋生态可持续发展的“金字塔”。

在乡村治理过程中，各个产业相互交叉渗透，人力一直是实现各方资源顺利运转的重要“齿轮”。枸杞乡人才的引进实现了科技、资本、闲置土地的优化配置，助力海岛经济发展，稳定产业融合格局。高质人才所具备的高道德感及卓识远见，也将驱使他们走产业可持续发展之路。当地新乡贤及企业凭借自身优势自发投资，通过“贻贝＋民宿”“贻贝＋手工艺”的发展模式，将第一产业与第三产业融合，贻贝产品受到多方支持，让枸杞乡的产业融合焕发出新的生命力。

四、案例总结与启示

（一）案例总结

几十年前，枸杞乡只是在汪洋东海之上的一片孤舟，老龄化严重，渔业发展缓慢，二、三产业起步较晚且发展滞后。2013年以后，枸杞乡抓住海岛旅游的契机，立足“一岛一韵”，以“贻”韵为海岛产业底色，充分发挥蓝海牧场特色，利用海洋生态资源和海岛旅游风情，以渔农业高质量发展为主线，促进海岛一、三产业深度融合，又通过产业融合反哺促进海岛共富发展。

边缘海岛多种业态的融合发展，各种“小角色”在“和美海岛”“大舞台”激活新的经济增长点，提高了人民生活质量。在第一产业，通过“海上数字牧场”及打造“嵊泗·枸杞”贻贝的“金名片”，养殖海域活化闲置资源，聚焦数字赋能。如今身处边缘的小岛重生，立足海岛实际、产业特色和资源禀赋，坚持优先保障生态资源可持续原则，深入实践“两山”理论，坚实走好海岛县高质量发展共同富裕特色之路，在实现乡村振兴和海岛共同富裕的道路上迈出了坚实的步伐。

（二）案例启示

枸杞乡的《一岛一韵共富创新模式创新》案例已经成功入选浙江省首批乡村旅游促进共同富裕案例。作为独特的“贻贝产业岛”，为浙江省乃至全国的偏远海岛脱贫致富、因地制宜发展海岛经济提供了时代意义和典范价值，以下是本案例所给予的启示。

1. 一、三产业提档升级，定位方向筑牢基石

经济发展水平是限制海岛可持续发展的主要因素，因此，海岛政府需大力发展养殖业、渔业、旅游业等，扬长避短，增加单位面积财政收入，让贻贝质量和服务品质得到提升，实现一、三产业的良性协同运作。针对不同渔村因地制宜，精准定位产业发展方向，突破同质化竞争困境，筑牢共富基石。

2. 持续培养海岛人才，技术产业渗透续航

发展“渔家乐”“文创”等现代化旅游产业，鼓励大学生返乡创业，提供创业优惠补助政策。也可以组织返乡人才跨区域学习海岛旅游发展方式，厚植乡土情怀，让更多人才回乡发展。加强技术投入，以智数赋能，让技术渗透到海产养殖业、休闲渔业等多个行业续航经济发展。

3. 盘活利用海岛资源，完善利益分配机制

海岛可以对整体资源进行思考规划，因地制宜利用海岛资源，改变过去依靠务农打工收入等渔农村传统致富模式，积极探索“闲置农房 + 村级闲置土地 + 村级集体经济”模式，提档升级打造高品质民宿综合体，盘活周边闲散集体土地，化零为整，让闲散资产“聚起来”，扩大村级集体资产收入途径。目前岛民在产业链中缺乏市场话语权，所以，需要确立合理的利益分配方式，海岛可通过引入第三方监管机制，维护边缘利益相关者的参与途径，建立完善的利益保障机制，加强利益监督。

4. 有序完善海岛设施，持续生态文明建设

由于海岛普遍交通不便，对于交通发展资金投入应当引起相关部门的重视。加强基础设施建设，提升人民归属感和幸福感，实现公共服务共享，能加强岛民与海岛的联结性。在海岛开发过程中，深刻践行“两山”理念，牢固树立尊重海洋、顺应海洋、保护海洋的思想意识。这需要政府增加环保设施的投入，与时俱进审视海岛生态发展状况，完善海上环卫制度建设，聚焦海洋生态痛点，改善海岛风貌，创建“和美海岛”。

思考题

1. 一、三产业融合理念在枸杞岛共同富裕建设中发挥了什么作用？
2. 枸杞乡“贻韵致富”如何体现生态经济协调发展？

案例作者：糜依依　王铭杨　任纯慧　沈菀舒

指导老师：单立萍 周天肖

参考文献

［1］齐文浩，李佳俊，曹建民，等．农村产业融合提高农户收入的机理与路径研究：基于农村异质性的新视角［J］．农业技术经济，2021（08）：14.

［2］陈斌娜，王菲．枸杞：“黑珍珠”撬动共富新支点［N］．舟山日报，2023－05－10（001）.

［3］陈晔．我国海洋渔村的历史演进及转型与发展［J］．浙江海洋学院学报（人文科学版），2016，33（02）：20—28.

［4］姚功武，李雅兴．新时代共同富裕的生成逻辑、基本内涵与实践途径［J］．理论建设，2023，39（02）：70—78.

［5］陈惠雄．共同富裕的自然尺度与空间维度［N］．中国社会科学报，2022－07－20（003）.

［6］孙璐．国土空间规划体系下的乡村“三生”空间优化研究：以武汉市为例［M］．北京：人民交通出版社，2021.

［7］陈世清．对称经济学与对称哲学［J］．宁德师专学报（哲学社会科学版），2008（02）：29—34.

［8］LEE H，KIM N，KWAK K，et al. Diffusion Patterns in Convergence among High－Technology Industries：A Co－Occurrence－Based Analysis of Newspaper Article Data［J］．Sustainability，2016，8（10）：1029.

［9］孙亦贤，王成宇．善治视域下农村公共管理弥合数字鸿沟研

究［J］.安徽农学通报，2022，28（07）：16—18.

［10］弗里曼．战略管理：利益相关者方法［M］．王彦华，梁豪，译．上海：上海译文出版社，2006：30.

［11］刘箴．我国农村公共管理研究的发展路径［J］．国际公关，2023（15）：110—112.

［12］苏毅清，游玉婷，王志刚．农村一二三产业融合发展：理论探讨、现状分析与对策建议［J］．中国软科学，2016（08）：17—28.

［13］杨锦，杨华国，邓涛．乡村振兴背景下农村产业的融合模式及其发展趋势［J］．农村经济与科技，2023，34（07）：58—60.

［14］马丽卿，朱永猛．产业融合背景下的海洋旅游综合管理体制研究：以浙江为视点［M］．北京：海洋出版社，2015：33—34.

［15］刘祥恒，郑含笑，吴明节，等．旅游产业与文化产业融合研究特征探析［J］．现代商业，2023（12）：31—36.

［16］赵丽红，袁惠爱．旅游业高质量发展能否促进共同富裕？［J］．旅游导刊，2023，7（04）：25—52.

案例 7

特色农业：自产自销还是多元合作？

——以赵家镇特色香榧产业发展为例

一、引言

现如今全国各地的乡村都开始纷纷重视起自己的特色产业，力图通过特色农业的发展增加农民收入、带动村子的发展，壮大县域经济和提高我国农业竞争力。2018 年，中共中央、国务院印发《乡村振兴战略规划(2018—2022 年)》，提出壮大特色优势产业；2021 年，农业农村部、财政部、国家乡村振兴局等 10 部门印发《关于推动脱贫地区特色产业可持续发展的指导意见》，指出发展壮大特色产业对实现巩固拓展脱贫攻坚成果同乡村振兴有效衔接具有重要意义。但目前来看，全国成功发展的特色农业并不多见，由此可知特色农业发展仍然存在不少问题。而在经过资料调查之后，主要的问题大致可以归纳为以下两个方面。

第一，特色农业发展增效与农户增收难问题。

多数地区片面地追求特色农业的规模扩展，试图以数量来占领市场，但是这将伴随着其本就有限的市场需求趋于饱和。这样做一方面会导致部分地区特色农业进入“内卷化”陷阱的发展状态，出现恶性竞争的现象，使得特色产业发展失去效益与竞争力；另一方面特色农业的发展未有效增加农户的收入。由于特色农业发展对市场依赖性更强，有更高的技术与投入要求，小规模农户在参与特色农业过程中存在较高的市场风险，甚至有可能被边缘化。同时，农业较大的升值空间在生产的后端，而农户大多数仅停留在产业链的前端，其增收空间是十分有限的。因此，特色农业在发展中，一方面要利用差异化发展来提高产业的竞争力，另一方面要注重思考和解决如何通过特色产业赋能农户，使农户增收。

第二，特色农业政策支持难问题。

从农业政策来看，目前对常规农业的政策相对较多，但对特色农业的政策支持相对欠缺，因此对于特色农业的政策支持体系并不完善。从农业政策的使用方向来看，现有政策主要集中在粮、棉、油、糖、生猪等大宗农产品上，强调初级产品稳产保供，然而对于特色农业或特色农产品，不少人仍旧将其理解为地方的事权，而不予过多地管理支持。如在规划设计方面，“三区”中粮食生产功能区和重要农产品生产保护区由中央划分，而对于特色农产品优势区的划分则由地方政府负责，这很容易滋生特色农业发展空间的杂乱无序和恶性竞争问题。在资源支持方面，中央的资金在大宗农产品投入较多，对特色农产品的支持相对较少，如中央级的科研机构将大部分资金用于大宗产品的品种培育，对特色农产品品种培育支持较少。此外，在农业保险方面，按照中央一号文件工作部署，相关政策文件要求“落实三大粮食作物完全成本保险和种植收入保险主产省产粮大县全覆盖”。相比大宗产品的发展，特色农业由于其自然风险和市场风险相对较大，对风险管理工具具有强依赖性，使其所面对的发展困境更多的同时，还需面临这方面的政策支持供给不足的情况。

出现了这些问题的特色农业应当如何继续更好地发展引起了我们的好奇，而我们注意到赵家镇的香榧作为其特色产业，在现今的局势中发展出了一条属于自己的道路——探索多方合作的可能，以此弥补农户只停留于前端的困境，探索香榧的增值空间，提高其产业竞争力。在本案例的探究中希望能够以赵家镇香榧的特色农业发展模式为例，为全国各地的特色农业发展提供新思路。

二、案例叙述

（一）缘起：香榧产业重量而缺质

“彼美玉山果，粲为金盘实”，这是苏东坡笔下的香榧。香榧产业作为诸暨特色富民产业，近年来遇到了诸多挑战，香榧不再“吃香”，诸暨香榧产业发展陷入内外交困之中。

全国各地新栽香榧产量激增，然而品质却是良莠不齐，对诸暨古树香榧的销量造成巨大冲击，“古香榧”的名牌没有打响，无法发挥古树资源的核心竞争力优势。同时，大量外地香榧冒充“枫桥香榧”进行倾销，

“枫桥香榧”品牌受到极大冲击。除了外部香榧干扰外，销售同样重要。诸暨香榧仍是以传统销售为主，销售群体江浙沪居多，北方地区和部分南方城市对其认知度不高，消费群体不广，难以拓宽新的销售渠道。香榧卖不上好价，成了榧农说不出的痛。为破解山区农民增收困境，应带动诸暨香榧产业高质量发展。

而在这一系列香榧的产地中，“香榧之乡”赵家镇面对的也是这些困难。赵家镇是国内最大的古香榧树集聚地，拥有香榧古树群 126 个，其中树龄百年以上的有 3.1 万株，千年以上的有 2 700 株，古树香榧年产量占全国总产量的 60% 以上。然而，全国各地新栽香榧产量激增，香榧品质良莠不齐，对包括赵家镇在内的会稽山区域传统产区特别是古香榧的销售造成重大冲击。

在出现问题之后，赵家镇政府及时地查处自身以及当地香榧产业的不足，从村民、政府和企业三个方面不断地创新和完善新的制度以促进多方的协同合作，共同振兴赵家镇香榧产业。

（二）单打独斗难崛起

“枫桥香榧”产品主产区诸暨赵家镇 90% 以上的农户种植香榧，年产干果约 1 000 吨。但是根据赵家镇农办主任所言，即使每年的香榧产量稳定，价格却大起大落。

为何会出现这个问题？从表面看，是这些年各地兴起种植热，香榧树枝的移植导致产能激增。再加上受香榧知名度等影响，作为小众干果食品的香榧，其消费群体主要集中在上海、杭州等地，没有扩大消费人群，因此市场供过于求。其更深层的原因在于栽培、加工模式和水平，影响产品风味，竞争优势减弱。但实际上，这其中不仅存在着产业发展不佳的问题，还有赵家镇在管理香榧产业时就出现三个主体的共同治理模式不利于香榧销售的问题。

第一个主体为赵家镇的村民。如果说，纷繁的商品市场中，要想脱颖而出靠的是品牌，那么决定品牌的口碑、回购率的关键，则是风味和品质。一直以来，赵家镇的香榧产业一直采用村民自产自销的模式，香榧经营的集约化程度都维持在较低的水平，种植香榧则是以户为单位的分散经营为主导。在赵家镇，香榧生产主体为家庭作坊，品质筛选不严格，可能每三颗干果中就有一颗坏掉，而且村民们一直使用着效率不高的传统炒制手法，每家每户还在沿用十年前研制的剥壳机，但是这种机器用生掰办法剥壳，难免会磕伤香榧的“头部”，从而大大影响口感。如此参差不齐的质量不仅无法获得消费者的信任，打响村民的香榧品牌，还无法带领赵家镇的香榧突破地域的限制，打开香榧的市场。

品牌的发展虽然离不开质量的提高，但是本身的投入宣传的力度也必不可少。被困于大山的村民所拥有的宣传方式十分有限，难以使村民品牌继续发展。他们所能使用的宣传方式只有朋友圈的小众转发和亲戚朋友的口口相传，对于提高村民的香榧收入能够起到的效用十分有限。这些制约因素都导致仅仅依靠村民自己的力量难以维护香榧产业。

随着时代的潮流，各地香榧产业的发展对赵家镇香榧的冲击使其在市场上失去竞争力。作为赵家镇支柱产业的香榧日益萧条，村民的收入令人担忧。如果赵家镇依旧保持先前的村民自产自销、单打独斗，那么结果就是因为各种经济等条件的限制无法做到优质的品控，因此不能保证决定品牌发展的风味和品质。因此，赵家镇政府在之后的振兴香榧中选择了地理标志品牌发展路径——抱团发展、统一标准。

赵家镇香榧产业的第二个主体为赵家镇政府。赵家镇的支柱产业为香榧产业，关乎村民的民生问题。若是香榧产业难以维系，镇政府将会面对更加严峻的形势。此前，政府在振兴香榧中的角色一直是辅助者的身份。政府辅助村民宣传他们的香榧去进行销售，为村民开展培训，但是在一些基层方面的工作上，比如村民自己采取农药养护等情况难以及时发现制止，而产生了不利于香榧古树的保护和香榧生产活动的行为，因此培训的成果难以得到落实，培训的效果也难以得到体现。而农村方面的脱节也间接地影响到企业对于香榧产业的支持。

第三个主体就是企业。企业虽然与香榧生产活动没有直接关联，但是他们在香榧的销售这方面至关重要。企业的方向主要有两种：一种是企业主营香榧产品，打造香榧品牌；另一种是企业借助自身品牌的影响力，收购香榧而代销。其中，企业只负责承担古树的维护和香榧加工费等费用和香榧的销售。虽然保障了香榧的来源，但是合作中的细枝末节对于企业来说是山高皇帝远，难以及时掌握。而前些年，尚且不成熟的企业与农村的协作模式受到疫情的强烈冲击而出现裂痕，最后导致企业与农村的合作出现了分歧。

赵家镇里，即将推进榧王村、宣家山村整村香榧经营权流转，逐步实现生产集中管理，试图建立一种新秩序——遵守规则，保护品质，才能享受品牌效益，这也是创立地理标志保护体系的初衷。

（三）多方合作现光明

赵家镇为了保护古香榧树，同时更好地发展村集体，凭借“绿水青山就是金山银山”理念，开始进行协同治理，旨在探索能够充分发挥村民、政府和企业优势的多元主体治理模式。赵家镇的多元治理框架如图 7－1 所示。

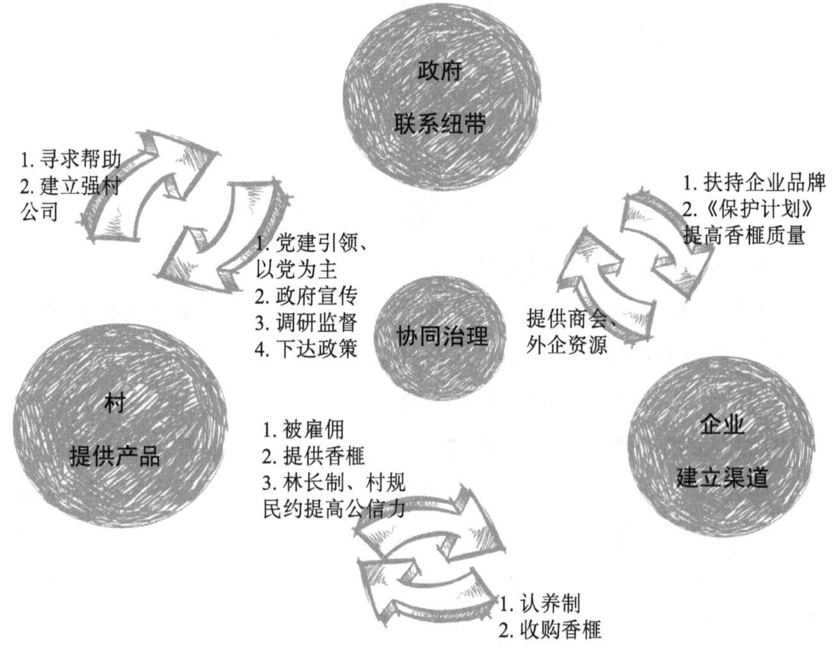

图 7－1 多元治理框架

1. 村民：林长民约产优质香榧

近年来，赵家镇为了保护古香榧树，同时更好地发展村集体，凭借“绿水青山就是金山银山”理念，开始进行协同治理。多个主体共同参与农村治理是实现乡村振兴的关键环节，不同主体具备不同的资源优势，能产生整体效率大于个体效率的结果，从而形成利益共生、共同发展的良性循环。林长制、村规民约和强村公司就是赵家镇开启多元主体共同治理的核心机制。

（1）林长制

村委会借助镇政府的力量推进实行了《绍兴会稽山古香榧群保护规定》，建立起覆盖市、镇、村三级林长制，实行“四长二员”（三级林长 + 警长 + 护林员 + 技术专员）林业巡航模式，以及“入村到点”网格巡林制度。诸暨市设立首批 9 名富民林长，以党建为纽带构筑香榧产业共富联盟，依托赵家镇 126 个香榧古树群、3.1 万株百年以上古树，为林农、企业、院校合作铺路架桥，共建“香榧产业发展顾问团”“乡村振兴全网营销研究基地”等六大项目，走好“接二连三”产业升级之路，林长牵线助力双赢，带领村民走上共富道路。

镇政府作为国家行政机关，积极贯彻为人民服务的宗旨，具有一定的政府公信力和威信。村委会与镇政府之间的有效合作达到了“1 + 1 > 2”的效果，让制度的推行更加顺利，加快了林长制的进程。目前，林长和微林长由村民代表、村民组长调整而来。全镇有三级林长 26 人、警长 5 人、护林员 21 人、技术专员 3 人。

另外，实行林长制有助于强化林业生态监督，有效地降低人为破坏行为，全面推进林业生态文明建设。

（2）村规民约

村委会依靠自身村规民约的支撑，通过制定村规民约来监督村集体的发展，林长依据村规民约拥有一定的自治权利。比如：榧树挨得近，相邻村民可能因采摘产生纠纷；榧树产权属于村集体，村里有小孩出生或老人去世，榧树就要重新分配；一个村要留起一部分榧树作为集体收入补充村级关爱基金……这时候，林长就要出面主持调解和分配。林长制以村委会为依托，与网格员模式一脉相承，切实维护了村集体的利益。

小组在前往赵家镇榧王村进行调研的过程中，通过与榧王村的村委会值班主任蒋女士的交流中得知，香榧树的产权是属于村集体的，当村民家中出现了家庭成员的变动时，往往会伴随着榧树的重新分配。在分配的过程中村民之间会产生一些纠纷，这些纠纷仅仅凭借口头劝说调解并不可靠时，就需要村规民约对村民之间矛盾的调节加以制度的辅助。

村规民约主要分为四个部分，“生态榧王”“和美榧王”“和谐榧王”和“奖惩措施”，分别规定了保护生态环境、建设民居氛围、调解邻里关系和相关的奖罚制度。“生态榧王”对古香榧树的保护规定包含了明确禁止实行的生产活动，比如偷剪接穗。同时在这一条规定后跟进了严格明确的惩罚措施，标明惩罚的金额，以防村民为了一己私利而做出破坏古香榧树生态资源的行为。根据蒋女士透露，村规民约的实行有效地保护了古香榧树的资源，约束了村民的不良生产行为，至今古香榧树资源没有受到人为因素的破坏。

（3）强村公司与守护人

面对当前赵家镇香榧产业受挫的问题，当地相关部门都困扰不已。在2014年的“百万人认养百万棵菩提树”活动的圆满举办和2016年“认养一头牛”品牌提出的众筹与直供理念相结合提出的“认养一头牛”概念创造了惊人成绩的情况下，政府部门吸收借鉴相关的历史经验，开始试行首批认养制。

试行期间，企业作为守护人可自行挑选古树认养并签订协议，支付给村委会养护费，守护期限最低为一年。在古树挑选方面，村委会将优先挑选村中经济条件较差的人家，以此来辅助村民更好地获取经济利益。在香榧收获后，经过指定厂家炒制后的干果成品将直接送到守护人手中。守护人可以针对香榧古树的稀缺性自主进行品牌包装、营销策划，充分挖掘其市场价值。

这样的古树认养在实行过程中，一方面，企业前期需要支付相对多的养护费，而在后期收获时，由于香榧的产量和品质很大一部分原因受到气候等自然环境的影响，这就导致香榧的产量和品质极其不稳定。当气候适宜时，香榧产量高、品质好，则企业回报率就高；而当气候干旱，或多暴雨等极端天气频发时，香榧的产量和品质都将大打折扣，这也就使得香榧的回报率远低于付出的代价，导致企业可能面临亏本的风险。这些因素加成导致在认养制实行过程中对企业的门槛较高，必须得是大公司大企业才能够承担得起这样的风险，这就导致企业的选择具有很大的局限性，认养制只能在小范围小区域实行。

另一方面，村民由于收到的养护费固定，香榧产量好的时候，企业给这些钱，当香榧产量不好的时候，企业也给这些钱。产量和品质的变化不影响村民的收益，使村民养护香榧的积极性不高，内驱动力不够。同时，这家香榧产量高，企业给一定的钱，那家产量低，但是企业也给一样的钱，这对村民的利益分配也不公平，容易激增村民内部矛盾。

基于这些问题，政府在原来认养制度的基础上进行了优化调整。首先，为提高合作质量和效率，政府提出降低认养门槛，实行零门槛的认养方式，即在认养前期，企业无须支付养护费。为使项目真正落到实处，赵家镇以宣家山村和榧王村为试点，分别注册了强村公司。企业与强村公司签订完认养协议后，由村集体进行统一养护，企业在收购强村公司加工完成的成品香榧时，根据香榧成品品质和产量的状况确定好价格，进行交易。

其次，香榧加工技艺主要分采摘、后熟、加工三大环节，每一道工序都极为复杂，需要依靠榧农精湛的技艺和丰富的经验才能完成。而香榧加工又需要十道制作工序，每一个工序都至关重要、缺一不可。正因为香榧的加工步骤复杂，对加工者的要求高，才使每一颗香榧都成为珍品。香榧炒制的火候很重要，炒制的火候把握不好，口感会相对较差一些，炒制香榧需要把握时间，不宜过久，香榧过嫩则硬，过焦则苦。因此，香榧的炒制也非常重要，为提高成品香榧的品质，赵家镇举办传统香榧炒制大赛，改变之前的非统一炒制方式，由获胜的非遗传承人对高品质古树香榧进行统一手工炒制，以此来增加和保障香榧的品质。

最后，为了打造香榧知名度，政府收购了“枫桥香榧”的品牌，授权强村公司使用“枫桥香榧”，打造国家地理标志公共品牌，提供统一包装样式。品牌是有效的推销手段，能够使企业有重点地进行宣传，效果迅速，有利于在产品销售中使得消费者更熟悉产品，利用品牌效应，让“枫桥香榧”更好地走出去。同时强村公司与认养方签订认养协议，提供挂牌、联络、接待等统一服务。

不同主体具备不同的资源优势，多方面多角度进行优化，达到整体效率大于个体效率，“1 + 1 > 2” 的结果。

认养制度由政府主导，联合村委会和企业，优化调整到以村委会、强村公司为依托，政府在政策等方面给予辅助，农托企业对香榧进行专业化流转。赵家镇以这种定向守护的公益共富方式，来实现保护千年古树群、助力榧农共富的最终目的，不仅仅是义务和生态责任。于村镇而言，能切实保护好珍稀古树，使文化遗产不致流失；于农户个人而言，收益更加平稳，推进了榧农增收、强村富民，增强了山区群众对共同富裕示范区建设的获得感；于企业而言，提高了知名度，还能降低运营成本，也使得当地香榧产业高质量发展之路进入新阶段。

2. 政府：党建引领助香榧富民

（1）政府推动党建引领，实现香榧产业发展

2022 年，诸暨市赵家镇人大主席团召集香榧产区所在村、香榧企业

的人大代表和干部组成专题调研组，对香榧产业现今的发展瓶颈进行深入调研。调研组历时两个月，分组走访龙头企业、榧农、种植专家等，上山地、进市场、问情况，全方位了解香榧产业现状、存在问题，寻求香榧产业健康有序发展的突围之路。

诸暨市政府领导亲临赵家镇调研“把脉”，召集承办、协办单位负责人，深入研究香榧产业有序发展，从“加强产业引导、加强资金扶持、健全体制机制、推进产业数字化”等方面，给代表细致全面的办理答复。诸暨市人大常委会多次组织专题调研，适时开展面商督办专题活动，积极跟进督办，竭尽所能促进香榧产业冲出迷雾、走上高质量发展之路。领衔课题的诸暨市人大代表将调研成果梳理成《关于加大香榧产业规划和扶持力度的建议》，提交到诸暨市十八届人大一次会议。该建议得到诸暨市人大常委会的高度重视，列入诸暨市政府领导领办的 8 个重点建议之一。

赵家镇根据香榧产业现状和党建资源的分布特点，整合基层党组织和党员资源，依托不同类别的两新组织及群众性组织，成立具有赵家镇特色的香榧产业党支部，推动党建引领下产业资源的再分配、再组合、再优化。齐心同所愿，经过多部门深入调研、凝聚多方智慧后，2022 年 6 月 14 日，诸暨市政府出台了《关于香榧产业高质量发展的实施意见》，为提振产业效能、打造共赢共富注入强大动能。2022—2024 年，诸暨市财政每年安排 2 000 万元专项资金用于香榧产业发展。同时诸暨市还配套出台《2022 年度香榧产业高质量发展政策实施细则》，进一步从制度上引领香榧产业的发展。

（2）探索香榧发展道路，推动实施香榧保护计划

赵家镇政府邀请绍兴市、诸暨市香榧专家对千年古香榧树定期进行现场“诊断”；为了对香榧古树进行科学养护，政府出资开发香榧古树数字化平台，对村中将近 4 万株香榧古树的树龄、管护状况等信息进行集中展示，同时邀请专家开办座谈会，教授村民更为科学合理的古树养护方法。

基于香榧产业现状，这些年赵家镇也在一直努力建设本村的香榧产业。一方面，政府加强了对古榧林的保护，开发香榧在园林、盆景、艺术三类领域的应用；另一方面，政府引导企业往开发香榧的衍生产品上做文章，同时不断推进与企业的合作，致力于开发香榧多元化的富民路。

赵家镇政府工作人员杨学锋介绍说，赵家镇的古树香榧若想要突破重围求取发展，先要扩大品牌的影响力，要以品质为口碑，为了把好质量

关，镇里已经着手在做两件事：首先树立和扶持3—5家质量上乘、信誉卓著的企业品牌，比如冠军香榧；其次就是打造香榧名牌精品，从香榧的树龄、颗粒大小、饱满度、炒制技术等方面拟制定统一的香榧品质分级标准，这样就可以分等级差异化销售，凸显古榧树的香榧品质。从长远来看，杨学锋提到了探索香榧产业集中化管理模式，成立香榧产业农合联，使其在香榧的所有权和收益权上发挥产业协会的桥梁和纽带作用，加强协会与榧农、企业的联系，先是抱团发展，然后逐步向流转散户香榧树的经营管理权，走集约化发展的道路。

2020年赵家镇曾启动“千年古树香榧保护计划”，同时成立全国首个千年古树香榧保护基金。通过“保护计划”，赵家镇提出“八个统一”，为成立千年香榧保护委员会实行统一领导；与此同时，赵家镇成立强村公司，通过与强村公司合作，将长势良好、产量稳定的古树进行统一流转；按照“枫桥香榧”传统采制技艺，选聘后熟加工方统一加工香榧；赵家镇政府举办传统香榧炒制大赛，由获胜的非遗传承人对高品质古树香榧进行统一手工炒制；授权强村公司使用“枫桥香榧”国家地理标志公共品牌，提供统一包装样式；强村公司与认养方签订认养协议，提供挂牌、联络、接待等统一服务。

“千年古树香榧保护计划”主要是为了在传播香榧文化、保护流转千年的香榧古树、关心关爱榧农的同时，打造“一颗果实富了一方百姓”的“绿水青山就是金山银山”理念致富样本。诸暨市政府依托以赵家镇为核心产区的香榧产业，积极打造长江三角洲农旅深度融合、助推产业转型的特色之路，让城乡百姓在乡村振兴中，获得更多幸福感、满足感，为香榧产业绿色健康发展注入新动能。

3. 企业：商会企业拓香榧之路

近年来，诸暨香榧产业发展遇到瓶颈，陷入内外交困之中。为重新树立“枫桥香榧”品牌、保护香榧古树，赵家镇建立香榧品牌企业，与其他外部企业合作，同时合理利用商会力量，着力盘活乡村闲置资源、培育特色产品，壮大村级集体经济，为当地的经济发展注入新动能。

（1）商会以榧为媒，助力共富

香榧产业作为赵家镇百姓的支柱产业，绍兴市商会作为社会经济发展的辅助力量，十分积极地为赵家镇香榧产业发展提供帮助。赵家镇还成立了赵家镇香榧产业党建共富联盟，同时，商会通过联盟开展共联共建，全面融合，成立香榧产业发展顾问团，对接更多的商业资源，推进区域品牌重构，共同为香榧产业发展赋能，打造出让群众认可的成果，为全力推动赵家镇香榧产业发展贡献商会的力量。

不仅如此，商会还积极组织开展座谈会，为赵家镇香榧产业发展建言献策。通过座谈会，更深入剖析了赵家镇香榧产业的发展现状及存在问题，商会成员还提出了香榧认养计划。各商会代表从品牌建设、文化挖掘、宣传推广等方面提出了一些意见和建议，商会也将积极响应政府号召，与赵家镇榧农合作，加强香榧的推广宣传，并适时组织会员赴古香榧林实地考察了解，更好地助力赵家镇香榧产业发展。

在政府的积极引导下，商会积极建言献策，以促进赵家镇香榧产业发展为己任，大胆创新，贡献商会力量，赋能赵家镇香榧产业发展，助力共同富裕。

（2）企业创新产品，开创香榧新销路

为开辟全新销路，激活香榧销量，赵家镇成立了相应的香榧品牌企业，浙江冠军香榧股份有限公司便是其中之一。如何更大程度挖掘香榧的价值，让香榧成为成色更足的“摇钱树”？创新驱动是不二之选。

浙江冠军香榧股份有限公司以创新香榧产品为基础，通过赵家镇党委书记俞燕带队驻企的帮助，与浙江零巧食品有限公司牵线合作，最终研发出一款创新香榧巧克力产品。同时，赵家镇乡镇干部们还在朋友圈帮忙吆喝，这为香榧巧克力征集贺岁款礼盒提供了设计思路。在此之前，冠军香榧公司曾赶制了一批香榧巧克力豆，出口海外。这款主打零糖的香榧巧克力豆销售十分火爆，首批生产的 2 吨产品 1 个月不到全部卖空。而如今这款创新香榧巧克力的成功更是佐证了香榧创新衍生品的巨大消费市场。这古老的千年香榧和现代巧克力的完美融合，一下子打开了新市场，开通了新销路。目前，香榧巧克力豆已出口多个国家。赵家镇冠军香榧股份有限公司通过开创香榧产品新思路，打开了香榧产业的新销路。

在政府部门的引导下，冠军集团还将目光瞄准假种皮深加工，在延长香榧产业链上狠下功夫。香榧假种皮含油量高，从中提取的植物精油不仅纯度高，而且活性成分多，是不可多得的化妆品生产原料。

不止冠军集团，浙江如美日化有限公司也在植物护肤品领域深耕多年，该公司生产的香榧精油皂在推向市场后，也收到了不俗的反响。目前赵家镇已初步形成生态种植、专业加工、品牌销售、榧林休闲养生的全产业链，不少香榧企业都在产业链上下游拓展中取得成效。香榧是一种季节性明显的经济作物，香榧衍生品的创新开发，不仅打破季节的限制，为种植农户解决了销售问题，也让企业在市场竞争中有了立足之基。

（3）合作外企助力“香榧＋产业”

“香榧＋产业”是赵家镇产业转型升级的重要环节。香榧发展已不局限于土特产之路，香榧企业开始尝试新的富民产业。

2018 年 10 月，由冠军集团和韩国知名企业百朗德公司共同创立的浙江冠立德健康产业有限公司，推出了包括精油、面膜、祛痘精华液等 4 个系列的 11 款香榧护肤品，其中的很多项产品获得国家发明专利。这些香榧衍生品的开发既解决了香榧壳这种生态垃圾无处放问题，又能有效延长香榧产业链。

如何在保护古树香榧持续生长的前提下，让古香榧为乡村发展带来更多助力？赵家镇的措施给出了答案。这些年来，赵家镇政府基于香榧产业现状，一方面，加强对古榧林的保护，另一方面，引导企业往开发香榧衍生产品，拓宽香榧其他产业上做文章。当地政府充分利用山地道路和农村路基础，而企业则为其提供资金以及沿途住宿、餐饮、自然景观及农土特产品等资源，以“香榧＋徒步＋露营＋体验”为切入点，大力发展富民惠民的香榧相关乡村户外旅游产业。

赵家镇政府还与其他外企签订协议，运用政府的公信力牵线搭桥，引导赵家镇香榧相关企业和外企合作，开发香榧衍生品，拓深新的香榧富民产业。同时，赵家镇政府与企业展开相关合作，在开展香榧的全产业规划，巩固香榧主产区地位的基础上，企业在政府政策支持下进一步发挥香榧在医药、保健等领域的潜力，不断拓展化妆品、抗菌棉纱等行业的发展。

赵家镇政府与企业的合作无疑是成功的。在 2019 年 3 月，通过线上应用程序、线下 1 000 多家门店开启销售，作为一种全新的护肤品种类，香榧护肤品现在正逐渐打开市场。冠立德公司致力于从香榧假种皮中提炼出可用于抗癌药的紫杉醇、白卡丁等物质，进行香榧精油及相关化妆品和生态健康医药生产，预估每年可处理 1 500 吨香榧假种皮，这些举措直接和间接产生 5 亿元经济效益，在企业的助力下，香榧产业链条向更深度发展，赵家镇香榧产业高质量转型升级踏上日程。目前，通过这三种形式发展的香榧企业都在产业链上下游拓展中取得成效。

三、案例分析

（一）理论概述

1. 理论阐述

自党的十八届三中全会明确提出“社会治理”以来，探寻适于中国改革发展实际的治理理论以及善治良政的实现途径迅速成为热点话题。兴起于西方国家的协同治理理论目前已经成为公共行政领域的热门词汇。该理论中具有丰富的内涵，包括治理立体的多元性、治理权威的多样性、子系统的协作性、系统的动存性、组织的协同性、社会秩序的稳定性等内容，为我国治理分析框架的创新提供了重要而有益的部分。协同治理，其核心在于合作治理的协同性。在同一治理网络中，多元主体通过协调与合作，形成了相互依存、共同行动、共担风险的新局面。这种合作模式催生了合理、有序的治理结构，从而更好地促进公共利益的实现。协同治理并不仅是简单的合作，它更强调治理的协同性。在这个过程中，各个主体相互配合、彼此依赖、共同行动、共同承担风险。这种协同治理有助于形成有序的治理结构，进而更好地促进公共利益的实现。

（1）治理主体多元化

治理主体不仅指政府组织，还包括党、社会组织、人民团体、基层组织、企业以及村民个人，各个主体具有不同的价值判断和利益诉求，也拥有不同的社会资源，在社会系统中，它们之间保持着竞争和合作两种关系，因为在现代社会没有任何一个组织或者行为体具有能够单独实现目标的知识和资源。与多元化主体相伴的是治理权威的多元化，政府不再是唯一的权威中心，其他治理主体在一定范围内都可以在社会公共事务治理中发挥和体现各自的权威性。不仅如此，多元治理主体需要有共同利益和共同目标，只有这样才能促使行动的一致性，并且积极配合，有效整合各种资源，最终取得更好的结果。协同治理本质上要求政府与社会、市场能够建立平等和合作的关系，通过充分的对话和协商，共同治理社会公共事务，最大限度实现公共利益。

（2）组织之间的协同性

协同治理的复杂、动态与多样性特征，强调子系统间需要深化协作，以确保社会系统的健康发展。在特定的交换过程中，虽然有的治理主体占据主导地位，但这并非源于单方面的命令，而是其主导作用与其他主体形成配合。更具体地说，协同治理的理念在于，政府不仅依赖于强制力，还需通过协商对话、合作等方式与非政府组织、企业等社会组织建立伙伴关系，共同管理社会公共事务。政府是协同治理的主导者，在与村委会和企业的合作中起到纽带的作用，村委会等基层组织是协同治理的基础主体，服从并执行政府的政策安排，与企业加强沟通协商，建立良好的合作互助关系，企业是协同治理机制中的重要主体，为村委会等基层组织提供资金援助，与政府合作为村子的发展建言献策，开辟道路。

在当前甚至今后很长的时期内，中国社会治理目标选择的是以组织之间的协同性为主的社会协同模式。政府在发挥主导作用的同时，保护并尊重社会其他主体的地位以及自身的运作机制和规律，并综合运用行政管理、社会自我调节以及市场机制，构建秩序与活力统一的多元协同治理模式。

（3）治理系统的稳定性

协同治理系统中政府、企业、基层组织三方的合作与互助关系是稳定持久的，但也不是一成不变的，政府、村委会与企业各方之间加强协作，这样才能实现整个社会系统的良性发展。各治理主体构成了治理体系，但这个体系不能处于无序的状态，否则会导致协同合作的低效甚至失效发展，使治理体系出现碎片化、重复建设、资源内耗等现象。同时，治理主体行为的稳定有序，并不表示主体间关系的完全等同，而事实上，在不同的情况下，由于各方主体所掌握的资源和信息不同、承担的职责有异、能力大小不一等因素，使其处于不同的位置，而且相互之间的地位在一定条件下还会发生变化，协同治理的三方之间是动态平衡稳定状态（见图 7－2）。

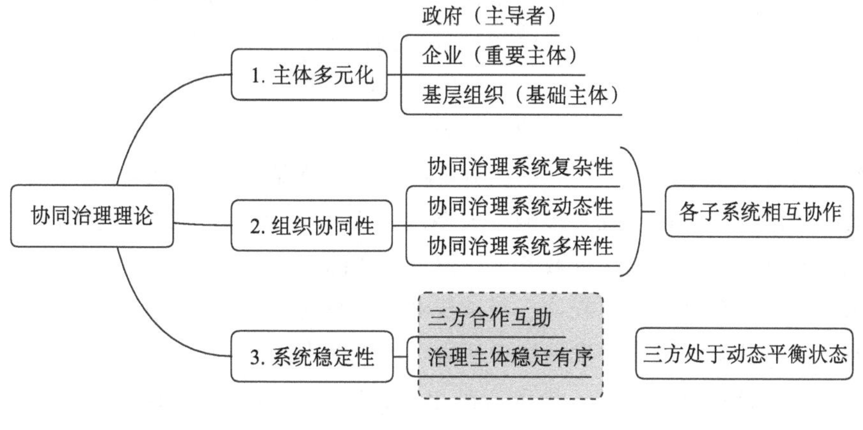

图 7－2　系统治理框架

2. 理论适配性

形成协同的产业链，彼此之间是合作与发展的关系，呈现循环的专业化分工格局，通过相互之间的溢出效应，使得技术、信息、政策等相关产业要素资源充分共享，聚焦于该区域的产业因此获得规模效益，进而大大提高整个产业的竞争力。

对于诸暨香榧产业来说，从起初农户单独生产销售到多元主体协同参与香榧产业治理，并享受其带来的竞争力与高效率，这与多元主体协同治理理论高度适配。以下将根据诸暨香榧区域优势，运用此理论探讨本案例如何协调政府、村委会、企业、农民之间的关系，打造多元主体协同治理的香榧平台并建立密切的香榧网络，最终带动诸暨香榧产业高质量发展。

（二）背景分析

赵家镇作为“香榧之乡”，香榧是该镇的特色，小香榧做成大产业，助力百姓增收致富。随着香榧产业逐渐成为百姓的“绿色银行”，农村经济社会环境也随之发生了改变，因此，多元主体参与农村治理成为必然趋势，农村治理多主体参与农村治理观念至关重要。

个体农户因其规模小、产出能力有限，很难承担顾客认可且难以模仿的品牌所产生的“巨额”成本，因此农户必须以限制产品的供给方式来创建自己的品牌，以获取相应合理的利润。农业生产经营主体规模偏小，农业发展的集聚优势难以形成，就导致产品供给受限，各家各户自成一派，大家一起瓜分市场，产品品牌市场竞争力加大，不利于村庄的长期发展。同时分散加工使得产品质量难以得到保障，造成香榧品质参差不齐。因受到各种自然因素的限制，香榧的回报率远低于付出的代价。因此，农村要想发展，必须依靠先进的科学技术。但是该村本身的创新意识薄弱，缺乏对香榧市场的前瞻性，在面对市场变化的情况下，作为农村治理的主要力量的农民受传统观念影响，大多数人无法适应，找不到合适的模式，最终放弃香榧产业选择进城务工，留在村中的榧农大多数年纪较大。这些人的受教育程度、香榧栽培、营销技术、科技素质、经营管理水平等普遍都不高，这就导致农村发展缺乏活力与内生动力。

并且该村只卖香榧，导致产品单一，同时大多香榧的销售渠道都单一，仅为在村内交易，售卖给固定的收购方，途径有限，发展的局限性大，无法应时而变地去更好地利用香榧这个“金招牌”，没有对香榧作好清晰的规划。同时也没有在市场变化的时候重新找准定位，不明确发展方向，无法适应环境的变化发展。村干部身处基层治理一线位置，是村集体发展的领头人，但是该村干部缺乏专业知识，难以瞄准市场发展动向，因此凭借自身力量难以推动当地农产品结构转型升级。

同时，由于外部环境的变化，传统的村党支部书记和村民委员会主任二元主体治理结构已无法完全胜任新阶段下的农村治理工作。多个主体相互合作，共同参与农村治理，才是满足村民多样化需求，提高农村治理效率的共赢之策。而该村在难以凭借自身获得发展的情况下，并没有向外延展，寻求合适的发展机会。

不仅村集体本身缺乏发展规划，镇政府也缺乏品牌农业的发展规划。在乡村振兴战略如火如荼的开展中，镇政府对该镇的特色产业缺少关注与支持，相关扶持政策不到位，农业基础设施薄弱，农产品市场体系不完善。政府是农村治理的主导者，应当在农村治理中发挥政策供给、制定规则等作用。香榧价格的不稳定反映出政府监管不力，面对香榧市场的变化没有出台相应的规定来推动市场的健康发展，这就导致了市场上冒出各种香榧品牌，外地香榧冒充“枫桥香榧”，蒙蔽消费者，借助“枫桥香榧”的名气，以次充好，在赚钱的同时也对“枫桥香榧”品牌造成了冲击，降低了“枫桥香榧”的品牌形象。

赵家镇的香榧产业落到今天这个地步，除了面积、产量因素外，缺乏龙头企业带动，加工跟不上也是重要原因。企业是农村治理的强大助力，为城市和农村搭建了相互交流的平台，农产品、劳动力等资源可通过企业在城市和农村之间流通和流转。而赵家镇普遍存在“一村多品”的现象，品牌又多又杂，导致村庄的利益分散，不便于整体的管理，凸显不出品牌的专门化。当前该村处于一个农产品品牌数量多，但名牌产品少，传统农产品多，创新开发的产品少的阶段。榧民缺乏品牌意识，市场营销观念较为淡薄，品牌效应不强，标准化程度低，缺少有效的品牌管理体系。农业龙头企业与农业合作组织发展不完善，组织力量薄弱，现在的香榧企业规模偏小，带动效应差，农业合作组织发育迟缓，与农业企业、农户之间的关系不够紧密，不建立规模大的龙头企业很难有出路。

（三）理论分析

1. 协同治理前期——初露问题

一是在治理中企业没有更好地发挥作用。在赵家镇香榧产业发展的三方协同治理中，企业没有更好地发挥应有的作用，企业及其他社会组织缺少独立性和自主性。他们在促进赵家镇香榧产业发展的过程中，更多是扮演了政府助理的角色，依靠政府的牵桥搭线才和村子建立了联系，然而，企业应当是政府的合作伙伴，应主动同村民联系，与赵家镇建立密切的合作伙伴关系。因此，企业及其他社会组织在协同治理体制中的角色和功能还需要调整和加强，它们的结构灵活、包容性强、手段弹性、成员多元化、目的性明确，是协同治理不可或缺的部分，能更好地发挥作用，促进香榧产业发展，也能为三方协同治理提供新的道路选择。

二是不够强调村民的自主参与。理性的公民参与是实现协同治理的重要途径。在赵家镇中，村民并没有主动地参与香榧产业的公共治理事业，他们更多是关注自家的香榧树，没有和政府一起为全村的香榧产业发展出谋划策。在协同治理理论中，不仅强调村民的主动参与，更加强调村民与政府、企业在治理中相互配合、不断互动，在村民参与中形成多元交互的回应机制，充分推动协同治理的运转，构建政府与村民、企业之间的良性互动，促进赵家镇香榧事业的更好发展。

2. 协同治理现今——迎刃而解

赵家镇香榧后续的问题对策可以根据协同治理理论，分解为以下几个方面的要点：

（1）治理主体多元化

诸暨市赵家镇人大主席团召集香榧产区所在村、人大代表和村干部组成专题调研组，依托香榧产业现状和党建资源分布情况，加强与强村公司合作，形成香榧产业党支部，出台一系列相关政策并提供资金助力赵家镇香榧产业做大做强。同时，政府十分重视对古香榧树的保护，出资进行古香榧的诊断与维护，既要实现开发香榧多元化的富民道路，也要完成香榧发展集约化的计划。赵家镇的宣家山村和榧王村为加强企业合作分别成立了强村公司，提升古香榧的知名度和附加值。同样村委会积极推动林长制，增加村民的积极性与获得感。诸暨市赵家镇也不断地深化企业合作，打造“枫桥香榧”品牌，突破“土特产”局限，在保证质量的情况下创新产品，在市场竞争中获一席之地。

（2）组织之间的协同性

诸暨市赵家镇的香榧产业实行多元主体协调治理，充分发挥村、政府和企业多元主体优势，加强三者间协作，实现香榧产业良性发展。其中，政府是协同治理的主导者，在与村和企业的合作中起到纽带作用。诸暨市政府通过派遣专业人士进行当地实地调研，因地制宜地进行香榧政策优化并提供资金大力支持产业发展。同时，政府作为联系的纽带，拉动村与企业有效合作，带动生产销售高效率。村委会等基层组织是协同治理的基础主体，服从并执行政府的政策安排，提供香榧高质量产品的同时，加强与企业沟通协商，建立良好的香榧生产销售合作互助关系。村委会通过村规民约约束村民行为，更是监督村集体发展。另外，诸暨市赵家镇的村子还实行林长制，不仅有效保护古香榧树，还帮助村民共富。村委会还设立了强村公司，助力村民统一进行香榧销售，实现质量效率双提高。企业也是协同治理机制中的重要主体，通过建立香榧品牌企业，使“枫桥香榧”品牌影响力做大做强，还不断致力于创新香榧产品，使诸暨香榧突破“土特产”局限，为香榧发展带来更多可能性。同时，企业与政府的合作还为外企合作实行“香榧 + 产业”提供便利，开辟更广的销售道路。

可见，诸暨赵家镇执行的是多元主体之间协同性的社会协同模式。政府在发挥主导作用的同时，保护并尊重社会其他主体的主体地位以及自身的运作机制和规律，以村为单位执行产品提供，调动企业建立渠道销售，综合运用行政管理、社会自我调节以及市场机制，构建秩序与活力统一的多元协同治理模式。由此，诸暨市赵家镇的香榧产业形成一条完整联动的产业链。

（3）治理系统的稳定性

前期赵家镇因地制宜地发展香榧产业，以基层组织（村委会）为主实行村民自治，由村民自产自销，各家各户分散加工进行经营。由于香榧本身只能在海拔 400 米以上的高山上种植，成长期需要 15 年，开花、结果、成熟期各需要 1 年，培育时间过长，需要耗费大量的人力、财力、物力、精力，香榧对生长成熟的环境要求比较严格，而唯有赵家镇依托优越的地理位置和环境便于种植香榧，因此在香榧市场具有不可替代的作用，市场的竞争压力小，即使产业规模既分散又小，但是仍然具有不错的发展前景。

但是当香榧市场发展前景越来越好，香榧的利润极度可观，科学技术的发展也使得香榧种植不再是一个难题，人们便纷纷进入香榧市场，企图分一杯羹。市场上冒出各种香榧品牌，外地香榧冒充“枫桥香榧”，蒙蔽消费者，借助“枫桥香榧”的名气，以次充好，在赚钱的同时也对“枫桥香榧”品牌造成了冲击，降低了“枫桥香榧”的品牌形象。这时候赵家镇村民自治的问题就暴露无遗，农业生产经营主体规模偏小，农业发展的集聚优势难以形成，就导致产品供给受限，各家各户自成一派，大家一起瓜分市场，产品品牌市场竞争力加大，不利于村庄的长期发展。同时分散加工使得产品质量难以得到保障，造成香榧品质参差不齐。再加上由于个体农户规模小、产出能力有限，很难承担顾客认可且难以模仿的品牌所产生的“巨额”成本，因此农户必须以限制产品的供给方式来创建自己的品牌，以获取相应合理的利润，所以赵家镇香榧的销售渠道大多较单一，仅为在村内交易，售卖给固定的收购方，途径有限，发展的局限性大。

这些问题在市场的变化下无处遁形，也使得赵家镇的香榧发展停滞不前。这时候赵家镇的香榧产业需要获得转型升级，但是基层组织缺乏专业知识，不能瞄准市场发展动向，信息不灵，具有盲目性，心有余而力不足，凭借自身力量难以推动当地农产品结构转型升级。

单方治理难以满足此时赵家镇的发展需要，这也使得人们意识到多个主体相互合作，共同参与农村治理，才是满足村民多样化需求，提高农村治理效率的共赢之策。

因此赵家镇政府积极发挥自身的主导作用，党建引领，一方面，整顿市场，加强市场监管，规范市场行为，严格市场主体准入和市场行为两个方面，支持重点行业香榧产业的发展。对一些经营者不择手段地进行制假、售假、操纵垄断和不正当竞争，进行虚假宣传，甚至投机倒把等，扰乱社会主义市场经济秩序，损害其他经营者和消费者的合法权益，深化市场经济秩序的矛盾，诸如此类的行为进行严惩，从整体出发，为市场建立良好的经济秩序。

另一方面，为有效挖掘利用珍稀独有的古香树资源，提升古树香榧的知名度和附加值，与企业合作推出“会稽山千年古树香榧保护计划”公益共富项目。守护人可自行挑选古树认养并与强村公司签订协议，守护期限最低为一年。村集体会对被守护的香榧树进行统一管护。在香榧收获后，经香榧炒制专家炒制后的干果成品将直接送到守护人手中。守护人可以针对香榧古树的稀缺性进行品牌包装、营销策划，充分挖掘其市场价值。企业是农村治理的强大助力，为城市和农村搭建了相互交流的平台，农产品、劳动力等资源可通过企业在城市和农村之间流通和流转。而赵家镇普遍存在"一村多品"的现象，品牌又多又杂，导致村庄的利益分散，不便于整体的管理，凸显不出品牌的专门化。当前赵家镇处于一个农产品品牌数量多，但名牌产品少，传统农产品多，创新开发的产品少的阶段，需要有龙头企业来牵头，在龙头企业的带动下，才能进行大规模加工，为乡村发展增添活力与内生动力。

同时，政府颁布扶持政策，实行了《绍兴会稽山古香榧群保护规定》，完善农业基础设施，实施林长制，林长和微林长由村民代表、村民组长调整而来，建立起覆盖市、镇、村三级林长制和"入村到点"网格巡林制度。农民作为农村治理的主要力量，是农村的主要劳动力。农村要想发展，需要依靠农民，而农产品香榧要发展，必须依靠先进的科学技术。因此，政府引进了农业专家对香榧种植环境和产量进行分析指导，以此提高榧农的科技素质和香榧栽培水平，促进智慧农业、科技农业的发展。

赵家镇进行的协同治理系统中，政府、企业、基层组织三方的合作与互助关系是稳定持久的，以政府为主导，党建引领，基层组织与企业为辅助，协调发展。随着外部环境的变化，政府、基层组织与企业各方之间不断加强协作，这样才能实现良性发展。

（四）经验启示

1. 明晰乡村生态治理多元主体的职责及功能

乡村多元主体的治理，不仅是简单实现多元主体的协同治理，更在于对多元主体职责的分工及主体功能的发挥，形成各展所长、相互支撑的高效协同治理模式，发挥多元主体协同治理体系的价值和优势。赵家镇要利用协同治理模式来提高香榧的销量，就要明确划分各主体的职责、权利与义务，通过制定可操作性强的政策来清晰划分政府、企业、村民之间的权利和责任边界，明确各个主体参与农村治理的领域。

政府作为社会公共利益的集中代表和乡村治理的官方主体，理应发挥纽带的作用，协调各方，引领全局。在案例中，赵家镇根据香榧产业现状和党建资源的分布特点，成立具有赵家镇特色的香榧产业党支部，牵头强村公司和相关企业制定支持香榧销售的规章条款。同时，加大政府对香榧销售的举措探索和实施力度，采取奖励、补贴等方式，鼓励企业和个人投入香榧生产中。在多元主体协同治理体系中积极发挥主导者、召集人作用，依托政府优势，发掘和联合多元治理主体，建立健全多元主体协同治理体制机制，推动单一主体向多元主体转化。

企业作为乡村协同治理的角色之一，首先应对社会责任和义务进行考量，主动向高科技性的生产经营模式转型升级，提高香榧销售的产量和品质。同时，依托自身市场资源，促成赵家镇香榧资源价值的实现，并积极采取资金投入等方式反哺赵家镇经济发展，自觉履行促进赵家镇香榧销售的责任和义务。

农村居民是协同治理中人数最多、分布最广的主体，是乡村生态治理的主力军。当村民凝聚起协同治理共识时，他们不仅能够自觉地投入香榧生产销售的各个环节，更能够作为广泛活动在乡村土地上的一线人员，实时履行香榧销售环节监督的职责，从群众的立场督促和推动政府对香榧发展的重视。因此，提高居民自觉认识、增强他们的能力尤为重要，乡村广大的人民群众是协同治理进程中最具潜力的依靠力量。

2. 重塑农村治理文化建设方式

乡村协同治理的多元化，首先在于各利益相关主体的参与和协同，而各相关主体主观能动性的调动和积极作用的发挥，与其文化意识高度相关。农村的治理文化制约一直是阻碍治理方式创新的重要因素。由于农村人口文化水平相对较低，长期的文化漠视导致文化缺失，与政府、社会等主体之间主动协同参与的意识欠缺。因此，提升乡村协同治理相关主体的生态意识，并在实践中强化多元主体协同治理的共识，是首先需要解决的问题。

政府要充分发掘乡村文化资源，开展内容和形式丰富多样的协同治理活动。针对不同主体特质，政府结合赵家镇当地实际，注重对乡村各类群体的公共精神培养，通过举办讲座、拍摄短视频等方式，传播多元主体治理的文化，鼓励大家秉持主人翁态度，积极参与香榧销售各环节，有针对性地加强香榧销售的理论和技术培训，在实践中，深化对香榧发展的认同感。通过知识信息的获取、公共精神的培养，使各类主体逐步规范自身的行为，使协同治理成为各主体成员的分内之事，牢固树立起多元治理的使命感，并外化表现为积极参与香榧销售的行为选择。

提升乡村居民的协同治理意识，是一项需要长期坚持的工作。政府要夯实乡村多元化协同治理的认识基础，激发政府、企业和居民广泛参与的主动性，让他们都成为乡村协同治理主体的一分子，自觉投身于乡村协同治理现代化进程中，多元主体协同治理才能真正落到实处，进而携手实现乡村经济发展和乡村振兴。

3. 打造多元主体协同共治平台

乡村治理的多元主体协同机制强调的不仅是主体的多元化及主体之间的协同关系，更在于激发现实生活中可能参与协同治理的各个主体的积极性，通过多元主体之间的信息分享和优势互补，以“多元主体”弥补“单一主体”在治理空间上可能存在的“缺位”。这就要求赵家镇政府从平台的方面保障整个乡村协同治理的稳步实施以及多元主体参与治理的可持续性。

在乡村治理的多元主体中，政府起主导作用，企业、社会组织和乡村民众的作用则偏弱或未得到有效激发。因此提升乡村协同治理主体的意识，不能仅简单着眼于对各主体的认识、公共精神的培养，还要从深层原因入手，提升企业、民众等主体的话语权，拓宽协同治理的多元主体参与渠道。政府要完善协同监督与评价机制，依据相关监管制度对治理过程和效果进行监管，避免偏离政策措施的既定实施方向，打造一个和谐共治的相关平台。在多元主体协同治理的模式下，组织协调与监督管理等运行机制不仅能提升治理效能，也能为各类主体的协同参与和相应制度的稳妥实施提供保障。

赵家镇政府要依据本地资源优势打造多元主体协同共治平台，因地制宜开展农村治理工作。按照“政府引导＋多方参与”的思路，培育一批社会组织和企业，着力挖掘社会资源。按照“政府引导＋社会化运作”的原则，搭建多类型的互助平台，通过农村优势产业项目推介会等运动形式，以平台为载体，助力香榧产业品牌推广，积极引导企业参与项目赞助，构建互助共赢的农村发展格局。打造多元主体协同共治平台，通过协商平衡不同主体之间的利益，共同促进乡村产业振兴。

4. 优化多元主体参与模式

乡村协同治理是一项需要长时间投入的系统性工程，基于对现实和长远考虑，创新乡村多元主体协同治理思路，可以从强化各类主体的参与意识、提高乡村治理的制度化程度、推动多元主体协同治理机制构建等方面展开，乡村协同治理的思想、文化、制度的改革创新，已然成为回应和解决乡村治理主体多元化的一条合乎逻辑的思路。

赵家镇政府充分发挥社会力量，积极探索多元主体参与协同治理的主体模式和运行方式，优化多元主体参与协同治理的组织结构，在发挥政府领导作用的同时，充分调动社会组织、企业和村民参与香榧销售的积极性，构建政府引导、多方力量共同参与的新时代农村治理模式。在多元主体参与中，应下移治理重心，调动基层社会组织、村民的积极性，利用基层社会组织，在村民的支持下，从社会共治的角度处理各主体之间的关系，实现主体平等、相互合作、协同高效的多元主体协同关系。加强不同主体成员的治理参与，通过村民培训和田间课堂进一步挖掘现有的农村本土人才。同时吸引更多的外部人才参与农村建设，如鼓励大学生返乡创业、通过招商吸引更多涉农企业或乡村旅游企业入驻等。

5. 重视农村社会资本积累

农村除了拥有土地、劳动力等经济资源外，还存在着社会资源，即农村特定的社会网络和人际关系也可成为农村社会资本，包含号召力、威望、村规民约等。一个村子社会资本存量越高，表明该村诚实、忠诚、信任度越高，村民之间建立的社会网络越紧密。高水平的合作、信任、互惠、公民参与能提高村集体的凝聚力，有助于解决村集体在发展、治理过程中遇到的各种困难。

赵家镇政府要发挥社会资本要素在多元主体协同过程中的融通作用，夯实多元主体协同治理的实践基础。社会资本是存在于人们中间且能促使人们参加集体活动的重要资源，可以从熟人社会关系中引导个人与集体的利益关系，在资本边界范围内的乡村生态治理实践中营造主人公氛围。赵家镇政府通过村规民约和相关保护协议，提高了自己的社会资本，以此为基础向企业和社会出售香榧产品。在这个基础上，极大地拓宽了香榧销售的渠道，消费者收到了高质量的香榧产品，自然会以好评和口口相传的方式扩大香榧的影响力，而企业也会更加信任赵家镇政府的产品，扩大收购的香榧数量，如此循环，香榧的发展自然会蒸蒸日上。

四、结语

随着我国人民生活水平的不断提高，消费者对于高质量、绿色、健康的食品需求不断扩大。香榧作为拥有高营养价值的坚果，顺应消费者的需求，行业市场迎来了巨大的机遇。本案例以诸暨市赵家镇为研究对象，分析了制约该镇香榧产业发展的因素，以及该镇变革的内容，探讨了乡村产业如何实现产业致富。

为了实现香榧创收梦，诸暨市赵家镇创造性地改革以往只有村民自主管理的旧模式，提出并实施政府、村、企业三方协同治理的新模式，作出了具有前瞻性和科学性的战略构想。在鼓励村民主动参与香榧产业管理的同时，发挥政府的主导作用，调动企业的积极性，将三方作用结合起来，充分挖掘赵家镇香榧产业的发展潜力。

在赵家镇模式中，强调充分、合理利用多方主体的力量，推广至全国乡村产业发展，这一点仍然适用。乡村产业实现发展，要最大程度整合市场资源和社会力量。依据市场发展现状，相应地对产业进行改革和发展，但同时改革和发展需要资金支持，因此要重视企业的重要作用。党和政府为乡村产业发展提供道路选择，村委会及村民响应号召引领，推动落实制度落地，企业提供资金以供发展，并通过产业发展实现创收，推动资金的良性循环发展，社会组织利用自身的影响力，号召广大人民群众参与其中。在协同治理理论，多元主体担负起自身的责任，以更为系统全面的方法审视乡村治理路径，明晰乡村实践路径，规范各类主体行为，提高制度化程度，必将在多元化主体协同治理中更好、更快、更高质量地实现我国乡村产业发展。

思考题

1. 案例中的特色香榧除了从政府、村民和企业的角度之外，如何从社会民众的角度去进行宣传和销售？

2. 请从相关理论分析政府最终是否会逐渐退出合作的环节？此后的合作形式将会如何？

案例作者：俞　乐　何楚恺　高雨婷　黄　倩　吴丽雯　叶欣鑫

指导老师：宋一正

参考文献

[1] 白延虎，蔡雨欣，刘甜甜．特色农业数字化转型现实困境及对策［J］．合作经济与科技，2023（18）：4—8.

[2] 张仲涛，周蓉．我国协同治理理论研究现状与展望［J］．社会治理，2016（03）：48—53. DOI：10. 16775/j. cnki. 10－1285/d. 2016. 03. 008.

案例8

生态千岛　共富未来

——“河长制”的治理机制研究

一、引言

“绿水青山就是金山银山”，下姜村全面贯彻落实“两山”理论，由原先的脏乱差村变为现在的美丽乡村。下姜村自 2001 年起就接受领导干部对生态保护、环境治理、水利建设等方面的指导，如实行河长制，从此环境好起来，村民富起来，不仅物质富裕了，人们的精神也富裕了。不仅仅在下姜村，河长制在整个淳安县产生了影响，并且淳安县开创河长制工作联席会议制度、智能化数字巡河系统、区域协同治理等新颖的模式，对其他地区河长制的运行有学习示范作用。当然，新型制度的开创需要不断地改革调整，作为新开创的模式，淳安县河长制依然存在河流管辖责任重合，出现多方力量牵扯、相关部门区域信息不畅通，合作产生障碍和阻力、河长制宣传不到位，平台受众不广泛、政府资金投入压力大，企业转型面临困难等问题需要解决，这些都是前进中的问题，我们对此也提出了相关的解决方案和建议。

二、案例叙述

（一）淳安县的基本情况

淳安县，隶属于浙江省杭州市，地处浙江省西部、杭州市西南部丘陵山区；东临杭州建德市，南至衢州市衢江区、常山县、开化县，西靠安徽省黄山市休宁县、歙县，北接杭州市临安区、桐庐县。总面积为 4 427 平方千米，是浙江省面积最大的县，下辖 11 个镇和 12 个乡，常住人口约为

32万人。淳安县历史悠久，文化底蕴深厚，是革命老根据地县、国家5A级旅游景区千岛湖所在地、第四批“绿水青山就是金山银山”实践创新基地、水利部第一批深化小型水库管理体制改革样板县，是浙江高质量发展建设共同富裕示范区首批试点之一。

淳安县由中低山、丘陵、小型盆地、谷地和水库组成。地势四面多山，中间为丘陵，略呈盆地状。淳安县属中亚热带季风气候，温暖湿润、雨量充沛、四季分明、气候宜人，适宜植物生长，全县植被属中亚热带常绿阔叶林北部亚地带，全县森林覆盖率达65%，其中千岛湖内森林覆盖率达82.50%。水文方面，淳安县各河流统属钱塘江水系，境内溪河纵横、流向复杂、水系呈羽状，主要河流有新安江以及遂安港、东源港两个支流，最大湖泊为千岛湖。

淳安县自然资源丰富，二、三产业创造了巨大的生产总值，且依托良好的生态环境将其打造成了知名旅游县，入选“2019中国最美县域榜单”，荣获2020年全国县域旅游综合实力百强县，2022年被评为“2021年度新时代美丽城镇建设优秀县”等，成为新时代绿色发展的“领路人”。

（二）下姜村发展历程

1. 远近闻名贫困村，穷山恶水苦难港

在调研过程中，我们看到每一个村民的脸上都洋溢着幸福的笑容，他们身上并没有一般农民怯生生的气质，虽然他们每一个人都在忙自己的事情，但当你提出希望他们回答几个问题的时候，他们也总是笑着说：“你问吧，我知道的和你讲。”生活的富裕需要努力拼搏才能取得，但相比之下，精神的富裕更是难建设。村民们极大的骄傲感、自豪感给了我们很大震撼，下姜村究竟施了什么“魔法”让村民的幸福感如此强？

下姜村位于浙江省淳安县西南部的枫树岭镇，当地流经的河流叫作枫林港，发源于淳安的第一高峰磨心尖，全长48.21千米，最后汇入千岛湖。因为地处深山，再加上交通闭塞，枫林港是穷山恶水的苦难港，下姜村也一直是远近闻名的贫困村，当时这里人穷、环境差、交通不便，山林乱砍滥伐的现象十分严重，民间也流传着这样一句民谣：土墙房，烧木炭，半年粮，有女莫嫁下姜郎。特别是在20世纪90年代，枫林港的上游建了一座跨流域发电的水电站之后，村里的河道经常断流，河道环境也十分糟糕。在与下姜村村民的访谈中我们可以了解到，以前下姜村的环境非

常差，村民说："现在的环境和以前相比好了一万倍了，以前垃圾都在河里堆着，大家垃圾也往河里扔。""以前大家垃圾都扔河里的，现在都垃圾分类扔桶里嘞！"可见，在重视环境保护、实施河长制之前，下姜村的经济状况、生态环境都是不容乐观的。

2. 河长设立美环境，示范乡村富下姜

2003—2007 年时任职浙江省委书记的习近平，多次来到下姜村实地考察，和村民一起探索科学发展、脱贫致富的正确道路。在 2005 年的第二次实地调研中，看到周围因群众砍柴而变得光秃秃的群山，习近平同志指出要给青山留个"帽"，提出了"既要金山银山，又要绿水青山"的重要观点，给了下姜村的村干部很大的启发，下姜村也开始重视对生态环境的保护，这也是为何下姜村被称为"梦开始的地方"。从 2001 年开始，浙江省建立了领导干部基层联系点制度，对枫林港的生态保护、环境治理、水利建设、生产发展等方面进行了全面的指导和帮助。2014 年，淳安县推行了县、镇、村三级河长制度，河长制的实施，让下姜村的生态环境显著提升，下姜村的梦想也逐渐远航。

在与外来务工人员姜奶奶的聊天中，我们得知"五年前村里的环境就很好了，现在每天也能看到巡河的人去河里捞垃圾"，可见下姜村的环境治理很早以前就已经开始了，并且取得了不错的效果。怀着对河长制的好奇与期待，我们询问了村级河长姜国炳，他说："作为村级河长，我的主要职责是管理河道是否被侵占、是否存在违章建筑，而更为日常的工作是交给民间河长、外聘的保洁员去完成的，比如保洁员在清理河道垃圾的同时还有每天两次的巡河任务。"河流的管理情况与河长日常的绩效考核是挂钩的。河长的工作不仅于此，对于关停了的环境污染型企业，河长要做好督促其处理原有设备，尽快进行产业转型的思想工作。除了基础的县、镇、村三级河长的分工外，下姜村对河道的分工管理更为详细，增添河道协管员加强对河道的管理，加强日常巡河频率，做到趁早发现问题。同时河水也有保持 I 类水质的指标，会有上级领导进行定期抽检，污水并不会排放到河流里，在经过洁污处理后会排放到污水池。在村干部、外聘保洁员管理河流的同时，下姜村还有村民作为民间河长自发去保护河流环境，对于一条河的保护可谓是层层把关。

在河长制的运行下，下姜村的生态环境越来越好，开始了蜕变之路，先利用优美的生态环境发展成绿色农业、生态农业、美丽农业，再以

"原山""原水""原村落"为基础，深入推进农旅融合，并借着千岛湖全域旅游快速发展的东风，发展以农场采摘、登山康养为特色的旅游业和教育培训产业，产生农事体验、手工展示、精品民宿等十余种业态，并成功使下姜村成为国家4A级旅游景区。对于成为旅游景点后的河流管理问题，下姜村也有自己的管理方法。对于外包河道，将由承包河道的老板全权负责，在售票时就提醒游客注意水环境保护，不要乱扔垃圾，并且增添在游玩点进行宣传的工作人员。现在下姜村已经从"土墙房，烧木炭，半年粮，有女莫嫁下姜郎"的落后村，华丽转身为"农家乐，民宿忙，瓜果香，游客如织来下姜"的示范村，与2001年相比，2016年农民年人均收入增长超过了10倍，河长制在下姜村实施的成功案例，也恰恰说明了淳安县河长制运行是有借鉴意义的。

（三）淳安县河长制的运行情况

1. 河长制工作联席会议制度

淳安县切实贯彻绿色发展理念，对于水环境治理实施河长制，河长制的有效实施依托各项政策的助力，因此淳安县在全市率先建立全面推行河湖长制工作联席会议制度及联席会议办公室工作规则等4项配套制度，旨在通过召开联席会议的形式，加强联系与沟通，相互学习借鉴经验，研究探索新经验、新方法。具体执行措施为由分管副县长担任召集人，淳安县水利水电局局长担任副召集人，每两个月召开一次专题会议，由召集人或召集人委托的副召集人召集，联席会议成员参加会议。在考核监督体系方面，则严格监督检查全县河长制工作落实情况，对县属各乡镇人民政府全面推行河湖长制实施成效进行考核，对全县乡镇级河长开展履职考核工作。联席会议办公室（河长制办公室）跟踪督促落实联席会议议定或决定的有关事项，及时向成员单位通报有关情况，对落实不严、履职不力的工作情况进行全县通报。

同时将具有河湖治理任务的24个部门全部纳入联席会议成员单位，由县水利水电局局长兼任联席会议办公室主任，进一步细化县联席会议工作规则、成员单位职责、办公室职责，着力构建治河、治湖、治水联动机制。联席会议根据工作需要定期或不定期召开会议，由召集人或召集人委托的副召集人主持，以纪要形式明确议定事项并印发有关方面，重大事项按程序报批，依托联席会议，相关部门确定工作内容、工作进度，如此一来河长制的实施有更明确的规定，工作人员更加明确自己的工作任务，有效提高了河长制的运行效率，同时利用总河长效应，加强对河长巡河、履职考评、问题曝光的工作推进，会议举行实时监测着工作效果，让河长制运行有了制度保障。

2. 智能化数字巡河系统

淳安县数字巡河系统是一种基于数字化技术的巡河管理平台，旨在加强对淳安县河道水环境、水资源和水工程设施的监管和管理，实现对河道巡查的全程数字化、信息化、智能化和可视化。

该系统采用大数据、互联网、无人机、云计算等新兴技术，通过视频监控、全球定位系统（GPS）定位、在线填报、智能报警等功能，全面覆盖了淳安县境内的河流、湖泊、水库等水域。系统可实现流域水质监测、垃圾拦截、违法违规行为监管等功能，实现了水资源管理数字化、信息化和智能化，极大地提高了淳安县水资源管理工作的效率和质量。

利用数字赋能，淳安县打造全水域整体智治的平台，将千岛湖水域划分为东南、东北、西南、西北、中心五大湖区 18 个水上网格，合理配置执法力量，建立“响应短、扁平化、处置快”的最小作战单元，利用鼠标实现对河流的全方位监管。截至 2021 年底，淳安县数字巡河系统已覆盖了全县 14 个镇街，共有 240 名巡河人员参与巡河工作，日均巡河里程达到 150 千米以上。通过淳安指挥河湖管理平台，实现河湖长“云”巡河，84 条河道设置 88 个监测点实时在线监控并具备视频人工智能（AI）分析预警功能，设定水环境质量标准，确保出境断面水质保持 I 类标准，饮用水源地水质百分之百达标，如超出标准自动发出警报，及时告知河湖长赶赴处置，保证水质整体状况优秀。数字技术的出现，解决了河长巡河难、不全面、不及时的问题，同时智能检测、知识宣传等手段让河流问题无路可逃。

3. 区域协同治理模式

推动河长制发展、发挥其治理效能，需要在统筹协调上下功夫。问题在水里，根子在岸上。乱占乱采、乱堆乱建、非法采砂、过度取水等问题困扰河湖生态健康。一体推进治水、治岸、治山、治污，需要区域联动、部门协同、社会共治。因此河长单位在工作中注重与相关部门和沿河地区的合作，建立了资源共享和信息共享制，增强了区域协调能力。河流间错综复杂，相互交汇，一个地区的水质差便会影响到千千万万条河流水环境，所以河流“盲区”的减少至关重要，因此不同部门之间依靠网络平台共享数据结果，定时召开会议，汇报工作结果，有效地解决了河流生态环境问题。河流流域不仅分上下游，同时还流经不同区域，因此还应注意不同地区的协同治理，不同地区的河长之间积极开展交流合作，分享治理经验和技术结果，共同解决跨界污染和资源争夺等问题。

对于不同跨区域河流，淳安县积极作为，淳安汾口镇与开化县马金镇联合举行了“流域共治”活动，汾口镇镇长章新华、马金镇镇长叶卫剑还共同签署了“流域共治”协议书，双方将长期建立跨区域联合护水活动，除了开化县，淳安县与周边县也开展合作，解决跨区域河流治理难的问题。在与其他县、镇积极开展行动以外，对于跨省河流，淳安县也积极探讨管理方案，为了贯彻落实《杭州市黄山市跨界河湖联合河湖长制度》，2023 年 5 月 18 日，浙皖两省、杭州市、黄山市、淳安县和歙县河长制办公室人员齐聚安徽黄山，共商浙皖联合河湖长制工作。会上，淳安县、歙县河长制办公室人员围绕河长制工作六大任务，针对新安江生态补偿、渔民退捕、岸线保护、水土保持、农业面源污染防治等方面工作开展经验介绍，并围绕跨界渔政管理联合执法、江面垃圾联合打捞等活动进行工作交流。

4. “浙里办”“全民护水”平台使用

“浙里办”应用程序的“全民护水”是由浙江省政府发起的一项旨在保护水资源和提高人们环保意识的小程序。该项目的目标是促进社会各界关注水资源的重要性，推广节水减排理念，促进水资源的可持续利用。为了实现这一目标，“浙里办”全民护水运动开展了一系列活动。首先是宣传活动，通过各种渠道广泛宣传节约用水、减少污染、保护水资源等理念。在社区、学校、机关单位等地开展各种形式的宣传活动，如宣传海报、文艺表演、专题讲座等。其次是技术指导和技术支持，提供减少排污和节约用水的技术指导和支持，为企业、家庭、学校等提供相应的技术服务和咨询。此外，“浙里办”“全民护水”还组织了一系列的义务服务活动，如清理河流、湖泊、水库等公益活动，帮助居民了解“五水共治”的相关知识，学习优秀的治水经验。

公众也可以在“浙里办”的“全民护水”小程序完成注册，然后进行抢单巡河（巡河时长 5 分钟以上及里程数达到 200 米）、在线爆料、处理河流问题、上传河湖美景、经验分享、建议点评等活动，这些活动都可以获得相应的绿水币，而绿水币则可以用来兑换一些小礼品。具体来说就是公民可以报名成为民间河长或者护水志愿者，认领河道进行抢单巡河，为保护河流献出自己的力量，同时每个公民都是线上河长，在平台可以上传自己在日常生活中发现的有问题的河流，选择具体问题类型，等待处理。公众由被监管的角色摇身一变转为共同监督的角色，增强公民自身的社会责任感和对政府的认同感，打破政府与群众之间的沟通壁垒，促进河长制顺利有效实施。在看到美丽河湖景色的时候，公民也可以在小程序上进行分享，让更多人一起领略河湖之美，并且小程序上也有巡河小游戏的模块，让公众线上体验巡河护水的乐趣。若是想知道更多家乡河流知识，也可以到“美丽河湖”板块去详细了解更多相关内容。

“浙里办”“全民护水”的运行情况非常良好。该活动得到了政府、企业和社会各界的支持和参与。在过去的几年里，该运动开展了大量的宣传和技术支持活动，广泛普及了节约用水和减少污染的理念。同时，也有许多志愿者积极参与各种公益活动，为保护水资源作出自己的贡献。“浙里办”全民护水运动对于浙江省的水资源保护和可持续利用具有重要的意义。淳安县也积极参与其中，利用“全民护水”小程序让社会公众积极参与到护水行动中来。

（四）小结：对于淳安县“河长制”的思考

河长制的实施让环境美起来、经济富起来、人民幸福起来，是“绿水青山就是金山银山”政策的真实写照，下姜村因此脱贫了，河流变清澈了，给生活带来了很大的变化。河长制不仅在下姜村取得了极大的成功，在整个淳安县都收获了很大的成效。

1. 实施成效

（1）河长制促进水资源保护和水环境治理

河长制的实施有效地增强了对水资源的保护和水环境的治理。设置河长制后，各级政府和河长单位更加重视水环境保护，加大了对各类污染源的整治力度。通过建立定期巡查和督导机制，确保河长和相关部门主动发现和解决水污染问题。同时，河长制还推动了水资源的合理分配和利用，通过加强河道管理，提高水资源的保护和利用效率。河长制从实施试点到正式普及推广，解决了一条又一条流域问题，全面贯彻“十四五”规划中生态规划建设问题。2014 年，淳安县推行县、镇、村三级河长制度，河长制正式实施后，下姜村发生了翻天覆地的改变。不仅是下姜村，淳安县的水资源保护都得到了进一步的重视，千岛湖总体水质处于 I 类标准，整体为优。

（2）河长制促进生态环境修复和生物多样性保护

河长制在生态环境修复和生物多样性保护方面取得了重要的成效。通过河长的责任和监督机制，加大了对河流和湖泊等水域生态环境的修复和保护力度。各级河长单位积极采取措施，加强湿地保护、河岸线整治、水生态系统恢复等工作，促进了生态系统的健康发展。此外，通过生态补偿和生态修复基金的引入，激励企业和居民参与生态环境修复，进一步加强了对生物多样性的保护。河长制实施以来，人们越来越重视水资源的保护，通过访谈，我们可以知道下姜村在制度实施以来，河流不再浑浊不堪，河长定期巡河打捞湖面上的垃圾，至此河流碧水荡漾，改善了周围生态坏境，山更青水更绿，建设了幸福美好乡村。

（3）河长制提升公众社会参与积极性和能动性

河长制在推动公众参与和促进公众环境意识提高方面发挥了积极作用。通过定期宣传教育和公众参与活动，河长制使公众更加重视水环境保护和资源管理，提高了公众对水环境保护的认识和意识。同时，河长制鼓励公众参与水环境保护的监督和管理工作，通过舆论监督和投诉举报机制，使违法行为更难逃监督，提高了公众对违法行为的发现、举报率，推动了环境治理的透明度和效率。互联网护水平台的建立，让公众举报投诉更加方便快捷，减轻公众参与环境治理的负担。这种公众参与的机制进一步激发了广大市民对水环境的关注和参与热情，形成了共同维护水资源和水环境的良好氛围。下姜村实施河长制以来，村中流经河流面貌焕然一新，村民养成了良好习惯，不再往河里丢垃圾，自觉维护河道清洁。河长制利用线上平台、监督制度把公众从被管理被监督的对立身份，扭转成一起参与管理、共同监督，有共同目标的队友身份，降低了公众被管理被说教的逆反心理，更乐于参与治水活动，使河长制自上而下彻底得到了贯彻落实。

（4）河长制推动区域协同和跨界治理

河长制的实施推动了区域协同和跨界治理的进展。河长单位在工作中注重与相关部门和沿河地区的合作，建立了资源共享和信息共享制，增强了区域协调能力。不同地区的河长之间积极开展交流合作，分享治理经验和技术结果，共同解决跨界污染和资源争夺等问题。这种区域协同的机制极大地提高了治理效率，推动了河流和湖泊水环境质量的整体提高。河流流域之间纵横交错、环环相扣，河长制的实施不仅解决当下流域的水环境问题，还协同发展带动了附近流域，一条带动多条，不断扩大河流环境改善面。河长制上下联动、区域协同，共享经验与结论，通过小区带动大区，扩大至全国，从而实现全国上下一盘棋，解决全流域水环境问题。淳安县与桐庐县百江镇、建德市莲花镇等地区组建水域联防队伍，实现资源共有、流域共管、生态共享，跨区域治水在河长制的运行下变得更加方便、有效。

2. 潜在问题

（1）河流管辖责任重合，出现多方力量牵扯

作为蜿蜒纵横的河流，其领域的划分并不是一件简单容易说清楚的事情，在调研和资料查阅中，我们了解到有一些河流处于两村的交界处，这种领域划分就比较困难，很容易出现都不愿意管理而扯皮推诿的现象，导致出现没有负责人管理的空白河流。还有一种情况是上游的垃圾未能及时清理，漂到了下游，上下游属于不同的负责人，上游的未及时管理给下游造成了负担，但是囿于领域负责的原则，上下游极易发生争吵，这不利于团结。同时一些作为旅游景点的地区，河流经常会有被承包做开发项目的情况。可能是直接被项目负责人承包，也可能出现被村民承包后再承包给项目负责人的情况，出现了村委会的河长负责人、村民负责人和项目承包负责人三方力量进行拉扯的情况。名义上河长是该流域的负责人，可是河流虽然外包，但是之后河流产生的问题也随之与河长挂钩，多个行为主体的沟通产生问题，管理效率较低。同时游客的随手乱扔也加重管理负担，没有强制性措施能对污染河流的游客进行惩罚，所以游客低素质行为屡禁不止。

（2）相关部门区域信息不畅通，合作产生障碍和阻力

河长制的实施推动了区域协同和跨界治理，在工作中注重与相关部门和沿河地区的合作，不同地区的河长之间积极开展交流合作，分享治理经验和技术结果，而这一上下联动、协同治理的特点需要强大的技术网去支撑信息的交换，需要对水环境实时监测，及时收集和传递水环境的数据和信息，以便及时发现并处理问题。然而，在实际操作中，信息的收集和共

享存在困难，信息可能存在滞后性以及传递的失真性，各级政府之间以及政府与公众之间的信息传递存在不畅通的情况。并且河长制的实施需要多个部门的协同合作，如水利、环保、水文等各级政府部门，而由于各部门之间的职责划分和权力边界不明确，造成责任模糊和互相推诿，给信息的传递也造成了很大的困难。而这一问题的成因主要源自制度安排和管理机制的不完善，河长制各个级别的负责人联系不足，上级与下级的对接存在问题。例如河流产生污染，人们可能会反映到水利局或者环保局，而在反映过程中往往无法精准说明该流域为何产生该问题，信息无法准确传递从而造成问题无法及时解决，部门之间也存在不愿担责而互相推诿的情况。河长制层层递进，从村到县，一条条流域紧密相关，所以部门区域间的相互配合至关重要，管理不到位致使其牵一发动全身，所以我们应注意信息的畅通，为河流治理提供重要保障。

（3）河长制宣传不到位，平台受众不广泛

随着教育的普及和政府日常的宣传，公众保护环境的意识都有了很大的提升，并且因近几年垃圾分类政策的实施，爱护环境的观念进一步得到了传播。但是河长制作为一种已经实施多年的制度，其宣传还是不够深入，很多人都只知其一不知其二，甚至出现认为政府设立众多人员管理河流是形式主义，违规人员罚款等规定是不切实际的。在调研访谈中也可以发现，村民们意识到会有工作人员巡河清扫河道，但是却不太清楚这些河道守护者是“河长”，存在发现一些违规行为想向管理者汇报时但不知道要找什么人的情况。在调研过程中，我们也是通过河长以及其他工作人员才了解到了有“全民护河”这个小程序，并且拥有众多的功能。这个“全民参与当河长，线上平台帮大忙”的想法是好的，但是并没有被很广泛地普及，了解对象也仅仅局限于从事河流有关工作的人员和一些政府工作者，使数字化智能平台的作用大大减弱。

（4）政府资金投入压力大，企业转型面临困难

河长制的实施增加了很多新岗位，虽然有增大原本工作人员职责范围的情况，但和原来相比，政府增添了新的奖金、工资的支出，并且水质考核专项奖补资金的设立、技术设备运营的花费、洁水装置的维护等都需要大量的资金投入，花费大量人力物力，增加政府负担，容易导致政府缩减其他方面的开销，不利于社会的综合发展。

而且仅仅让河长去做环境污染型企业转型的思想工作，没办法解决企

业转型的根本问题。有污染的企业在关停后虽然会有政府发放的生态补助资金，但仍然不足以让一个企业完全转型，员工的工资需要支付，生产的机器设备只能亏本卖出，企业关停后存在连成本都无法收回的情况。这些转型困难的企业只能选择破产，而企业中的员工也会面临失业，这不利于当地经济环境的稳定发展。并且企业转型有很大的风险，转到自己陌生的领域后很有可能出现因为缺乏专业型人才、技术而再次破产的情况。

三、案例分析与思考

（一）研究背景与意义

1. 政策背景

河长制是中国政府在水环境治理方面推出的一项重要政策，其背景是中国的水污染和水资源管理问题日益突出的情况。河长制的雏形可以追溯到浙江湖州长兴县，该县境内河网密布，水系发达，但是在20世纪初，经济环境快速发展的同时，也给生态环境造成了极大的破坏，污水横流、黑河遍布成为河流普遍的问题。2003年，长兴县为了创建国家卫生城市，在卫生责任片区、道路、街道推出了片长、路长、里弄长，责任包干制的管理制度让城区面貌焕然一新。同年10月，县委办公室下发文件，在全国率先对城区河流试行河长制，由时任水利局、环卫处负责人担任河长，对水系开展清淤、保洁等整治行动。

而真正意义上得到推广实施的河长制，可以说是来自江苏省。2007年的夏天，天气炎热，再加上太湖的水质恶化，导致太湖大面积蓝藻暴发，引发了江苏省无锡市的水危机。当地政府认识到水质恶化的问题需要解决，不仅要看到水里，还要看到岸上；不仅要本地区治污，更要统筹河流上下游、左右岸联防联治；不仅要靠水利、环保、城建等部门切实履行职责，更需要党政主导、部门联动、社会参与。同年8月，无锡市在中国率先实行河长制，由各级党政负责人分别担任64条河道的河长，加强污染物源头治理，负责督办河道水质改善工作，河长制的实施让太湖的水资源大大改善，也为河长制在日后的全面实施发展奠定了牢固的基础。

为了更好地推进河长制的运行，我国于2016年7月2日修订了《中华人民共和国水法》，明确规定了河长的工作内容和基本职责，为河长制的运行提供了法律依据。2016年12月11日，中共中央办公厅、国务院办公厅发布《关于全面推行河长制的意见》的政策文件，为进一步加强河湖管理保护工作、落实属地责任、健全长效机制、推行河长制提供了关键意见，并且明确提出在2018年底全面建立河长制。

至此，各地纷纷出台与河长制有关的政策，河长制在全国陆续建立起来。截至2018年6月底，31个省（自治区、直辖市）已全面建立河长制，共明确省、市、县、乡四级河长30多万名，另有29个省份设立村级河长76万多名，打通了河长制“最后一公里”。

2. 社会需求

国家迅速发展对于人民的生活改善提供了坚实的基础，同时也带来了新的挑战和问题，需要进一步加强社会公平、环境保护等方面的工作。我国进入新发展阶段，发展基础更加坚实，发展条件深刻变化，进一步发展面临新的机遇和挑战。2021年3月11日，十三届全国人大四次会议表决通过了关于国民经济和社会发展第十四个五年规划和2035年远景目标纲要的决议。“十四五”规划的目标为生态文明建设实现新进步等内容。“十四五”规划目标的实现需要全国上下协同努力，坚持党的领导，在党的带领下建设一个富强民主文明和谐美丽的社会主义现代化强国。

浙江省全面贯彻国家发展方略，重视生态化文明建设，实行河长制，旨在改善河流流域的生态环境，保护水资源，提高水环境质量，推动可持续发展。随着经济社会快速发展，中国河湖管理保护出现了一些新问题，如河道干涸、湖泊萎缩、水环境状况恶化、河湖功能退化等，对保障水安全带来严峻挑战。解决这些问题，亟须大力推行河长制，推进河湖系统保护和水生态环境整体改善，保障河湖功能永续利用，维护河湖健康生命。

3. 研究意义

淳安县作为浙江省唯一的特别生态功能区，境内的千岛湖是长江三角洲地区重要的饮用水水源地，其河长制的良好运行，对水环境治理和环境保护具有一定的理论意义和现实意义。

理论意义：本文将使用协同治理理论对淳安县河长制的运行进行分析，说明河长制得以合理运行和发挥巨大作用的原因，研究结果将对河长制的综合运行方式进行补充，丰富河长制运行的内部模式，为其他想实现高质量发展、运行河长制的地区提供理论借鉴。

现实意义：研究结果将有助于政府、市场、社会三者的合作，更好地进行协同治理，政府合理提高河长积极性，社会更加积极地参与环境保护，企业承担社会责任，污染企业积极转型；有利于提出三个主体协同运转的优化建议和方案，对于河长制的灵活发展起到重要作用。

（二）理论基础：协同治理理论

协同治理是指政府、企业、社会组织、公众等多个主体之间通过协作、协调、合作等方式，共同参与到公共事务的决策、实施、监管和评估中，实现共同治理、共同受益的过程。浙江省河长制是一种协同治理的实践，旨在通过设立河长制机构，将政府、企业、社会组织和公众等各方力量有机结合起来，共同参与河道管理，实现河道生态环境保护和经济社会协调发展。

协同理论是一种跨学科的理论，涉及管理学、组织学、社会学、心理学等多个领域。协同理论认为，协同是指多个个体或组织之间通过协作、协调、合作等方式，共同参与到某个任务或目标的实现中，达到共同治理、共同受益的过程。

协同理论的基本情况包括以下几个方面：

协同理论的起源：协同理论起源于20世纪50年代的组织学和管理学领域，早期主要研究协同与协作的概念、机制和效果。

协同理论的发展：随着信息技术的发展和社会变革的加速，协同理论逐渐发展为一种跨学科的理论，涉及组织结构、沟通、知识共享、协作技术等多个方面。

协同理论的应用：协同理论在企业管理、组织变革、团队建设、社会治理等多个领域都有着广泛的应用，特别是在信息技术领域，协同理论得到了更加深入的应用和发展。总之，协同理论是一种重要的跨学科理论，它可以帮助我们更好地理解和应对现代社会中的复杂问题，促进组织和社会的协同发展。

浙江省河长制的实施过程中，政府作为主导方，制定了一系列河长制管理办法和政策，明确了各方的职责和权利。同时，政府还积极引导企业、社会组织和公众等各方积极参与，鼓励他们通过自主管理、自我监督等方式，共同参与到河道管理中来。在这个过程中，各方之间通过信息共享、协调合作等方式，形成了一种协同治理的局面，实现了河道生态环境的保护和经济社会的协调发展。

浙江省河长制是一种协同治理的实践，通过政府、市场、社会等各方的共同参与，实现了河道生态环境的保护和经济社会的协调发展。这种协同治理的模式，不仅可以在河道管理中得到应用，也可以在其他公共事务的治理中得到推广。

（三）浙江省淳安县“河长制”治理模式分析

1. 政府权威治理：明确职责要求，强化考核要求

政府作为河长制的主要责任方，起到权威治理作用，负责制定相关政策、法规和监管措施，并积极推动河长制的实施，调整优化河长制的组织体系，公开各条河流信息，加强河流保护教育，并且通过开发大数据网络平台进行监管。具体表现为明确各级河长的职责要求，强调问责制度，加大监管频率和力度，以达到有效治理河流、保护水资源环境、实现高质量发展的目的。淳安县的河长制被分为三级：县级、镇级和村级。各级河长之间分工明确、职责清晰，任务重点各不相同，可以有效防止各级之间相互扯皮和推诿现象的出现，达到多个环节层层把关的目的。同时详细的考核规定，以“一月一通报”“一月一预警”“一月一督导”的形式全面监管河长是否高质量完成河流管理任务，“倒扣分”“一票否决”等强硬措施，减少了不作为、乱作为、慢作为现象的发生，让负责人忠于职守，不偷懒懈怠。较为频繁的抽查次数，暗抽查的形式，上级、公众、网络等广大无处不在的监督者，让河长的工作更加透明、清晰，减少了工作不负责的可能性。

具有开创性的河长制工作联席会议制度的建立，让发改、财政、教育、行政执法、公安等 24 家单位面对面交流，每年 2 月对全县属各乡镇人民政府全面推行河湖长制实施成效进行考核，对全县乡镇级河湖长开展履职考核工作，其正式性与官方性增强了各级河长的压力与动力，落实不严、履职不力的河长将受到全县通报的惩罚，增加了河长认真履职的动力。

政府与企业互动合作：政府下令关停环境污染型企业，但是企业员工的安置、产业转型都成了问题，河长对关停企业管理者进行思想工作，促进企业转型，政府也会对关停企业进行生态补偿，助力企业顺利渡过难关。同时自 2022 年 1 月 1 日，淳安县开始实施《淳安经济开发区关于鼓励园区企业加强生态环境保护工作的实施意见》，对企业年度环保目标执行情况和环保管理情况进行检查评定，内容主要包括环保法的贯彻实施、

污染排放许可证的管理、污染物是否达标排放等内容。对考核优秀的企业进行补助，对优秀员工分发奖金。以奖金考核的形式，来提升企业环境保护的意识。

政府与社会互动合作：淳安县政府也积极开展全民护水治水活动，2023 年 3 月，淳安县在文昌镇举行“保护母亲河日”主题活动，增殖放流保秀水、清水提质护清流、义务植树添新绿、治水有声巡河湖、找寻查挖赛擂台等五大治水护水行动同时展开，让社会公众报名成为志愿者，参与到河流保护的行动中来。同时，政府推广“浙里办”“全民护水”小程序，让更多社会公众了解到河流的相关知识，参与巡河活动，带动了他们的积极性。

2. 社会参与治理：提高公众思想认知，呼吁参与管理

社会公众积极参与河长制治理，在河湖保护中起协同作用。公告栏河流保护知识的宣传提升了公众的认知水平，增强了公众对相关政策法规的理解，促使人们自觉参与到河流水域环境的保护工作中来；乱扔垃圾入河等污染环境的行为会被警告处罚，加强了对公众的监管，让公众注意自己的言行举止；“全民护水”等网络平台的建立为人们提供了工作场所，公众作为水环境保护的一分子，“全民护水”等网络平台给了公众提供了一个参与河长制运行的机会，人人都可以成为“线上河长”，对于污染河流的情况进行举报，拓宽了公民和政府沟通的渠道。

从下姜村的改革中我们也可以看出公众协同参与所带来的巨大不同，下姜村村民充满幸福集体荣誉感，也让我们看到一个地区环境的改变不仅来自政府的政策作为，更离不开社会公众的协同参与。从采访中我们可以得知由于政策的落实，村里居民自觉性极强，不会做破坏水环境的事，自觉维护河道水环境。社会公众、社会组织与政府合作互动，公民积极反映水环境问题，政府将工作过程公开，清晰可见的问题处理进度，增强了公众对政府的信服感，有利于政府相关政策的执行运作；对于有能力、有时间、有责任心的公民，网上的平台也提供了一个参与水资源治理的机会，自愿报名成为民间河长或者志愿者，对某一河道负责，提升了公民的社会责任感和认同感，抢单巡河的形式也为治理增添了趣味，减少工作的枯燥感和无趣感。水环境保护知识问答、护水活动等有趣的内容使公众对河流、河长制更加了解，在平台上参与活动都能获得对应的积分，积分兑换的功能提升了公众主人翁的意识，付出有了回报，更加积极主动地参与水资源保护的活动，形成全民参与治水的良好氛围。在社会和市场的互动合作方面，公众积极参与企业举办的护水活动，同时积极支持生态保护型企业的产品，形成了市场社会的良性发展。

3. 市场协同治理：企业积极转型，社会组织协同参与

在河长制政策的鼓励支持下，很多企业都积极转型，淳安县本来就没有重工业企业，所以环境污染型企业也比较少，同时相关企业也积极配合工作，参与帮助治理，将排放的污水进行洁污处理后排放。具有社会责任感的企业家们，即使存在很大的利润亏损，也纷纷关停污染产业。比如杭州林煌丝业有限公司和淳安县永宏纺织制造有限公司，前者虽然以前有获得纳税大户、市级农业龙头企业奖牌，但是企业负责人在综合考量之后还是选择关停企业，而后者建厂只有三年时间，面临 800 万元的银行贷款没有偿还，但负责人还是关停了厂子。

不仅如此，企业也积极配合政府和社会公民组织的行动，积极参与到秀水保护中来。淳安县内的志愿者也积极参与政府组织的各种保护环境的志愿活动，清理河道垃圾，进行河湖保护宣传，同时志愿者也可以在“全民护水”的网络平台、一些相关企业上报名参与护水活动，帮助河长一起管理河流，为河湖保护出力，可以说市场与政府社会积极合作互动，对水资源进行了协同治理（见图 8 – 1）。

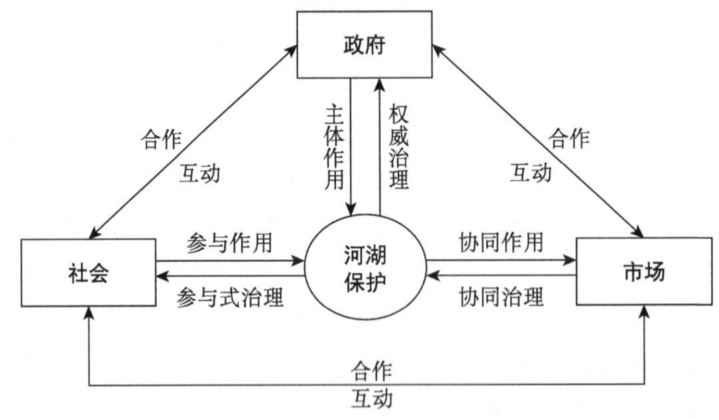

图 8 – 1　治理模式关系

四、案例结论与总结

在调研的过程中，我们也发现了管理的灰色地带，存在信息传递不流畅、宣传不广泛等问题，这些问题也是当今很多地区在实施河长制政策过程中共同遇到的。在此我们提出以下几点建议来帮助解决，这些对策不仅适用于淳安县，更加适用于那些希望通过环境保护来为高质量发展添砖加瓦的地区。

（一）明确划分职责体系，强化措施减少违规

对于处于两个责任方交界处的河流，用政策文件进行明确清晰的界定，明确双方责任界限，杜绝扯皮的问题出现，将空白河流分配给有能力管理的一方，并用奖金等方式进行激励，减少不满情绪产生，利于团队之间的和谐。就如罗宾斯综合激励模式中的公平性比较，需要让两个管理主体认为自己所得与自己付出的价值和他人所得、他人付出的价值是对等的。

河流毕竟是流动的，垃圾随河水流动不可避免，如果不是因为不作为产生垃圾下流现象，上下游之间要互相谦让，互相帮助清理，为了同一条河流的健康发展共同努力。但同时，为了明确领域分工，上游可以在责任流域末端设立分隔带，阻断漂浮物流动到下游去，同时及时清理巡查，在发现问题时及时解决，避免增加下游的负担。对于河流区段外包问题，无论有几个责任主体，都要事前签好相互之间的责任认定书，提升管理效率。最终河流承包者需要对该流域负责，定期清理河道，并接受河长的监督，使用河道进行任何活动不应违反河流管理的相关规定。对于多次违反规定的游客采取罚款等强制措施，起到威慑作用，政府也要适当下放权力给乡、镇、村，让他们有能力去制定合理的惩罚措施，权力范围的扩大起到公平作用。

（二）提升技术水平，促进信息公开

加强数据采集和监测，提高水环境数据的采集和监测工作，确保数据的准确性和及时性。采用现代化的监测设备和技术，建立监测站点网络，实时监测水质、水量、污染源等重要指标，并将监测数据及时上传到信息平台。

加强信息共享和交流，建立政府部门间的信息共享机制，促进信息的交流和合作。加强跨部门、跨层级的协调机制，定期组织河长制相关会议、研讨会和培训活动，促进不同部门之间的了解和沟通，加强协作，使

信息发布更加透明、公开，为河长制协同合作做好保障，也方便公众更好了解信息，参与监督的工作。

提升科技支持范围，进一步在信息处理和决策分析中发挥作用。大数据信息处理平台的信息发布要更加准确，提高正确率，让工作人员实现精准管理、有效治河。加强对水环境问题的监测和分析能力，使水环境相关数据更加精确，以便工作人员更好地处理其工作。技术水平提高和信息公开，为工作人员更好地完成任务提供保障，科技支持信息的共享，能满足工作人员的需要，有利于他们责任感的发挥，达到一个强化的效果。

（三）加大宣传力度，充分发挥互联网作用

我们目前保护环境等观点的输出已经是比较日常和全面了，但是作为实施多年的制度，公众对河长制的了解仍然不足，在宣传爱护环境观念的同时，也要传播河长制的一些相关知识，让更多人理解河长的工作，更加配合日常的管理，在遇到问题时能主动联系河长去解决，而不是等待河长自己去寻找问题。提高工作效率，增强公民的责任心，同时公众在认识到河长制实施的成果后，会更加认同政府的工作，知道确实在有些地方河流污染非常严重，这样的重视是有必要的，也是起了关键作用的，并不是杞人忧天，夸大事实。

宣传方式不能局限于海报张贴的形式，应该利用信息化平台，在官方账号、微信公众号上进行强调宣传，教授智能管理河流的方法，让更多互联网使用者加入护河爱河的平台中，为他们提供爆料和展示自我的平台，使更多人成为河流管理者，由被管理的第三方，成为认同、参与的主体。

各具特色的宣传方式，合理有效的互联网传播，起到了包含多方面激励的效果，激励并不仅仅局限于对工作人员，其实对于行为主体的公众，更需要被激励，多种形式对河长制的宣传，使公众了解到自己也可以有能力采取行动参与到河长制的运行中，发挥作用，由单纯的被管理者被激励成为行动者、参与者和监督者，使河长制不局限于内部的工作人员，而是全社会的共识！

（四）资金投入有侧重，专业人员帮转型

河长制的实施在前期已经做了很多基础保障工作，河流的生态环境也已经得到了明显改善，作为日常工作，河长也熟悉了日常的管理流程。这

时政府的管理制度就要及时变通，不用再像河流环境污染严重的情况下那样采取紧急的行动，投入大量的人力、物力。在现在水资源环境较好的时期，更重要的是保持，资金的投入更加需要有侧重点，在减少开支的情况下，多投资落后、贫穷的地区，帮助他们建立、完善河流污水处理的基础设施。资金投入有轻重缓急，明确不同时期河长制实行的目标，对症下药，分清哪个是主要的，哪个是次要的，也满足了公平性比较的需求，实施效果好的地区继续保持，对目前状况糟糕的地区加大帮助力度。

对于污染企业转型的问题，政府在提供补偿的同时，更应该派出专业人员帮助转型企业，提供技术指导，为企业转型指出一条明路，对于企业原先的基础设备，政府可以帮助销售，确保转型企业的利益不受到很大的损失，帮助企业重回生机活力。由污染排放型企业转为环境友好型企业，企业虽然有了这个目标，但是不熟悉的模式依然充满困难和挑战，政府应该派出专业人员，起到引领和帮助的作用，在用资金进行补偿的同时，还应该设立转型成功奖用以激励，起到强化的综合激励效果。

思考题

1. 淳安县在推行河长制的过程中，如何有效发挥政府、市场、社会三方主体的协同作用?

2. 淳安县河长制的经验运用推广过程中可能遭遇的问题?

案例作者：方伊芸　张凤鲜　冯　婕　刘佳源

指导老师：陈锦文

参考文献

［1］吴小兰，尹刚．河长制在水环境治理中的作用探讨［J］．长江技术经济，2023，7（04）：88—92. DOI：10. 19679/j. cnki. cjjsjj. 2023. 0414.

［2］陈旭，王嘉琪，陈怡桐．“河长制”对流域污染综合治理的绩效评估：以太湖流域浙江省部分河段为例［C］//中国技术经济学会．中国技术经济学会第二十九届学术年会论文集．2022：11. DOI：10. 26914/c. cnkihy. 2022. 074901.

［3］张思文．河长制水污染治理作用机制研究［D］．大连：东北财经大学，2022. DOI：10. 27006/d. cnki. gdbcu. 2022. 001695.

［4］刘红森，段莹超，刘延伟．浅析“河长制”在流域协同治理中的困境及解决方案［C］//河海大学，南阳市人民政府，南阳师范学院，南水北调集团中线公司．2022（第十届）中国水生态大会论文集．2022：10. DOI：10. 26914/c. cnkihy. 2022. 039696.

［5］孙芳城，丁瑞．河长制与产业结构升级：“坐以待毙”还是“涅槃重生”？［J］．济南大学学报（社会科学版），2022，32（04）：85—99. DOI：10. 20004/j. cnki. ujn. 2022. 04. 017.

［6］马鹏超，胡乃元，朱玉春．河长制对村域河流治理绩效的影响及作用机制［J］．西北农林科技大学学报（社会科学版），2022，22（03）：121—129.

［7］过团挺，曹璐．基于河长制工作要求的河道划界相关问题研究［J］. 浙江水利科技，2022，50（02）：40—44. DOI：10. 13641/j. cnki. 33 - 1162/tv. 2022. 02. 010.

［8］颜海娜，吴泳钊．数字技术何以助推公众参与：以广州市“共筑清水梦”平台为例［J］．学术研究，2023（09）：52—59.

［9］周朝晖，张园．优化“河长制”呵护“河长治”［N］．南通日报，2023 - 09 - 20（A04）．DOI：10. 28606/n. cnki. nntrb. 2023. 002263.

［10］徐明庆，朱玉春．农户资本禀赋、参与治理与河长制治水绩效研究［J/OL］．生态经济，2023：1—17．［2024 - 02 - 05］．http：//kns. cnki. net/kcms/detail/53. 1193. F. 20230829. 0921. 002. html.

案例9

创新传统农耕文明　文艺赋能乡村振兴

——耦合理论视阈下坡塘村的案例研究

一、引言

2017年10月，党的十九大报告正式提出乡村振兴战略。乡村振兴战略是党中央着眼“两个一百年”奋斗目标导向和农业农村短板问题导向作出的战略安排，是新时期指导农业农村发展的重要行动指南。乡村振兴作为一项综合性的整体战略设计，对经济、社会等多方面的发展具有重要作用。文化振兴作为乡村振兴的重要组成部分，为全国乡村有效发展提供新路径。

浙江省作为中国经济发展最为活跃的地区之一，因地制宜地实施乡村振兴战略。浙江“七山一水二分田”，农业用地“拮据”，即使平原地带水热条件优越，但因农村地区人口流失严重、引进和培养人才困难，农业的进一步发展空间有限，依托农业建成的工业体系也难以得到长远发展。农业发展缺劳动力，工业发展缺高科技人才，乡村旅游业便依托着浙江农村自身独特的资源禀赋从中脱颖而出。

乡村是传统文化的基因库，浙江的乡村更是有“十里不同风，百里不同俗”之称，丰富的文化元素广泛分布流传于此，汇聚成浙江乡村旅游的独特资源。因此，浙江省选择文化赋能乡村振兴是客观要求所需，符合浙江发展实际。无数浙江的农村乡村旅游迎风而起，并且进一步站稳风口，有力地证明第三产业能迸发出比一、二产业更强的动能。在浙江省，文艺赋能成为乡村振兴一项强有力的措施，能够深入挖掘村内资源优势，激活其发展的内生动力，避免“千村一面”的情况。“千万工程”实施二十周年来，浙江多地探索艺术赋能乡村振兴的道路，为其他乡村提供新模板。

2022年，桐庐不断挖掘梅蓉村乡土文化、推进艺术乡建，深化深澳村宋韵生活百匠文化村建设，在慢生活体验区芦茨村打造“富春山居”实景村落建设，打造桐庐全域旅游服务中心等一批文旅新地标。2022年1—9月桐庐县接待游客417.2万人，实现旅游总收入73.6亿元。其中，乡村旅游总人次为273.9万人次，乡村旅游收入为11亿元。

浙江丽水的古堰画乡围绕艺术小镇、文旅小镇和生活小镇“三镇合一”的发展定位实施“艺术乡建”。近三年，通过景观改造、服务提升，古堰画乡年平均接待游客达128万人次，年均营业收入高达1 563万元。村民日子越过越红火，景区周边村农民人均收入从2005年的4 325元增长到2019年的42 900元，增长了近9倍。周边民宿、农家乐超过150家，节假日民宿平均入住率达70%，解决2 200多人的就业问题，也吸引了近500名创客在此创业和生活。

作为“两山”理论的发源地，浙江一直都是乡村振兴实践高地，引领乡村振兴战略的风向，浙江各地都在探索乡村振兴的路径，而绍兴市坡塘村因其丰富的文化资源和积极的文艺赋能发展态势，成为此研究的案例分析对象。在艺术赋能乡村振兴的过程中，坡塘村吸取其他村庄建设经验，坚持以社会主义核心价值观为引领，统筹优秀传统乡土文化保护传承与创新发展，通过艺术化的方式挖掘文化基因，将艺术与乡村特色文化融合，充分发挥艺术铸魂、艺术赋能作用，用艺术点亮乡村之美，为乡村振兴提供创意设计支持，营造面向新时代、创造新文化的乡村美好新生活。

二、案例叙述

（一）坡塘村的概况

坡塘村位于越城区鉴湖镇行政中心西首，四季分明、气候温和，具备“七山二水一分田”的基础格局，拥有丰富的水田、果山资源，还有原生态景物，如生态茶园、古银杏神树。坡塘村位于山区，提供徒步、骑行探索山路，拍照赏景和品味山水之美的机会。周边有茂密的森林和植被，春季草长莺飞，是野外探险和户外休闲的理想场所。同时，坡塘村临近国道，交通便利，具有游客离散能力，交通道路畅通。

坡塘村历史悠久，名源于范蠡《养鱼经》。范蠡在此创我国水库养鱼的先河，秦始皇改名“破塘”，明代改回“坡塘”。至今，当地仍保留着两处见证历史的范蠡筑坝遗址。坡塘村为纪念范蠡的贡献，举办范蠡文化节，深挖范蠡文化，探索村庄文化发展。村庄中保留着传统的古民居建筑，展示丰富的历史文化底蕴，具有地方特色与独特魅力。同时，古民居的翻新与打造又展现出古今结合的新风采。坡塘村还拥有着丰富的传统文化，茶文化是其重要组成部分，游客能体验当地农耕生活和传统习俗。此外，坡塘村还是国家级非物质文化遗产名录中传统曲艺绍兴莲花落的发源地。

（二）坡塘村的文艺赋能之路

农耕孕育文明，艺术源于自然。农耕文化作为中国传统文化的重要组成部分，其传统价值与现代意义不可忽视，在坡塘，生发于土地的传统民艺正与时俱进，与流行文化和当代艺术交织相融，碰撞出助力坡塘发展的无限活力。无论是农耕文明，还是传统文化、当代艺术，它们的目标都只有一个——塑就坡塘之美。以农耕文明为基础延伸出来的村庄千年古风、当代文艺孕育出了坡塘美学文化，呈现出坡塘村自身特有的魅力，打破“千村一面”的刻板印象。

1. 维护历史古迹，传承坡塘文化

历史因铭记而永恒，精神因传承而不灭。时代在变化，村庄也在发展变化，不变的是这座村庄始终拥有的千年文化遗产和历史古迹。坡塘村也正一步步采取措施保护与传承这些古建筑、古文化，让文物“走”出去，古迹“活”起来。

乡村文化艺术深植于乡村土壤。塑造坡塘美学的第一步，便是在保护与传承坡塘农耕文化的基础上，深深扎根这片土地，深深挖掘这片土地的文艺价值，最终形成富有浓郁地域特色的乡土文艺。

仰望参天古树，赋予坡塘生机。屹立坡塘云松自然村口千余年的参天银杏，是坡塘村历史变迁的见证者。古树有灵，千年来始终屹立在村口，已有 1 500 余年的树龄，并于 2006 年 9 月被绍兴市人民政府列为一级保护树木，它与坡塘村世世代代的村民同生共息，早已被村民认定为守护神树。穿行在坡塘村里的云福广场，千年古银杏仿佛让时光也放慢了脚步。

追寻红色文化，重温峥嵘岁月。越城区鉴湖街道坡塘村 243 号，这里一间并不起眼的两层楼老房便是金子定故居。故居坐落在一片低矮的居民

楼中，是一栋木质结构二层小楼，仅一间店面大小，门前是一条小河，街廊也仅几步宽。大堂里陈列着金子定烈士的生平事迹介绍，自从这里被列为鉴湖街道爱国主义教育基地以来，便有无数人士慕名前来参观，尽管大堂空间狭小，但仍弘扬着爱国情怀，传承着红色基因。

本来关于金子定的生平，能查到的资料寥寥无几，直到在2018年坡塘村小城镇综合整治活动中，金子定的弟弟金家荣在老宅的相框里面发现了夹存着的几封金子定烈士写给父亲的家书。这些家书不仅承载着金子定烈士“没有国，哪有家”的拳拳之情，更见证了抗战时期一位英勇的中共党员成长、战斗、牺牲的心路历程。坡塘村将继续对金子定故居进行保护和修缮，同时也将邀请相关专家对书信进行研究，让每一个到此追寻红色文化情的人，都能重温峥嵘岁月史。

翻新越国遗址，重现范蠡养鱼。坡塘作为范蠡养鱼池之上池，至今仍保存着两处春秋战国时期越国重要水利设施遗址——断塘水坝和黄庙水坝。断塘水坝，位于坡塘水坝南边1千米开外，虽未见文献记载，却被当地村民口口相传。现如今的断塘水库就是在遗址上修筑而成的，呈东北—西南走向，连接两山。这座水坝在越国时期除了养鱼之外，还承担着淡化渗滤、去海涂盐渍的功能。黄庙水坝，在离云松村口半里路的两山间，因水坝身处于一座名为“黄庙”的小庙附近而得名。水坝呈东西走向，西段削低了一些，成了云松村通往外部唯一公路的路基。曾经的范蠡养鱼池经过坡塘村村书记和村民的努力都已经“浮出水面”，虽不能像从前一样发挥它原本的作用，但它成为来访游客、外国友人、当地村民行走于坡塘村的必经之地，这两处留存千年的水坝遗址也成为坡塘村宝贵的历史文化资源的见证。

探访千年古道，见证千年历史。在坡塘，还盛传有关千年古道云松岭（陈家岭）步道的传说。云松岭步道全长5 600米，已有1 000多年历史，途经娘娘庙、竹林、凉亭，通向兰亭大庆紫洪山。坡塘村党委副书记劳卓娜介绍，该步道在古代为兵马要道，故路面较一般古道要宽，岭道以卵石为面、条石为阶。战时兵马均在云松（岭下）稍作休整后，通过该岭往诸暨枫桥方向行进。随着时间的变迁，此岭又成为兰亭与坡塘之间的交易商道，兰亭张村、大庆、紫洪山等地农户肩挑土特产、竹制品到坡塘集市销售，坡塘南池商贩肩挑咸鲞、酱盐制品等往兰亭方向售卖。如今，曾经熙熙攘攘的肩挑客已成历史，取而代之的是慕名而来的游客、驴友。黄牛岭，是云松自然村西边的又一条古道，是通往兰亭街道董坞自然村的，再过去便是兰亭森林公园了。由于公路的蓬勃发展，这两条古步道失去了它原本的功能，却成为旅游、探幽、休闲、登山的好去处。

如今坡塘村还在打造云松最美步道项目，意在联通黄牛岭步道和云松岭步道，打造 4 000 米生态登山步道，并配备安装了六套摄像头，便于读取游客的位置及消耗热量，并在六套摄像杆上安装一键呼救按钮，方便受伤的游客及时与村委会取得联系。

翻新水坝、保护参天古银杏、修缮金子定故居、开展云松最美步道项目……坡塘村正在通过自身的努力使这些历史古迹"活"起来，而随着乡村博物馆的成功修建，一个崭新的乡村文化地标正焕发出勃勃生机，坡塘村的文物也能借此成功"走"出去。

一提起博物馆，很多人会将其与"高大上"三字挂钩。随着农村的高质量发展以及在相关部门的支持下，昔日只在城市中才有的博物馆，也在坡塘云松自然村内应运而生。

坡塘村是知名古村落，也是文物出土大村，历年来，该村村民自觉上交给绍兴博物馆的文物就有 228 件，村里也将这些出土的珍贵文物按 1:1 比例复刻还原，陈列在云松村的乡村博物馆处，还把从坡塘村出土的国宝复制放大，做成村庄地标，它的开放也将成为一个展示乡土文化、活跃民间交流、促进文旅融合的重要平台。相信这座在坡塘的乡村博物馆不仅成为村民"忆苦思甜"的窗口，还能迎来更多的学生、青年人、老年人甚至是外国友人的参观，在领悟其中的乡土风情之余，还能学习乡土文化，重温父辈一代人的历史故事。

2. 打造自然景观，塑造清新坡塘

在"两山"理论越来越深入人心的今天，自然资源也越来越成为乡村高质量发展和永续利用的经济战略性资源。坡塘村充分利用闲置土地资源，利用农村闲置农田打造了一个集生产加工、观光休闲、互动体验于一体的生态农业庄园"稻梦空间"，吸引游客在此亲身体验耕种的劳动乐趣与品尝纯天然的果蔬的同时，带动了村庄发展新形式如农副产品出售与体验活动的开展。不仅如此，坡塘村还充分挖掘并发挥好基层农村的优势资源，修复和保护生态系统，不光将原本废弃的水塘改造成为风景优美的文化主题公园莲园，还让天然生态茶园功能变得多样化，孕育出了具有坡塘特色的茶香文化。

“稻梦空间”，以水稻种植为主题，结合现代化农业科技，形成了方块分明、科学化管理的现代水稻农业示范区域。在“稻梦空间”中，游客不仅可以观赏到风吹“稻”浪的闲适，也能亲自参与水稻的种植等环节。通过现代信息技术，游客可以充分了解稻田的布置与管理，也可以选择放下手机，亲自下地进行田间劳作，插秧施肥，体会汗水带来的辛勤与快乐。通过这样的体验，游客可以更加贴近大自然，深入了解水稻种植的过程，感受农耕文化的独特魅力。

莲园内，绿植美如画，湖水清如镜。从园外到园内，从爱莲台到警钟长鸣景观，从片墙语望到镶嵌古今的家风、家规、家训的家风大道，从正身镜小品到屹立在莲园正中央的范蠡雕像在悠悠鉴水中遗世独立，都向人们全方位、多角度、立体化地展示了古今“清”韵、清廉正气。莲园将廉政文化注入景观设计中，巧妙融合了当地历史典故、风土人情，给周边居民创造了一个轻松雅致、优美舒适的休闲娱乐场所，提供了一个演绎清廉、品悟清廉的观景场所。

茶园，自然是茶的天地。游客可以在此参观茶园，了解茶树的生长环境和种植技术。他们可以亲自体验采摘茶叶的过程，学习制作茶叶的方法。茶园还提供茶叶品鉴的机会，让游客了解不同种类茶叶的特点和品味技巧。茶园中也有茶叶制作的展示，展示不同工序的茶叶加工过程，如挥发、炒青、揉捻等。游客通过亲眼目睹茶叶的制作过程，深入了解茶叶的精髓，感受农耕文化的独特魅力。

3. 保留生活方式，探寻云间慢节奏

独特的坡塘美食造就优秀的地域文化。坡塘村的千年银杏树，历史悠久，展现出生动的古城气象，象征着村庄的富饶与繁荣。每逢秋季，金黄的银杏叶便成为坡塘村“黄金名片”，而白果更是一绝。坡塘村的白果炖鸡成了极具特色的地方名菜，代表了一种靠山吃山、因地制宜的传统文化理念，具有深刻的历史气息。而蠡味醋鱼，也是一道地方菜，以江鱼为主料，配上地方特色陈醋，鱼肉入口酸酸甜甜，风味独特，是坡塘村“鲜”的名片。

坡塘村慢节奏的生活不仅体现在“吃”，同样也表现在“喝”。凭借先天自然禀赋，坡塘村发展起茶业，从最开始的日常饮用茶到用于商用的自创品牌茶叶，因地制宜地发展起“茶文化”。坡塘村不仅为游客提供了采茶、制茶的体验服务，还在村内建造起独特的“乡村艺术馆”以供人们放松休息、感受和品味特色茶文化。乡村艺术馆一楼的茶室宽敞明亮，简约而优雅，没有多余的装饰。墙上的书法、水墨画，尽显文人书香气；木制桌椅配上古琴，忽闻旧时琴瑟音；桌上的毛笔、砚台，还有小盆栽，烘托静谧古典风；木制的小桌上整齐摆放的茶具，更是营造了一个舒适、温馨的品茶氛围，让人深陷其中。再往里走就是高格调的单间茶室，精美典雅的木制柜子中摆放着历代茶艺书籍，古色古香的桌子上整齐地摆放着茶壶、茶杯等一整套茶艺工具，使高档的龙井茶在专业的操作下激发出别样的香味。窗口和门外的竹制帘子也别有一番风味，关上便是静谧的私人空间，而打开又仿佛与大自然打了个照面。

在这个快节奏的时代，激烈的竞争让人们失去了自己的生活节奏，可生活不应只有眼前的苟且，还应有诗和远方。因此，坡塘村设立了两处适合慢慢品味生活乐趣的场所——云松茶舍和云咖咖啡馆。其中的云松茶舍身处层层茶山梯田的对面，将茶文化与当地特色相结合。美丽又古朴的小木屋里茶香浓郁，日光下远望云壶飞瀑雾气升腾、云松茶园郁郁葱葱，富有农家色彩的围栏里是一片开阔的露营基地，白天的它在我们眼里或许普普通通，但夜色降临后，这里星光璀璨，还可以来一场浪漫的露天电影，尽享悠闲时光。

4. 设计人文景观，成就文艺坡塘

绍兴莲花落是浙江绍兴一带的曲艺种类之一，为浙江现存主要地方曲艺之一，并被列入第一批国家级非物质文化遗产名录。绍兴莲花落历史底蕴深厚、极具地方特色，深受当地老百姓的喜爱。不仅如此，其作为坡塘村传统文化的重要结晶，更是凝聚着我国古代劳动人民的智慧，具有浓厚的地域特色和乡土特色，集文化教育、艺术审美和休闲娱乐于一体。

莲花落祖师爷——唐茂盛就诞生于坡塘村这个人杰地灵的地方。唐茂盛，人称“绍兴莲花落泰斗”，作为莲花落发展史上的里程碑式人物，在莲花落的发扬光大上发挥了重要的作用。20 世纪初，少年时期的唐茂盛对曲艺天赋异禀且勤奋肯学，逐渐将莲花落发展成为说唱具有故事情节的“节诗”，并成为当地小有名气的草根明星。1941 年，绍兴沦陷，唐茂盛在目睹了日军的残忍暴行后，愤而创作并积极宣讲“抗日节诗”，最终惨遭下毒致哑。其不畏日寇、宣传抗日的壮举，展现了一位民间艺人身上的民族大义，更为后世所尊。在他的事迹影响下，坡塘村村民对莲花落曲艺也尤为热爱，并用莲花落的唱腔与曲艺创作了莲花落版村歌——《清新坡塘》。

为纪念唐茂盛与发扬莲花落，坡塘村内建立起许多特色建筑。如宣扬廉政文化的主题公园莲园、莲园外刻录着莲花落祖师爷唐茂盛的生平事迹的“爱莲台”，还有展示着莲花落古今变化的绍兴莲花落展厅、延续着莲花落戏曲魅力的绍兴莲花落创作基地。

为了更好地发展莲花落文化，打造独特的村庄特色，坡塘村打造出绍兴莲花落展厅，展示着莲花落的前世今生。这座展厅自2021年初开馆以来已接待游客1万余人次，不光展示了莲花落历史沿革、莲花落祖师爷唐茂盛生平典故、历代名家名曲介绍等，还包含了《钱清节诗》《闹稽山》等清廉曲目，诠释了莲花落与时俱进的风采，宣传莲花落表演者的时代精神，进一步推进坡塘村莲花落文化的传承与发展。

白墙黑瓦、远山如黛，循着一声声婉转悠扬的绍兴莲花落，来到了坡塘村绍兴莲花落创作基地。这里不仅招募青年艺术家“驻村”授课，还引入莲花落专家胡兆海工作室等名人工作室，赋予村庄浓厚的艺术气息，将莲花落这项技艺完整地传承下来，使其成为这个小村落街头巷尾总能听到的特色文化旋律。驻村艺术家陈祥平每周都会如期开展一个半小时的莲花落公益曲艺培训教学，地道的方言与三翘板节奏呼应，不仅吸引了一大批莲花落村民爱好者前来学习，而且有大批来访游客、外国友人慕名而来。莲花落文化的发展增强了坡塘村的文化氛围，还促进了乡村旅游。

坡塘人不仅热爱莲花落，并且对莲花也颇为喜爱。如今，坡塘村廉政文化主题公园——莲园，不仅成为绍兴市越城区首个廉政文化公园，而且为村民与来访游客提供休闲娱乐场所，营造着风清气正、积极进取、和谐向上、开拓创新的文化氛围；莲花落展厅、莲花落创作基地的建成，让莲花落文化近在身边，文艺馨香浸润心田。

坡塘村重视文化的发展，为村子提供了充满书香气息的书籍海洋。2022年刚开馆的树兰书屋已然成了坡塘村的主要文化娱乐场所。而且，针对退休老人这个普通话普及率并没有那么高的特殊群体，坡塘村还专门为其设定了特定的图书供给——用绍兴话讲书，这项举措一定程度上提升了树兰书屋图书的阅读率，还能够满足前来游玩的其他绍兴退休老人的阅读需求，打造正宗的绍兴书屋。为了更好地吸引年轻人的目光，树兰书屋的环境设计清新安静，还有茶类饮料供应，俨然一个打卡胜地。另外，树兰书屋的图书摆放针对不同年龄段的读者进行了分区，有儿童区、成年区等，方便了前来看书的人们寻找适合的书籍，同时采取智能借书的方式，只需面部识别就能一键借书，方便快捷，降低游客的时间成本和精力成本。除此之外，书屋门口还设有智能充电桩，将无线充电桩和 USB 接口集合在同一个平台，让游客能够及时充电，踏上旅程。

在坡塘村的乡村艺术馆二楼设有展览，充斥着艺术的气息。上至二楼，映入眼帘的是一个宽敞明亮的大厅，墙上的大幅画作与放在画架上的小幅图片精美绝伦，有山水风、田园风，还有屋舍、花鸟虫鱼的特写，让我们不禁感叹艺术家的巧思与才华。艺术馆不仅是作品的陈列处，更是人们思想的港湾。不断散发的艺术气息吸引着人们前来观赏，前来学习的艺术生们用专业的眼光欣赏着作品，感受画家内心透露出来的深层情感；爱好艺术的人们凭借着自己独到的审美，与画家产生共鸣，陶醉其中；前来游玩的孩子们直观地感受着画中的场景，接受艺术的熏陶；部分学校也会组织研学活动，在讲解老师的介绍下品味艺术；并且，此地同样也吸引着热爱“随时随地打卡”的大学生们。

小山村吹来的艺术风不仅吸引了大批的游客，而且吸引了许许多多的艺术团队。2023 年 2 月，绍兴市美协、绍兴书画院组织 10 名青年画家来到坡塘村，以茶园、老台门、云上小馆等十处最为标志性的云松景观为背景，创作出了“云松十景”，为坡塘村增添了艺术气息。在此之后，更多的艺术家来到坡塘村进行创作，绍兴书画院副院长、市美术家协会副秘书长陈雷在采访中说道：“今天的展览里有 52 位艺术家创作的作品，其中不少是他们在云松写生时创作的。”如此一来，村庄的艺术氛围更加浓厚，再加上自然的景观、静谧的环境，以及“采菊东篱下，悠然见南山”的恬静生活，更易保持平静的最佳状态，让艺术家们肆意畅想。

被称为“陋室画师”的位光明的前半生蜗居在小小的出租房中，白天靠着收废品维持生计，夜晚则化身为自己而活的画家，尽管生活再艰难，他也没有放弃过自己的爱好与理想。经媒体曝光走红后，他也从未想过通过绘画和热度改变人生轨迹，其不怕困难、坚持梦想的农民画家的气质与坡塘村以文化艺术为主线的乡村振兴要求十分吻合。2021 年，位光明在坡塘村云松自然村的邀请下入驻坡塘村，其油画工作室就坐落于云松自然村的云上小馆。工作室约为 70 平方米，分为上下两层，附带一个小院落。屋内陈设简简单单，一个吊扇，一些画笔、颜料，几块画板，几张油画作品，以及一些基本的生活必需品，却充斥着浓浓的艺术气息。在多方支持下，位光明还开设了“光明讲堂”，通过绘画技巧的分享和励志故事的讲述来实现观众精神与物质的共赢。

（三）主要成效

1. 经济成效

在艺术赋能的措施之下，不少年轻人慕名前来打卡，坡塘村也成了“景区村”“网红村”，坡塘村的经济得到了快速发展。2021 年坡塘村完成 7 座美丽山塘创建并成功通过市级验收。仅在 2021 年国庆期间，坡塘村日客流量超 3 000 人次。截至 2021 年 10 月，村集体年经营性收入突破 200 万元。同时通过闲置农房激活、土地流转、项目运营，2021 年村集体经营性收入突破 200 万元，较往年增长 25%，实现高增长。

2022 年，坡塘村又投资了 1 000 万元陆续启动了井亭湾、塔山、肉猪坟三个山塘的综合整治工程。在“十一”黄金周期间，章岙、石羊、黄坞岭等山塘吸引了大批游客拍照打卡，坡塘村日均游客量达 3 500 人次，旅游收入达 31.6 万元，其中坡塘村云松自然村日客流量超 3 000 人次。村民日均经营性收入达 5 万余元，文旅融合发展使村里不少闲置劳动力实现了家门口就业，成功激活闲置农房 20 余间，吸引 10 余名年轻村民回乡创业，分别开设茶馆、餐饮、咖啡吧等。村庄内开设的“云上小馆”节假日日均营业额可达 3 000 元左右；村内竹匠陈荣苗，通过艺术赋能创造有新意的竹制新产品，国庆假期他靠售卖自制的工艺品增收 5 000 多元。

借助“村企共建”合作平台的搭建，杭州五星级酒店黄龙饭店主动联系坡塘村，定点收购该村的笋干菜，预计每年可为村民带来 30 万元左右的收入。坡塘村与杭州黄龙饭店第二支部于 2023 年 3 月签订“产销增效 共富提质”联建项目。根据共建合作意向，坡塘村将向该饭店“输出”优质农产品，其中包括各种时令的笋干菜、酱鸡酱鸭、瓜果蔬菜等。

依托优质山水资源，坡塘村以岭下湾山塘旁边的“离城最静的茶园”为卖点，培育建设了“大茶园”“大书房”“云上居”三大品牌，成功跻身为假期热门旅游地。村里依靠引入新兴业态成功帮助近 200 人实现就业，2016 年以来，坡塘村集体经济收入从 80 万元稳步增长到 190 多万元，先后获评“浙江省级生态文化村”“省级善治示范村”“绍兴市级文明村”等，各方面发展步入良性循环，书写下了因水而美、因水而旺、因水而富的美丽篇章。据统计，目前坡塘村日均游客量保持在 1 500 人次左右，周末及节假日最高达到 3 500 人次左右，全年可实现旅游综合收入超过 300 万元，解决村内剩余劳动力就业 220 人左右。

并且村辖内共有个私企业 31 家，其中规模企业 6 家，近年完成工农业总产值 9 000 万元，销售 8 730 万元，上缴税金 320 万元。村级可支配收入年达 158 万元，全村人均收入达 8 200 元。

2. 生态成效

“绿水绕树花芬芳，山清水秀多明亮”，有了生态这张“金名片”，坡塘村的发展马不停蹄。在自然造美的同时，坡塘村也在大力整治环境卫生、加强基础设施建设，并且先后被评为“浙江省卫生村”“浙江省森林村庄”“绍兴市文明村”“浙江 3A 级景区村庄”“浙江省乡村旅游重点村”“五星达标村”，依靠自身努力为山清水秀的坡塘美景添上浓墨重彩的一笔。

（1）环境优化——“八大行动”

坡塘村开展优化环境“八大行动”，建立村级垃圾分类规范条例，构建共促和美生态环保机制，并将其写入村规民约张贴上墙，向本村村民收集关于水域治理、人居环境整治等方面的意见建议，不定期对“五水共治”工作进行“回头看”，巩固治理成果，完善运行机制。

推进和保障河长制落实，采取“每周一小结，每月一汇报，每年一述职”的三评体系，夯实主体责任，组织成立“水草浮萍”打捞队和河道“白色垃圾”清理志愿队，清理水草垃圾，聘用专职河道保洁员，号召党员志愿者，做好河湖保护和监督工作。通过持续开展生态河湖系统治理，河流泥沙量显著下降，实现坡塘江畔区域内水质由“脏”到“净”，由“净”到“清”，由“清”到“美”的持续转变，断面水质达到Ⅲ类及以上标准。

同时，对坡塘江、应家溇、洋澄畈溇三条河道周边进行了桂花等树木的种植，提升了河岸景观美观度，对坡塘江上游及支游、云松大溪等清淤共计 3.2 万立方米，河岸整修砌坎 500 米。加快推进村庄内休闲旅游的基础设施建设，村容村貌焕然一新。

（2）水域治理——“五水共治”

2018 年，坡塘村趁着小城镇综合整治的东风，大力推进“五水共治”行动，坡塘村以村书记为第一责任人，村“两委”干部为成员，组建了“五水共治”攻坚行动小组，开展“百日攻坚”行动，深入一线开展辖区水域治理。

2018 年 8 月从水产承包养殖户手中收回了因饲料投放污染村河的 5.33 公顷水塘，充分挖掘商圣范蠡、绍兴莲花落始祖唐茂盛等典故，协调周围清澈优美的水边村庄风貌，投入 600 万元将这养殖塘打造成了集休闲、娱乐、健身、教育等多项功能于一体的文化主题公园“莲园”。

完工后的莲园占地 6.33 公顷，园内水域面积占 63%，绿化面积占 27%，种有银杏树、樟树、桂花、造型松、红枫、美人蕉等 20 多个品种，成为村里一个演绎清廉、轻松雅致的观景休闲场所。自建成以来，共接待了 186 支研学团队，总计参观人数超 5 万人次。

（3）生态整治——“两化一保”

秉持着生态环境整治、绿化美化保护的原则，坡塘村村书记罗国海成立了坡塘村乡村绿化美化工作领导小组，并担任组长，带领坡塘村紧紧抓住浙江省小城镇环境综合整治、绍兴市“五星 3A”争创等契机，按照“统一规划、科学布局、分步实施、突出特色”的要求，结合美丽庭院打造，将应家潭、坡塘、盛塘、云松四个自然村的绿化美化实行全覆盖。

还在村规民约中写入森林生态保护制度，聘请 24 名护林员成立生态环保护林队，组织森林防火训练，制定森林防护方案，严管乱砍滥伐现象，至今未发生过一起重大森林火灾。

维护整修，保护原始步道茶园，保持百年古步道陈家岭的最初原貌，对古树名木的保护更是不留余力。坡塘村找来了越城区园林绿化管理服务中心相关专家，对古树周围的水泥地进行破除，增加土壤含氧量，改善根部环境，让古树长得更加旺盛，还对坡塘江、应家溇、洋澄畈三条河岸进行桂花等树木种植，成就一道靓丽的风景线。

坡塘村坚决落实国家耕地保护政策、环境保护政策，加大地质环境恢复治理和生态环境保护工作力度，严格执行国土资源管理有关规定，加强环境建设，保护生态文明，整村森林覆盖率持续上升，重现一个古朴静谧的原生态乡村。

3. 社会文化成效

（1）基层善治——矛盾调解

坡塘村党委书记、村委主任罗国海表示，将认真贯彻落实政策精神，牢牢抓住艺术文化赋能的契机，以“群众满意、共同富裕”为最高期盼。对此，他所开辟的阳光政务和 24 小时服务热线，也是绍兴市首条 24 小时

“村民服务热线”，克服办公时间、空间限制，弥补了 8 小时外的为民服务盲点，有效处理村内大小事务 1 000 余起，其中包括村民咨询、纠纷等。截至 2022 年就已经接听村民来电 1 500 余次，其中成功化解村民纠纷 50 多起，真正实现百姓办事“最多跑一处”，打造和谐、高质量乡村。

坡塘村的村民服务热线也不单单为了村民而设，“88339696”在村中随处可见，还能够帮助前来游玩的游客解决困难、疑惑。另外，周五的莲花落培训班也吸引了许许多多游客前来体验，甚至还有来自法国、叙利亚等国家的外国友人也深深沉迷于莲花落文化，提升了外国游客对中华文化的兴趣与喜爱；“共富小铺”的设立，让游客能够在村民的指导下学习竹编等传统手艺，增进了村民与游客的感情；村民间也有合作开农家乐的例子，互帮互助，提高生活质量，生活好了，矛盾也少了……

（2）文艺改造——人文荟萃

坡塘村探索艺术赋能乡村振兴的道路，用优质的传统文化和丰富多样的艺术创造，赋予村庄新的定义和内涵。坡塘村坚持文化惠民、文化乐民、文化育民的理念，在为了村庄发展采取的一系列措施过程中始终坚持文化赋能，将艺术赋能于乡村发展。在村庄改造过程中，将闲置老物品进行装点后作为装饰摆在村庄的某些角落，为村庄增添了几分复古气息。并将水管画成竹子，在村子空余的墙壁上画上相应的照片，为村庄提供了更多的艺术自由气息。村庄风貌大变样，更多外出务工的人也选择回家，纷纷开起了民宿、餐馆、露营基地等店铺。坡塘从一个“空心村”到村民回乡创业，实现了空闲房屋的再利用与劳动力的再就业。

塘村要走得更远，就要以文化激活村庄，以文化赋能乡村振兴，讲好文化故事，使坡塘这个古老的村庄更有灵气，更有底蕴，更好地走向未来。坡塘乡村博物馆建成时，村委会发出“文物”召集令，村民们积极响应，捐出家中有历史纪念意义的老物件、老古董，总共 55 件，“乡土味”十足。让村民参与到活动之中，借这个机会记录他们的行为，表彰他们的贡献，激励坡塘村民为参与艺术赋能乡村建设继续添砖加瓦。

坡塘村以“艺术赋能乡村，文化引领发展”为思路，开始探索乡村文旅深度融合发展，从而也为深入挖掘传承乡村人文内涵，重塑此地乡村美学，点亮乡村，让人们看到“文化味”与“泥土味”交融产生的多元价值，提供了乡村发展的无限可能。挖掘村庄廉政文化、红色文化、茶文化、莲花落文化等文化资源，从而令“风雅坡塘”渐成雏形，并且也为文化“轻资产”蜕变为文旅“新富矿”打下了扎实基础。并且利用“茶文化+”“大书房+”等主题寻找乡村产业元素。直至目前，坡塘村成功打造“茶”风建筑，生产了“茶”系产品，充分开发利用“茶文化”，以茶会友吸引众多懂茶爱茶的游客。

在坡塘村通过文化赋能、艺术赋能促进乡村建设过程中，村庄水更清了、山更绿了、景更美了，并且发展了各具特色的地方文化。越城区坡塘村村容村貌脏乱差、违章建筑的旧状随着“千万工程”的不断深入，转化为“清新坡塘”，一步步化身为村民眼里的幸福家园。为了激发乡风活力，坡塘村赋予村庄浓厚的艺术气息，吸引许多文艺家驻村发展，持续丰富艺术业态，云松村引进各种名家工作室，邀请各地民间艺术家进驻乡村。其中就有“陋室画家”位光明油画工作室，位光明在这里写生、创作的信息与他励志的故事能为村子带来更多的人流，带动村里的旅游经济。与此同时，坡塘村借助村里乡贤力量举办画作拍卖，溢价的部分就作为村集体收入。坡塘村开展“微改造、精提升”，对村内老台门、旧民居、破厂房实施“小规模、小尺度、渐进式”的艺术化改造，将其打造成乡村博物馆、乡村艺术馆、树兰书屋等文化艺术空间……坡塘村逐渐成为知名的网红打卡地，进入“产业旺带动百姓富，百姓富促进村庄兴”的良性循环。

三、案例分析与思考

（一）理论概述及适用性

耦合用于描述两个或两个以上系统内部要素或运动方式之间通过各种相互作用而彼此影响以致联合起来的现象，简而言之，就是两个或两个以上实体相互依赖于对方的一个量度。后来，这一理论被逐渐应用在社会科学之中，表示两种社会形态相结合之后，出现了动态关联，两者互相影响。产业间耦合元素的互动达到一定程度时，两个产业会慢慢演化成新的产业体系，旧产业体系演化为新产业，更加高级、有序。基于系统理论的产业关联关系为正向关联，相比于产业耦合，产业融合的基础是业务融合、技术融合与市场融合，其结果是产生新产业形态。管理与利益要同步，造成产业内部有机关联，产业关联是耦合的前提，同时，并不影响产业原有的形态。一般来说，产业耦合的快速发展，能够促进产业融合。

文化与旅游作为两个不同的产业体系有许多重合之处，两者互补共赢，相互促进，推动发展。文化能够升华旅游体验内容深度，旅游体验则是文化传播衍生发展的载体，再加上文化产业与旅游产业已成为21世纪的优势产业，将文化产业与旅游产业融合，发挥叠加优势，实现两者协同发展。

经调研，坡塘村文化底蕴深厚，为旅游产业进一步发展奠定了坚实的基础，文旅融合发展，可建立耦合模型进行分析。在耦合发展方向上，坡塘村将文化产业与旅游产业紧紧联系起来，用文化提升旅游内涵与品质；在耦合具体路径上，坡塘村采取传统与创新耦合、文化与艺术耦合的方式。传统与创新的耦合着眼于坡塘村的农耕文化、历史遗迹等方面，将植根于此的传统文化进行符合时代的创新，利用新的形式将坡塘村的传统文化进行传播，焕发出生机与活力。文化与艺术的耦合是用艺术的方式来表达展现文化，打造具有特色的文化旅游景点，引入创意产业，开辟乡村文化振兴的新路径。

区位、资源与发展动力三项，是文化产业与旅游产业发展的基础。密切关注这三项内容，为坡塘村的产业耦合提供了更广泛的思路——各要素内部关联与耦合，能够使产业耦合的发生更加自然协调（见图9－1）；要素间耦合，可以更好地发挥各要素的作用，形成要素间的有效互动，实现产业耦合的良性发展。以要素为着眼点关注耦合机制，有其可行性与必行性，该视角让我们从具体条件开始，从而能更广泛地寻找类似情况的地方进行推广，使得研究不孤立、可推行。

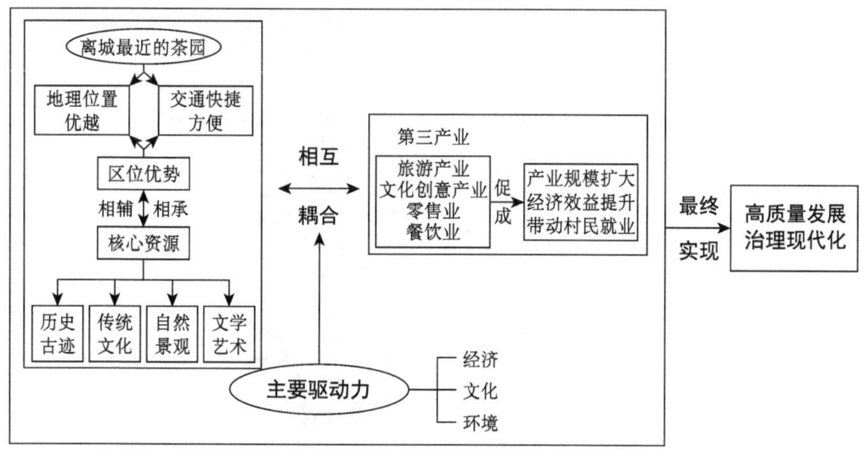

图9－1 “文艺坡塘”耦合模式

（二）主要耦合驱动力

从协同治理理论视角分析，文旅产业耦合的主要驱动力便是乡村多元主体共治。多元主体包括乡镇政府、乡村精英、村民乡贤、村民自治组织等多个主体。他们根据法律法规、村规民约，利用本村特色资源优势为村庄文旅产业发展提供基本的公共产品和服务，从而助推乡村充满活力与有序发展。

结合坡塘村发展的实际情况来看，政府颁发了乡村振兴、环境治理、生态美化等各项有关政策，政府帮扶保障涵盖到浙江省各个大大小小的村庄，坡塘村也正是在政府文件精神的指引下，一步步破旧立新，踏上蝶变之路；坡塘村村干部好比树根，他们深深扎根于基层，扎根于坡塘村这片土地上，挖掘出坡塘村特有的文化资源、生态资源，他们身上特有的乡愁情怀，促使他们想带领自己的村庄发展得更美丽、更美好；坡塘村村民好比树叶，村干部输送精神文化、大众艺术、产业转型理念，他们也就完全汲取这些理念，逐渐有了“文艺范儿”。政府主导、村“两委”带头、村民作主力军的乡村协同治理模式，将带领坡塘村走向从无到有并“开花结果”（见图9－2）。

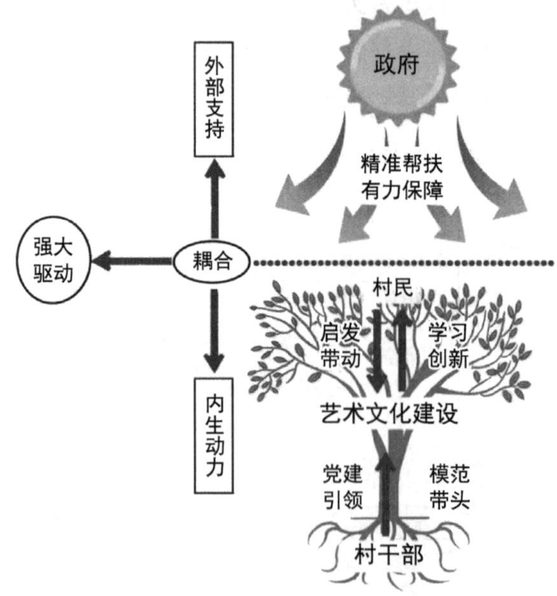

图9－2　多元主体形成耦合驱动力

乡村振兴多元主体协同治理机制运行过程中，不同主体之间有效展开协同，但各主体的在乡村治理过程中的地位、功能等各不相同。

1. 政府

政府的政策支持是实现坡塘村发展与产业耦合的重要驱动力。在坡塘村乡村振兴过程中，地方政府出台相关政策，包括财政支持、产业扶持、土地政策和税收优惠等。这些政策鼓励和引导了非政府组织、投资者、企业家和居民参与乡村振兴，也为他们提供了必要的资金和条件支持。

2023 年，绍兴市越城区继续着眼于人们对环境质量的较高需求，以农村人居环境整治提升为抓手，推进整治攻坚，全面提升农村人居环境，并在全市第二期农村人居环境长效管理常态化评估中获最高分，为迎接亚运营造出良好的农村人居环境。越城区进行的环境建设带动坡塘村全面启动村环境整治提升工作，为其自身的风貌建设提供了巨大的驱动力。除了打造优美宜居环境，绍兴市加快基础设施联通、公共服务共享、城市功能耦合、发展要素保障，加强交界区域开发建设，加快构建城、镇、村组团式协同式发展新格局，强大的扶持力度使地处城郊的坡塘村发展渐入佳境。在党建引领下，通过城乡资源合理配置与共享，坡塘村加快道路建设、立面改造等一系列基础设施改造工作，加强对各类用地的规划，一改往日的“脏乱差”，逐渐达成“清新坡塘”的目标，缩小城乡差距，实现协调发展。

为通过自身文化优势实现高质量发展，绍兴市深入学习贯彻习近平总书记关于文化工作的重要论述精神，坚定文化自信，坚持人文为魂，高水平推进新时代文化绍兴建设。2023 年 7 月，绍兴市民政局坚持“整合资源、活态保护、传承发展”的理念，针对绍兴地名文化遗产的线状、块状特点，编制形成《绍兴市地名文化遗产保护规划（2023—2035）》，将绍兴地名文化遗产保护串珠成链，力求在发展中保护，在保护中利用。文化和旅游部等六部门联合印发了《关于推动文化产业赋能乡村振兴的意见》，提出以文化产业赋能乡村经济社会发展，推动乡村一、二、三产业有机融合，并将文旅融合作为赋能乡村发展的重要路径，为新时期乡村振兴提供了全新思路，也为坡塘村的进一步发展提供了锦囊妙计。坡塘村委积极贯彻落实文旅政策，依托自身自然禀赋与文化底蕴，牢牢抓住文旅产业耦合、文化艺术赋能的措施，通过传承与创新，形成自身发展优势，向着“文艺坡塘”的目标不断迈进。

政府的政策支持为坡塘村的自然景观和人文景观、文化底蕴与艺术创新、文化产业和旅游产业的耦合提供了强有力的保障，能够不断加强村庄的文化自信、经济发展，实现城乡融合协调发展，提升居民的生产生活水平，给予村庄足够的动力搞发展、促进步。

2. 村干部

乡村治理效果往往建立在政策预期效用与乡村社会熟人关系网络的基础之上。村干部是连接国家与乡村社会的纽带，从乡村治理的根本目标来看，村干部应该具备的核心能力是群众工作能力，集中体现为回应村民诉求与协调村民之间关系的能力，以及让村民理解和认同国家政策方针的能力。一方面是村内事务的处理，另一方面是国家政策的落地，这些都需要乡村精英的介入甚至是主导，因为他们充分熟知村庄村貌，对村民的精神面貌、核心诉求又知根知底，对国家的政策指导、政策帮扶又有所了解。面对村庄中错综复杂、烦琐细碎的人际关系与利益纠纷，乡村精英能够很轻易地看出其中的病症，以促进村庄发展主体的村民为根本抓手，分析村民的心理倾向和行为导向，并且能够很好地解读国家政策，找出国家政策中与村民共同利益诉求相契合的点，进而迅速采用合适的办法来应对村庄治理难题，实现国家政策与村民需求的顺利互通。而从坡塘村的目前发展情况来看，坡塘村村干部的身份实际上就是乡村精英的身份，他们在党建引领路径的指导下，上承国家政策的响应，下接村民民心的回应，带领坡塘村一步一步向“艺术赋能乡村，文化引领发展”道路踏踏实实地迈进。

从“五星3A”工程到“先行村”创建，再到“未来乡村”建设，绍兴市越城区一直深入推进“千万工程”，坡塘村发展迅速，名声也不断打响，短短几年就成为乡村振兴的鲜明模范。坡塘村蝶变的发生，无疑党建引领是关键要素。并且，在坡塘村党委的领导下，形成了书记带头干，党员干部协同抓的工作格局，激发了全村上下干事创业的热情。

坡塘村党委书记罗国海是村干部队伍中的核心成员，属于其他村干部愿意跟随的领导、村民愿意信得过的提议的领导人物。罗书记本身就是坡塘村人，他根植于坡塘村，根扎于坡塘村，在村里有威信，和村民有传统的乡土情谊，和外来的村庄运营团队相比，有不可比拟的优势。

自2016年底，罗国海成为坡塘村党委书记开始，他便想了很多办法稳住民心。为打通村干部与村民之间的沟通渠道，他开通村民热线，让5位村干部24小时待命，及时解决村民的问题；推行集中办公，成立调解室，捋顺村民与村民、村干部与村民间的关系；合理规划村庄用地，短时间内拆除违章建筑，极大地改变村容村貌；在保留古村落风格的基础上，建设文化艺术场所，完善村庄基础设施建设和旅游配套设施建设，重点打造云松旅游景点；为创建“乡村振兴先行村”，第一个提出文化艺术赋能乡村发展理念并将其付诸实践。村干部耐心倾听民声、体察民意，精准把握村民需求，紧跟时代的浪潮，促使坡塘村的发展搭上了“快车道”。

“要把当村干部作为事业来谋划，而不能当成职业来谋生。”这是贴在坡塘村村委会墙壁上的标语，更是坡塘村村干部的任职理念。相信在坡塘村村委会一任又一任的带领下，坡塘村文化艺术赋能乡村振兴之路将越走越深、越走越远。

3. 村民

“有人来、有事干、有钱赚”是坡塘村村民的期盼，他们都有着一个共同的目标——“实现共同富裕，提升生活质量”。面对坡塘村山地多、耕地少的地形条件，大规模农业难以实现的现实，村书记提出的文艺赋能道路带给村民们增加收入的灵感，重新燃起了他们心中致富的希望。

以前都说“要想富，先修路”，但如今更重要的是老百姓思路的拓展。村民们适应了传统小农经济的生产生活模式，思想较为保守，接受新事物的速度较慢。在村书记的不断劝说之下，村民们开起了第一家饭馆，获得了一定的报酬。第一家饭馆的成功开业让村民们尝到了甜头，带动了一批又一批村民参与到村庄产业经济建设中来，从此村内饭馆、茶馆、咖啡馆等多点开花，村民们实现了在家门口赚钱的梦想。随着游客的增加，传统手工艺品销量提升，许多村民重新开始从事传统手工业。从以前的缺啥做啥到现在不再局限于生产生活需求，他们在自己热衷的领域实现了增收。村民思路的扩展不仅提升了自身的收入水平，更为实现农业、手工业与第三产业的耦合提供了内生动力。

随着科技的进步与社会节奏的加快，人们更倾向于运用社交媒体、手机等电子设备进行交流，而忽视了面对面交流。在巨大的竞争压力下，人们的性格也逐渐变得自我保护与封闭，鲜与他人交流或是在交流中非常小心谨慎。坡塘村也是如此，人与人之间的距离随着社会现代化的推进不断疏远了。文艺赋能作为村庄发展的创新途径不仅带动了村庄经济发展，更丰富了村民的精神文化世界，拉近了他们之间的距离，实现了“在一起”。有村民逐渐开始合作开饭馆、茶舍，更是有人为了村庄的整洁和古银杏景观的打造果断答应拆迁，这样的行为在坡塘村绝非个例，可见村民们已逐步达成了共识，愿意共同守护古村风貌、塑造乡村特色风貌、打造文艺品牌。

通过文艺赋能的途径，凭借着对美好生活的共同追求，村民们在建设乡村的过程中逐渐展露出极大的热情，并从中获得了精神上的熏陶，找到了自己在村庄中的存在感与归属感，这就激发了坡塘村传统农耕文明与当今文化艺术产业的耦合潜在动力，为文艺赋能道路的不断创新与进步奠定了人文基础。

综上所述，坡塘村产业发展的耦合驱动力来源于政府政策支持、党建引领、村干部、村民等多方参与和合作，这些力量从各个层面上相互支撑和促进，为乡村振兴提供了有力的推动力量，有望助力坡塘村实现经济发展、环境改善和社会进步的目标，实现文化与旅游产业的高度耦合。

（三）外部区位优势耦合

如今的坡塘村凭借着较大的地理位置优势和完善的道路、车站等基础设施打通了对外通道，让坡塘的文化能够走出去，让各地的游客、人才都能够走进坡塘，这就为村庄第三产业的发展提供了机遇，实现了区位优势与第三产业发展的巧妙耦合。

坡塘村地理位置相当优越，交通便利。于整个浙江省而言，坡塘村位于浙江省绍兴市，地处长江三角洲地区，紧邻杭州市和上海市；于整个绍兴市而言，坡塘村坐落于会稽山北麓，距离城市中心不足 15 千米。依托得天独厚的地理位置，坡塘将以南部区域二次开发为契机，利用绍诸高速、栖湖、南部交通枢纽均等区位优势，精心谋划“互联网 + 农业”“快递 + 农业”“观光文创 + 农业”等适合自身的产业，不断夯实产业基础，弥合城乡差距。坡塘村紧邻多个著名景点，还与绍兴市的古城区达成对接，形成景观区域聚集优势，增加对游客的吸引力，延长其游览时间，从而提升游客体验感，增加其消费量。坡塘村外部交通便捷，多条公路可直达坡塘村，村庄附近还有火车站、地铁站和长途汽车站，方便了来自五湖四海的游客抵达坡塘村。强大的地理交通优势不仅促成了坡塘村丰富的文化资源，为坡塘村的旅游业发展提供了条件，更有助于让其依托产业区位的集群效益，反过来推动坡塘村自身的进步与发展，达到耦合的目标。

坡塘村内部完善的交通设施更是为旅游业的发展开辟了一条通路。为实现交通优势与旅游业的耦合协调发展，越城区交通运输局开通了一条从地铁栖湖站出发至坡塘云松自然村的接驳公交专线，直接从外界联通到“网红坡塘村”。不仅如此，村庄内部还配备了旅游观光车，常常有村干部沿路讲解，为游客进行一站式村庄游提供了便利，如此一来，游客们看到的不会是一片片断裂的历史片段，而是一幅完整的坡塘生活风貌图，提升游客体验感。

除了以上区位条件外，坡塘村的自然环境对于第三产业的发展来说必不可少。村庄地处亚热带季风气候，四季分明，气候温和湿润，云福广场等“云”系列景观建筑物更是在不同季节不同时间都能呈现出别样的美景。这里青山绿水，生态茶园、银杏神树、古步道、无名灵泉始终都保持着最原始的味道。为迎合人们想要回归田园、追求慢生活的强烈需求，坡塘村打出了“离城最近的茶园”的宣传口号，吸引了大批游客的目光。凭借先天自然禀赋，坡塘村文化产业和旅游产业的发展更进一步，更使得村庄成功塑造艺术文化之形，走出一条艺术赋能、文旅融合的高质量发展路径。

坡塘村把握自然、位置、交通三大优势机遇，大力宣传本村文化内涵；依托第三产业集群效应，加强合作对接，促成区位、资源优势耦合，同时带动乡村文化、旅游产业的发展，进而形成强大的社会经济效益。

（四）内部核心资源耦合

资源是产业发展的重中之重，坡塘村将资源优势转化为产业发展优势，促成资源与区位、动力的正向关联，从而实现要素与要素、要素与产业的耦合（见图9－3）。在耦合的基础上，各要素相互联系、协调发展，形成动态平衡的内在机制，共同促进坡塘村耦合持续发展。

资源要素是耦合的基础，而资源的动态平衡则是在资源要素相互联系的基础上，进一步加强资源协调性，促成资源耦合，实现资源有效配置。一般说来，资源要素包括自然资源、文化遗产资源与非文化遗产资源等。这些要素相互依赖、相互制约，在经济活动中相互联动，形成一个复杂的网络关系。自然资源为产业发展提供相应的场地与原材料，而文化遗产资源与非文化遗产资源，则为产业的升级与深化提供了相应的契机。当然，这些要素间也存在较强的关联性，能够产生一定的相互作用，影响资源的配置方式与效率。

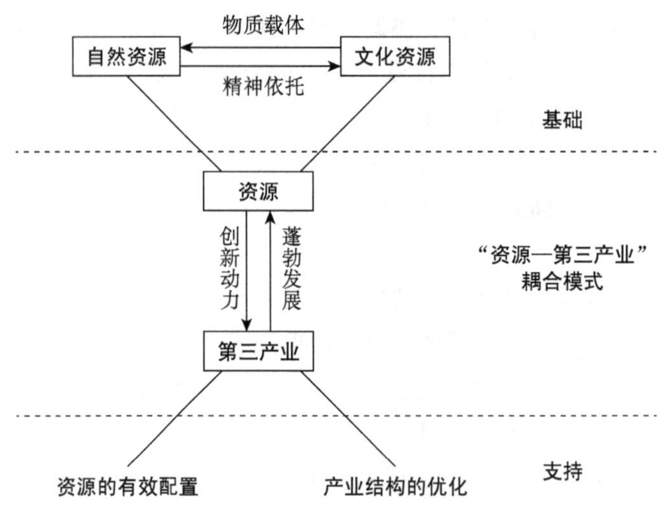

图 9－3　核心资源与第三产业耦合模式

浙江始终注重生态资源与生产要素之间的良性互动。坡塘村自然环境资源丰富，“七山二水一分田”是其基础格局。村庄位于山区，山谷山峦、水系溪流、稻田茶园，景色壮美，各显特色。山地被开垦成梯田，水坝筑起，这就为稻田与茶园的开辟创造了条件，达成了自然资源各要素间的良性互动，为种植业与文旅产业的发展打下了基础。坡塘村池塘众多，莲池聚集成了莲园，与“廉”文化遥相呼应，随着亲子游、研学等相关活动的开启，莲园更是为其提供了一个教育平台。“稻梦空间”“云上农场”更是农耕文化的载体，将传统农耕与现代科技相融合，游客可以从中获得丰富的体验。自然资源孕育了丰富的地方文化，地方文化赋予了自然资源以丰富的内涵，随着时代变化，二者逐渐形成了一种动态平衡。

坡塘村文化遗产众多。范蠡曾在坡塘挖塘，开我国水库养鱼之先河，至今，坡塘村还保留着两处范蠡筑坝遗址“断塘水坝”和“黄庙水坝”。村庄中保留着传统的古民居建筑，房屋结构、装饰风格都展示出丰富的历史文化底蕴，具有地方特色与独特魅力。

云上小馆是坡塘历史的标志建筑，已有百余年历史的明清时民居，凭借穿斗式木构架的独特主体结构和本身的文化底蕴，受到村干部们的关注，并对其进行了适当的翻新。如今的云上小馆做起了绍兴特色的地方菜，紧紧抓住游客们的胃。另外，有着“陋室画师”之称的位光明的油画工作室也坐落在云上小馆当中，吸引了大量人气，可谓把游客的味蕾与目光都牢牢把握住了。

坡塘村的非遗文化丰富，让人目不暇接。范蠡文化节中，坡塘村深挖范蠡文化，传承弘扬范蠡思想，积极探索村庄文化发展新内容。作为绍兴莲花落的发源地、莲花落的祖师爷唐茂盛的故乡，罗国海书记找人谱写村歌《清新坡塘》，希望在村民的传唱之下，让莲花落走进寻常百姓家，达成“人人都会几句莲花落”的美好愿景。夜间，村民们齐聚莲园，唱莲花落、越剧，甚至是中国的其他戏曲，真正打响“唐茂盛的故乡”的名号。村中的“爱莲台”和“云上舞台”也会定期举办节目表演，丰富人们的精神文化世界。每到周五，坡塘村的文化礼堂中就会开设莲花落课堂，村民可以在课堂中学习莲花落的唱法，游客也可以了解并体验莲花落的独特唱腔，热爱中国文化的外国人也可以前来学习，这何尝不是一种遗产的保护、文化的传承呢？

坡塘村深耕传统非遗文化，竹编技艺得到了有效的传承与发展，能够为游客提供有内涵、有深度的竹编纪念品。漫步村中，我们可以看到老物件装饰的景观小品、独具创意的墙面设计、老台门里的咖啡馆、村屋改造的书屋……如今这些都构成了村里一步一景，其中，村民的工艺品小店就落座其中。2021 年 9 月，村集体打造了这个店铺，村民制作的手工艺品都可以放在这里售卖。文化艺术工艺品的制作与售卖恰到好处地实现了文化艺术资源与零售业的耦合，既发动了村庄内的人才，更是吸引了广大游客的目光，带动产业升级。

在坡塘村的努力下，自然资源、文化遗产与非遗之间，形成了良好的动态平衡，随时代浪潮而发展的同时，保持着良好的自身特色，实现了整体上有序发展，最后汇集为文艺赋能的综合能量。耦合机制也随之凸显，反映出要素间的良性互动。

最终，这种动态平衡最直观地体现在了坡塘村的旅游特色——“古今交汇，半日清闲”中。坡塘村的农耕文化，“古”可以追溯到制茶机等传统工艺技法，“今”还保留着传统的农耕文化特色和民俗风情。坡塘村以“茶”为第一产业的主要内容，并根据生态茶园最原始的样貌打造了一条茶风生态游线，依托茶山梯田、茶园古道，深度融入“茶”理念，探索茶文化的多重价值，集成赏茶、采茶、炒茶、品茶、购茶等系列活动，为游客提供了极好的“茶”文化体验机会，做深做透“茶香文化”。云松茶作为坡塘村的第一大招牌，在稽山鉴水的不断滋养下散发着独特的香味，显得格外清新爽口。除此之外，拥有品牌的“蠡味醋鱼”这道菜更是融入了范蠡文化，体现了绍兴特色风味；由千年银杏树产出的白果搭配上放养的土鸡，显得别具一格；还有盛唐村产的酱鸭、甲鱼、新鲜土鸡蛋等农产品，以及与杭州黄龙饭店达成合作的笋干，都能满足游客的味蕾。“古”的纯粹、“今”的便捷，城市的繁忙与乡村的闲逸，一交一织、一唱一和，赋予游客“半日清闲”。如此一来，坡塘村的农耕文化实现了与旅游业、零售业和餐饮业的三重耦合，大大促进了核心资源的有效利用与整合。

动态平衡实现了资源的保护性开发、产业的可持续发展，最终实现坡塘村文艺赋能下的乡村振兴，是耦合理论的重要补充。资源要素耦合在坡塘村发展中发挥了巨大的作用：资源要素的整合推动着经济的发展，使得文化产业与旅游产业实现耦合，优化了资源配的配置，提高资源利用率，从而提高了生产效率与生产能力；要素耦合推动产业结构的优化，从而使第三产业得到进一步发展。而在要素耦合的过程中，要素协调也在进行，因此，这也就避免了资源的浪费与过度开发，实现了资源的可持续利用。

坡塘村通过推动资源要素耦合，打破各要素的层次边界，使得各个要素共同发力。但由于要素对产业发展的作用各不相同，在乡村振兴过程中，应实现各要素在更高维度的创新融合，才能最终助力坡塘村乡村文化艺术高质量发展的实现。

四、案例结论与总结

（一）结论

乡村振兴是共同富裕的基石，文化振兴是乡村振兴的有力支撑。各地围绕“产业兴旺、生态宜居、乡风文明、治理有效、生活富裕”五大任务，切实推进乡村振兴，激发了农村的生机与活力。

绍兴市以鲁迅文学为抓手，打造优质业态，推动农业文旅的深度融合，从“稻梦空间”到更广阔的数字化田园，实现创新发展，把坡塘村打造成非遗传承的打卡地、艺术乡村诗意栖息地、田园童趣研学目的地，实现全民可参、全景可赏、全域可游，打造文旅新乡村，打造乡村文旅新IP。沿着越城区解放路一路向南，当楼宇变成山麓，就到了鉴湖街道坡塘云松自然村。斑驳的山径和布满青苔的碎石记录着村庄的历史，如今，这座小村庄站在了农村高质量发展的风口，探寻共同富裕的道路。

坡塘云松成了看得见的绿、游得到的绿，成了绍兴近郊的旅游示范区，一方面，把握文旅脉络，吸引游客，打造生态旅游体验区，另一方面，把握乡愁。云松茶舍、露天电影、露营基地、咖啡馆……新旧交织下，无论是归家游子，还是外出旅游的“新人”，都能在乡村中找到一席之地。坡塘村在资源与产业的耦合中，并重硬件建设与实体运营，发挥硬件的支撑、运营的造血功能，小投入、大产出、可持续，为乡村高质量发展提供了经验，成了先进示范。

共同富裕是未来乡村建设的题中之义。坡塘村坚持党建引领，动员全村参与到乡村振兴中，乡村产业不断发展，村民的“云上小馆”“云松茶舍”和村集体一起迸发活力，共同谱写着坡塘村实现乡村振兴、共同富裕的颂歌。

坡塘村的发展必将结合绍兴实际，发挥好“人”的核心作用，以点带面推动乡村全域提升，主动挖掘乡村文化，增强乡村发展能力，走出一条党建统领、资源加持、文化托底、艺术赋能的极具辨识度的高质量发展道路。

（二）启示

乡村振兴是一个复杂的过程，涉及诸多因素和挑战，浙江省下许多与坡塘村一样有着丰富资源的村庄同样面临着考验。但“坡塘模式”为村庄带来的多方效益证明了其发展的可行性，因此本团队通过对其振兴进行经验总结，带来对以第三产业为主的其他乡村发展振兴的启发。

1. 品牌打造明路径

品牌的打造，实际上是一个资源耦合的过程，无论是对于企业还是对于村庄来说，都是不可或缺的一部分。从地区来说，一说到绍兴景区就会想起鲁迅故居；从 IP 形象来说，一说到杭州亚运会就会想到吉祥物琮琮、莲莲、宸宸。这些品牌的成功打造，是地区特色、文化资源与产业间的耦合成效，那么对于一个农村来说，要想让别人记得住、记得牢、记得深，无非就缺个响亮的品牌口号。

坡塘村就基于此打出了“离城最近的茶园”这个口号，那么村庄发展的下一步，便是凭借地域特色、地理优势、文化资源等，实现它们与文旅产业间的耦合，以此来打造特色品牌、提升品牌形象、加大品牌宣传、创新文旅 IP。

2. 人才培养助发展

人才在乡村的发展中起到整合资源、创新价值、创造财富的作用，是不可或缺的存在。第一，乡村要加强对村庄能人的发掘，为农民提高创新创业机会，同时关注传统文化的传承，实现基于原有工艺的现代化发展，从而推动传统制造业的革新。同时，用现代信息技术以及农业科学知识，改进农业生产方式，实现现代化农业发展。第二，乡村也要加快对人才的培养，为村民提供优质的教育和技能培训机会，提升乡村居民的就业能力和竞争力，从而推动乡村经济的发展。政府可以建设学校、培训中心，并提供奖学金和补贴等激励措施，鼓励年轻人回乡创业和就业。

3. 基础设施保质量

完善的基础设施是乡村振兴的关键，实现道路、电力、通信等方面的现代化建设，实现空间位置便捷可达、互联网信息交流频繁，从而提升乡村的综合竞争力，招来更多的投资与游客。

生态环境的“新基建”也是乡村基础设施建设中必不可少的一环。乡村振兴过程中，要注重环境保护，采取相关措施保护农村的水资源与生物多样性等，实现经济发展与生态环境的良性互动，保证游玩环境质量，实现可持续发展。

乡村振兴需要政府、企业、居民和社会各界的联合努力。通过制定全面的发展规划改善基础设施、鼓励农民创业和创新、发展乡村旅游业、加强教育和技能培训以及保护生态环境，可以实现乡村经济的可持续发展和繁荣。

思考题

1. 坡塘模式，也就是文艺赋能机制对浙江省乡村振兴有什么样的借鉴意义？

2. 文艺赋能模式在未来发展过程中如何创造更大的效益？

案例作者：金　琦　武怡梦　肖　宇　周依玲　钱乐晨

指导教师：辛允星

参考文献

［1］向勇．新发展阶段乡村文创的价值逻辑、行动框架和路径选

择 [J]. 北京舞蹈学院学报，2021 (04)：83—88.

[2] 屈云东，王雅鹏，毛寒. 文化自觉与乡村本土文化提升的三条路径 [J]. 湖南科技大学学报（社会科学版），2023，26 (04)：171—177. DOI：10.13582/j.cnki.1672-7835.2023.04.022.

[3] 祝影，邓小琪，雷家骕. 中国省域高技术产业研发与制造系统耦合评价 [J]. 科技进步与对策，2019，36 (13)：58—67.

[4] 刘孝利. 基于产业耦合理论的旅游产业与茶产业融合发展研究 [J]. 福建茶叶，2022，44 (06)：44—46.

[5] 彭小霞. 乡村振兴背景下多元主体参与乡村治理的角色定位与机制创新 [J]. 新疆社科论坛，2021 (04)：39—47.

[6] 李传忠. 关于完善乡村治理多元参与机制的思考：以协同治理理论为视角 [J]. 闽南师范大学学报（哲学社会科学版），2020，34 (04)：35—40.

[7] 韩光明. 乡村振兴背景下赫哲族文旅产业发展路径研究 [J]. 黑龙江民族丛刊，2022 (03)：48—55.

[8] 张新文，郝永强. 乡村关系网络何以助力政策执行：基于冀北"煤改电"政策执行的个案研究 [J]. 农业经济问题，2024 (02)：1—12.

[9] 王卓，胡梦珠. 乡村振兴战略下村干部胜任力与村庄治理绩效研究：基于西部 5 省调查数据的分析 [J]. 管理学刊，2020，33 (05)：1—11.

[10] 段扬睿，雷玉明. 思想道德协会与"村两委"协同供给公共文化服务的个案分析 [J]. 理论观察，2018 (01)：68—72.

[11] 卢宁. 从"两山理论"到绿色发展：马克思主义生产力理论的创新成果 [J]. 浙江社会科学，2016 (01)：22—24. DOI：10.14167/j.zjss.2016.01.008.

[12] 刘菁，秦宏，高皓亮. 走出适合"乡情"的振兴路 [J]. 新农村（黑龙江），2018 (22)：47—51.